大 / 学 / 公 / 共 / 课 / 系 / 列 / 教 / 材

大学生职业生涯规划与就业指导

DAXUESHENG
ZHIYE SHENGYA GUIHUA
YU JIUYE ZHIDAO

主　编◎张海峰　许　琳　战文彬

副主编◎吴　双　王贺成　刘在青　依红军　博音太　修增楠　娜米亚

编　者◎于国佳　王　新　白　洋　安广峰　沙　金　沈晓倩
　　　　宋　磊　张　伟　张晓阳　张智夫　陈　焱　郑　珠
　　　　赵巍伟　侯久江　宫聚辉　郭　斐　康瑛莹　智国威

北京师范大学出版集团
BEIJING NORMAL UNIVERSITY PUBLISHING GROUP
北京师范大学出版社

图书在版编目（CIP）数据

大学生职业生涯规划与就业指导/张海峰，许琳，战文彬主编.
—北京：北京师范大学出版社，2023.8（2025.8重印）
（大学公共课系列教材）
ISBN 978-7-303-29305-6

Ⅰ．①大…　Ⅱ．①张…　②许…　③战…　Ⅲ．①大学生－职
业选择－高等学校－教材　Ⅳ．①G647.38

中国国家版本图书馆 CIP 数据核字（2023）第 129497 号

出版发行：北京师范大学出版社 https://www.bnupg.com
　　　　　北京市西城区新街口外大街 12-3 号
　　　　　邮政编码：100088
印　　刷：鸿博睿特（天津）印刷科技有限公司
经　　销：全国新华书店
开　　本：787 mm×1092 mm　1/16
印　　张：18.5
字　　数：390 千字
版　　次：2023 年 8 月第 1 版
印　　次：2025 年 8 月第 5 次印刷
定　　价：55.00 元

策划编辑：周劲含　　　　　责任编辑：周劲含
美术编辑：李向昕　　　　　装帧设计：李向昕
责任校对：段立超　　　　　责任印制：马　洁

目 录
CONTENTS

上 篇

第一章

大学学习与职业发展

学习目标

1. 了解大学的理念，尽快融入大学生活。
2. 明确大学学习的目的，为大学生活制订一个良好的计划。
3. 清楚自己的大学学习方向。
4. 学会规划自己的大学学业。

第一节　认识大学

大学是一个让我们充分认识自我、发现自我、展现自我的舞台，更是步入社会前充实自己的绝佳平台。在大学生活中，我们既应该努力学习专业知识，又应该抓住机会培养自身的内在修养，提高自身的职业能力。为此，我们对大学要有一个清晰、正确的认知。

一、大学的定义

大学是一种功能独特的文化机构，它与社会的经济和政治机构既相互关联又鼎足而立，是传承、研究、融合和创新高深学术的高等学府。大学是人类文化发展到一定阶段的产物，在长期办学实践的基础上，经过历史的积淀、自身的努力和外部环境的影响，一所大学会逐步形成独特的大学文化。

二、大学的理念与精神

大学的理念是广博而深厚的，简单地说，它是一种激励人们不断奋进、创新的精神力量，是一种面向未来的精神延展和系统构想，具有超越性、开放性和导向性的特点。大学的理念是一所大学的灵魂，涵盖着大学的理想、追求和信念，是大学文化中最稳定、最核心的要素。不同的大学有不同的发展历史和办学传统，理应具有不同的办学理念。但是我们必须清楚地意识到，无论是什么大学，办学理念都必须遵循如下三方面的要求：一是要担负起传承文明的责任，二是要担负起服务社会的责任，三是要担负起培养人才的责任。党的二十大报告指出："我们要坚持教育优先发展、科技自立自强、人才引领驱动，加快建设教育强国、科技强国、人才强国，坚持为党育人、为国育才，全面提高人才自主培养质量，着力造就拔尖创新人才，聚天下英才而用之。"

大学的精神是其理念的具体化，是其理念的延伸和弘扬。大学精神中凝聚着大学的思想与宗旨，是大学所独有的，具体表现在以追求理想、追求真理、追求知识为象征的传统大学的"象牙塔"精神中。对知识、真理的推崇不仅构成了大学成员不断探索、获取知识的精神动力，而且这种精神在整个社会的珍视和呵护下，渐渐地以制度化的形式慢慢地存续下来，并孵育成为大学独有的组织性特征。

大学不仅是客观物质的存在，更是一种文化和精神意义上的存在。知识及其学科是大学存在的必要基础，而发挥决定作用的便是大学理念。大学的办学理念是历史积淀、发展而来的文化，它主导着大学的定位和教育的实施。

尽管社会环境在不断变化，我们的信念和追求却是永恒不变的精神财富。人生是需要有理想和价值的，当理想和价值都不清楚的时候，人就会觉得生活毫无生趣。我们上大学不应该只是为了追求"找一个好工作""拿到文凭"这类短期目标，而应该思考并明确自己的人生意义和价值，为自己长远的生活和职业发展做打算，并积极培养相应的能力。

党的二十大报告指出了育人的根本："教育是国之大计、党之大计。培养什么人、怎样培养人、为谁培养人是教育的根本问题。育人的根本在于立德。全面贯彻党的教育方针，落实立德树人根本任务，培养德智体美劳全面发展的社会主义建设者和接班人。"我们上大学，一方面是为了改变、成就更好的自己，包括思想观念、态度、视野、知识等方面；另一方面是为了储备职业发展竞争力，包括专业知识、实操技能及核心就业能力。大学的学习过程无疑比结果更重要，"授之以鱼，不如授之以渔"，大学生通过学习所培养的思想观念、价值观体系、心智模式、知识体系以及为人处世等，是能够让自己受益一生的财富。

三、现代大学的责任

大学是人类精神文明的旗帜。从诞生之日起，大学就不是遁世隐者徜徉高蹈的世外桃源，而是始终承担着探索真理、培育英才的重任，进而起到传承文明、引导社会走向的作用。党的二十大报告也强调对文化的传承和发展："全面建设社会主义现代化国家，必须坚持中国特色社会主义文化发展道路，增强文化自信，围绕举旗帜、聚民心、育新人、兴文化、展形象建设社会主义文化强国，发展面向现代化、面向世界、面向未来的，民族的科学的大众的社会主义文化，激发全民族文化创新创造活力，增强实现中华民族伟大复兴的精神力量。"如果说大学的自由品质是不可剥夺的，那么大学的社会责任也是不可推卸的。因具体时代不同，大学的社会责任也有所变化，但大学的使命决定了大学必须承担起两个社会基本责任：培育人才和繁荣学术。大学的社会责任正是通过它们得以体现和证明的，这也是每一个大学人应当意识到的两大责任——育人责任与学术责任。

四、大学文化的作用

大学要求生存、求发展、办好学、承担重大的社会责任，最根本的是必须全面加强以大学生为主体和以知识为基础的大学文化建设，努力提升大学的文化底蕴，不断提高大学的核心竞争力。党的二十大报告强调："统筹职业教育、高等教育、继续教育协同创新，推进职普融通、产教融合、科教融汇，优化职业教育类型定位。加强基础学科、新兴学科、交叉学科建设，加快建设中国特色、世界一流的大学和优势学科。引导规范民办教育发展。加大国家通用语言文字推广力度。深化教育领域综合改革，加强教材建设和管理，完善学校管理和教育评价体系，健全学校家庭社会育人机制。加强师德师风建设，培养高素质教师队伍，弘扬尊师重教社会风尚。推进教育数字化，建设全民终身学习的学习型社会、学习型大国。"

大学的竞争力是一种综合能力，为了便于研究，我们可以把它分解为众多因素，如办学理念、课程和学科设置、教师素质、学生来源、硬件设施、管理制度、校园环境、资金投入、贡献大小、社会声誉等。如果对这些因素做进一步的分析，在深厚的文化底蕴之中的大学文化是大学核心竞争力之所在，是大学赖以生存、发展和承担重大社会责任的根本。具体地说，大学文化的核心作用力主要包括以下几个方面。

（一）价值观念的引导力

在当代，大学不仅应当走出"象牙塔"，步入多样化的发展道路，积极主动地应对文明社会众多领域、不同层次的广阔需求，服务于社会，更应当超越"象牙塔"，发扬着眼未来、探究真理的批判精神，以自己创造的新思想、新知识和新文化，给社会发展以正确的价值导向，引领社会前进。

（二）不断进取的创造力

大学是新思想、新知识、新文化的发源地。作为思想最活跃、最富有创造力的学术殿堂，在传承文化的基础上创新文化是大学的本职任务。大学创造力的主体是教师和学生，而创造力主要来自不断进取的科学精神。作为现代化的高等学府，现代大学的创造力不仅应表现在大学培养的具有全球意识、较高文化品位和较强竞争力的创造型人才上，还应当表现在把大学建设成为人类社会解决面临的重大困难课题时，提供科学依据，将科学技术成果转化为现实生产力的重要基地上。党的二十大报告指出："教育、科技、人才是全面建设社会主义现代化国家的基础性、战略性支撑。必须坚持科技是第一生产力、人才是第一资源、创新是第一动力，深入实施科教兴国战略、人才强国战略、创新驱动发展战略，开辟发展新领域新赛道，不断塑造发展新动能新优势。"

（三）以人为本的教育力

大学必须把教育责任作为自己承担的第一社会责任。"以人为本"是一种教育哲学观，是指在个性得到充分发展的基础上使作为个体的人实现社会化，成为社会所需要的人。文化的传承和创新是教育"使个体社会化"的基础，文化育人是教育本质的核心。教育活动的崇高目标是促使作为个体的人和作为整体的社会得到全面、和谐、可持续的发展。

（四）团结师生的凝聚力

作为人类文明的精神家园，大学办学需要一种崇高的精神境界，有一个共同信奉并付诸实践的价值理念，它集中地体现在大学的办学理念和价值追求之中。这是一种巨大的精神力量，是大学发展的灵魂，它把大学师生员工凝聚成一个坚强有力的整体，让他们为实现大学的崇高理想而共同奋斗。

综上所述，大学文化是大学在长期办学实践的基础上，经过历史的积淀、自身的努力和外部环境的影响，逐步形成的一种独特的社会文化形态。它以大学师生为主体，以知识为基础，主要凝聚在大学深厚的文化底蕴之中，是大学作为人类社会知识权威的文化基础，是人类先进文化的重要组成部分。

第二节　大学与职业

大学时期是学生在接受高等教育的同时，初步形成职业素质、发展专业技能的关键时期，是人生最富青春活力的阶段。因此，正确认识并把握大学时光将有利于大学生未来职业的发展，对当代大学生正确认识职业、增强职业技能具有十分重要的意义。

一、大学学习对职业的影响

在大学期间，我们选择某一专业进行学习，是为今后的职业生涯做准备。因而大学可以说是职业准备阶段或职业准备期，是个人职业生涯的起步阶段。谁在大学阶段做好充分准备，谁就能在步入社会后较快地找到自己理想的职业，顺利地进入职业角色。

对大学生来说，未来的生活就像是这样一种情景：你正走在一条未知的路上，前面的路口有许多岔路，每一条岔路代表着不同的职业生涯，你必须在这些岔道口做出选择，这种选择将影响你今后的人生。每一条岔路前都有一扇门，只有拥有合格的"证件"，这扇门才会为你打开。因此，为了使自己在今后拥有更多的选择机会，我们的策略是尽可能地准备好自己的"证件"，或者称为资本。谁的资本更加雄厚，谁便能把职业的选择权掌握在自己手里。在大学期间没有做积极、充分准备的人，就等于放弃了自己把握选择权。当我们把自己应承担的责任交付给他人时，自己便只能被动地接受任何可能产生的结果。也就是说，我们在生活中就不能充分地运用自己的选择权，而只能等待着社会对我们的挑选。

因此，在大学期间，大学生在学习中进行科学、合理的规划是非常必要的，对自己顺利走向社会、进入职场、谋求职业发展与事业成功将会有巨大帮助。

二、学业、职业与事业的关系

学生在大学里最主要的任务是学习，然而学习不是为了学而学，而是为了让生活更有价值和意义。无论如何学习，最终我们还是要去成就一番事业的。可以说，大学学业主要是为了让大学生获取更加有效的知识，为日后职业和事业的发展做准备。因此，大学生的学习也包括获得未来工作所需的职业素质和职业能力。

职业是人们生存和提升价值的平台。大学生只有通过努力找到适合自己的职业，在毕业之后的道路上才能走得顺利。因此，大学生要在潜心学习的基础上，有意识地积累职业经验，适时地进行必要的、合理的职业规划调整，从而为职业生涯之路做好铺垫。

职业理想是事业上达到某种成就的期望和追求。理想需要有事业这个平台作为依托，没有事业这个平台，理想就只是幻想。事业是我们实现理想的重要途径之一。从入校的第一天起，大学生就应该高扬理想的旗帜，为将来能有所作为而努力拼搏。

学业、职业和事业是一脉相通的，我们从大学入学制订生涯规划开始，人生职业生涯历程就已经开始。作为大学新生，不仅要善于把现实的学业观转化为将来的职业观，还要善于把"为了生活而学习、工作"的职业观，转化为"为了学习、工作而生活"的事业观，早日为毕业后的人生铺平道路。

三、大学阶段的主要任务

作为职业生涯的重要准备期，在大学学习期间，我们有做不完的事情。那么在许多需要完成的任务当中，哪些是我们在大学阶段必须完成的呢？虽然专业不同、今后从事的职业不同，每个人在大学阶段的具体任务也有所差异，但结合社会对人才的需要，培养职业精神、树立职业生涯规划意识和职业意识、塑造良好的人格、提高职业素质和职业能力、形成开阔的视野，是我们在大学阶段必须完成的任务。它们将会影响我们的后续发展，使我们终身受益。

（一）锻造优秀的品格

1. 培养自学能力

在大学里，学会学习不再是指如何学习知识，而是如何培养自己的自学能力。将来的"文盲"不再是目不识丁的人，而是一些没有学会学习方法、不会自己钻研问题、没有预见力的人。正因如此，我们强调一定要让学生学会如何学习，也只有学会自学，才能终身受益。

在知识大爆炸的时代，学校不可能保证教给大学生今后需要的所有知识。然而在大学里，大学生可以学会独立思考并掌握学习的方法，它会让大学生在今后不论面对怎样的知识变更和激烈的竞争，都能应付得游刃有余、得心应手。大学不是"职业培训场"，而是一个让学生学会适应社会、适应今后不同工作岗位的教导机构。在大学期间，学习专业知识固然重要，但更重要的还是学习独立思考、解决问题的方法，掌握自修之道。只有这样，大学毕业生才能跟上瞬息万变的未来世界。

2. 学会做人

做人是人们在人际交往中所表现出来的对人、对自己的原则和态度。职场成功定律告诉我们：做人比做事更重要。作为接受教育的大学生，在大学学习的过程中首先应该学会做人。"学会做人"是一个既现实又深奥的话题。如何学会做人，是我们应该长期用心思考的问题。在日常的学习生活中，要做一个有心人，从老师和同学的言行中去分析和体会：在面对同一件事情时，别人为什么处理得比我好？从中我应该借鉴什么、吸取什么？学会做人是一个逐渐积累的过程，它不仅是大学阶段的主要任务，也是贯穿整个职业生涯甚至是人的一生的重要课题。

3. 学习做事

大学阶段还有一个非常重要的任务，那就是充分利用大学里的优质教育资源培养我们的职业能力。在大学阶段，完成以下几件事，将会有助于培养我们做事的本领。

（1）学会收集信息。现代社会正处于信息时代，没有信息，我们就无法顺利地开展学习和工作。因此，懂得如何收集自己想要的信息对学习和工作而言都是至关重要的。在大学阶段，学会收集信息对我们做出合理的学习或职业生涯决定、自主地开展学习活动、培养自学能力都是非常有帮助的。学会如何使用图书馆、电子数据库、互联网搜索、问卷调查以及信息采访等，都会有助于提高我们收集信息的能力。

（2）获取专业基础知识。专业能力是从事专门工作所必须具备的能力，专业能力的获得主要靠专业学习。专业教育也是我国高等院校人才培养的主要方式。在大学期间，一定要学好本专业要求的基础课程，把基础打牢。虽然知识不等于能力，但知识是构成能力的重要因素，能力是以知识为基础的。在科技发展日新月异的今天，应用领域里很多看似高深的技术很快就会被新的技术或工具取代，只有加强对专业基础知识的学习才能受用终身。而且，如果没有打下好的基础，我们也很难真正理解高深的应用技术。

有的大学生可能因为没有机会学习自己感兴趣的专业而自怨自艾，甚至自暴自弃。其实，培养专业能力的途径是多样的。除了对自己感兴趣的专业进行系统学习之外，我们还有很多其他的选择，如辅修、有目的地选修感兴趣的专业课程、自学等。也有很多大学生错误地认为学习一个就业前景好的专业，将来肯定能找到一份出色的工作。心存这种想法的人简单地将专业名称与专业能力等同起来，但事实上学习某个专业不会让我们自动拥有从事该专业相关工作的能力。现实社会中，我们也常常听到非专业的毕业生"抢"走了专业毕业生的工作岗位。原因就在于，用人单位更注重的是专业名称背后的专业能力。

（3）养成写作习惯。随着科技的进步和工作节奏的加快，书面沟通在当今社会中的作用已经越来越突出，任何行业都需要用书面沟通进行公务往来。对个人而言，随着职务级别的上升，书面沟通也会变得越来越重要。

为了培养和提高写作能力，在大学期间，我们应该尽可能地选修一些要求学生写日志、计划书和评估报告等的课程。认真地完成这些课程，会有助于提高自己的写作能力。

（4）学会使用办公软件。如今，随着计算机的普及，以计算机为核心的办公自动化在工作中被广泛地使用，大大提高了工作效率。因此，无论是对计算机专业的学生还是非计算机专业的学生来说，学会使用办公软件都是非常重要的，特别是一些常用的办公软件，如 Word、Excel、PowerPoint 等。

（二）树立职业意识、自立意识和生涯规划意识

1. 职业意识

职业意识是个人的世界观、人生观和价值观的有机构成要素，主要指人们对自己所从事的职业所持有的认识和理解。虽然大学生身处校园，但提前培养职业意识很重要。例如，利用网络收集一些目标职业的信息，通过分析形成自己对职业的看法；参加学术活动，及时了解行业的发展变化；通过参加各种职业训练活动，提前感受职场氛围。实际上，职业意识的培养过程也是一个自身成长的过程，通过此过程，不断提高自己分析问题、解决问题的能力，能为将来的职场发展打好基础。

2. 自立意识

自立贯穿于我们的整个人生，它是指个体从自己过去依赖的事物里独立出来，自己行动、自己做主、自己判断，并对自己的承诺和行为负起责任的过程。自立主要分为身体自立、行动自立、心理自立、经济自立和社会自立。身体自立指个体无需扶助而能直立行走；行动自立指个体具备生活自理能力；心理自立指个体能独立思考，独立判断，自己做决定；经济自立指不依赖他人的经济援助而能独立生存；社会自立指能够按照社会行为规范、责任和义务行动。学会自立是我们实现人格独立、开创事业的前提条件。

在大学里，我们应该树立自立意识，培养自立能力。一个人只有学会了自立，才可能赢得职业生涯的发展和成功。

3. 生涯规划意识

机会总是留给有准备的人。如今我们生活在一个社会环境瞬息万变的时代，世界充满了不确定性。我们的一生中有许多事情需要去完成，而每个人的时间又是如此有限，面对多变的外在环境以及无限多的事情，我们想要充分发挥个人的潜力，实现人生价值，就必须事先做好规划，未雨绸缪，这样才能抓住更多的机遇。

（三）养成职业精神

职业精神是人们在从事工作时表现出来的一种态度或精神风貌，它对一个人的职业发展非常重要。目前我们还没有进入职场，但是一个人在大学里养成的行为习惯，是非常容易带到今后的工作场所中的。因此，我们要在大学阶段培养自己的职业精神。

职业精神的内涵非常丰富，作为新时代的大学生，应该重点培养以下三方面的职业精神。

1. 诚信

诚信对国家来说，是立国兴邦之基；对企业来说，是发展壮大之魂；对个人来说，是立身处世之本。在职业中做到诚实守信就是要做到：工作过程中，不要走过场，犯形式主义的毛病；汇报工作结果时，做出什么成绩就说出什么成绩，既不要夸大，也不能缩小，就事论事。错误的决策，往往来自错误的信息。决策者一旦基于失真的工作成果信息而做出了错误的决定，就可能会给整个单位造成损失。

2. 主动精神

从出生到上大学，总会有人不断地告诉我们，应该做什么，不应该做什么。由此当需要大学生自己做出决定的时候，大学生总会寄希望于父母或师长。被动性的人很难适应激烈竞争的社会，因此大学生要注重培养主动精神。

3. 责任心

责任心是一个人成才的重要支柱，也是衡量一个人成熟与否的重要标准。强烈的责任心是我们对自己人生之路做出正确抉择并顺利走向社会的前提，是个人职业素质的重要组成部分，只有具有强烈责任心的人才能踏实工作，把本职工作做好。人生成功从职业生涯发展开始，职业生涯发展从做好本职工作开始，做好本职工作从对事情的结果负责开始。用人单位在招聘人才时，非常强调敬业精神，其实敬业精神便来源于一个人对其工作的强烈责任心。

（四）开阔自己的视野

1. 通过多种渠道学习世界先进的理论知识

一直以来，来自许多世界名校的网络公开课程在世界范围内都享有极高的声誉，从中可以体验真正的知识大餐。这样的课程对大学生平时在课堂上所学的知识能形成较好的补充，因此我们可以通过网络方式聆听公开课，这样就能大大扩展自己的知识面，让我们在发现问题、解决问题等方面产生新的思想认知。

当代大学生开阔自己的视野，不能仅仅体现在与专业有关的层面上，更多要体现在精神层次的开拓、心理方面的豁达上。对待自己憧憬的事业，我们应该抱有兼收并蓄、积极参与的心态，这样才可以不畏艰险，达成目标。

2. 积极参加丰富的心理健康活动

大学生要积极参加与心理健康有关的多种活动。目前，大学生的心理问题日益受到关注。很多学生表示小时候对未来怀抱憧憬，凭栏而倚，意气风发，然而随着年龄的增长，开始对未来不知所措，充满迷茫。很多人不知道自己毕业后该何去何从，不能给自身一个合理的定位。因此，我们应该积极地参加学校组织的心理健康活动，通过咨询专家以及各个院系的老师，解决自己的心理问题，保证自身学习与生活的正常进行。

3. 积极参与大学竞赛活动

大学期间，我们可以通过参加各种类型的竞赛，增强自己的实践能力。一些大型比赛更是绝佳的锻炼场所。另外，高校各院系也有自身极具特色的院系活动，大学生应该积极投身其中，提高自己的开拓创新能力。

（五）多参加社会实践

职业素质是劳动者对社会职业了解与适应能力的一种综合体现，主要表现在职业能力、职业兴趣、职业个性及职业情况等方面。其中，职业能力是职业素质的重中之重，是人们从事其职业的多种能力的综合。

一般说来，劳动者能否顺利就业并取得成就，在很大程度上取决于本人的职业能力。职业能力越高的人，获得成功的机会就越大。目前，虽然大学新生不能依靠实际就业来提高这方面的能力，但努力学习文化专业知识，增强现代科技意识，加强专业技能训练，进行社会实践和锻炼，都是提高职业素质和职业能力的有效途径，而且是优势所在。我们通过分析自身的职业能力，了解自己的一般能力和特殊能力状况，挖掘潜能、发挥优势，就能够不断提高自己的职业能力。

影响和制约职业能力的因素很多，主要包括受教育程度、社会实践、社会环境、工作经历等。对大学生来说，最主要的就是社会实践。社会实践活动是促进大学生综合实践能力的重要形式，也是对大学生进行思想教育的重要途径。通过社会实践活动，大学生得到锻炼，能将在学校学习到的理论知识更好地融入社会实践中。

通过社会实践，大学生可以很好地了解自己。在不同的工作环境、工作经历中，发展清晰的自我形象，同时尽可能多地寻找和获得不同的生活经历，并把这些生活事件和经历结合起来，找到价值观、兴趣和技能之间的联系，用更复杂的方式思考自我。改善与生涯决策有关的自我知识是一个持续的过程，所有的社会经历都有用途。

社会实践的另一个作用是帮助大学生不断改造自我，更快地社会化。大学与高中的不同在于，大学是进入社会的过渡期，是进入社会的预演；学校与社会的不同在于，衡量人才的参照系不同。学校教育以知识积累为主要目的，而职业领域更看重人的能力和素质。职业在满足现实的生存和发展需要之外，还有一个重要功能就是通过和别人一起共事来克服自我中心的意识。换句话说，职业化的过程就是社会化的过程，而克服自我中心意识、为职业做准备是大学生所要面对的重要人生课题之一。

案例精选 ▶▶▶

小陈是某师范大学的硕士研究生，某年寒假在一家市场研究咨询公司实习，主要从事市场调查问卷设计、后期数据统计分析以及客户满意度提升方案的报告撰写工作。

刚到公司，小陈有些失落，原以为会跟着年长自己许多、经验丰富的老师实习，没想到竟是跟着一个看起来还没自己老成的"小师傅"。心理落差让他动力不足，研究生期间学的理论又让他心存骄傲，总觉得自己的知识面远比公司许多在职人员宽。小陈甚至一度在想，如果自己大学毕业就工作，一定会超过这个项目经理以及公司的许多人。

这样的心态一直持续到一件事的发生。由于漫不经心，小陈在一次统计重要数据时出了差错，如果没有被及时发现，将给公司带来极为负面的影响和巨大损失。带他实习的项目经理及时发现并纠正了这个错误，除此之外，这位项目经理还和他分享了大量源自实践的宝贵经验。这时，小陈才真正理解了一个从小便知道却从未真正懂得的道理："纸上得来终觉浅，绝知此事要躬行。"

"天才是百分之九十九的汗水加上百分之一的灵感。"青年成才大体也是如此，唯有辛勤努力、脚踏实地，才能实现理想，体现自身的社会价值。古往今来，每一位有所成就者，无不是通过点滴积累，厚积薄发。

第三节　大学生生涯现状

一、大学生面临的问题

大学生是社会发展的新兴力量，加强大学生教育和提高大学生文化素质，是一项长期重大任务。随着科技的不断发展与社会的日益进步，当代大学生往往会体现出张扬而叛逆的个性、敏捷而新颖的思维模式，以及紧跟时代步伐的活力。当前，新一代大学生体现出来的种种现象应该引起社会重视。

（一）心理压力较大

大学生的心理和生理都已趋于成熟，但也出现了不容忽视的心理压力，主要表现在以下几个方面。

1. 难以适应大学生活

孩子是父母的希望，为了能让其专心学习，中小学阶段家长往往代劳了孩子本应该承担的许多活动，除了让孩子学习以外，其他什么也不让做。进入大学后，很多学生生活难以自理，无法适应大学生活，给自身的学习和心理造成很大的影响。

2. 在人际交往方面不成熟

在生活中，我们每天都要接触形形色色的人，交往是一种表达自我、沟通他人的良好途径。大学是社会的缩影，大学生由于各种原因，在交往的过程中容易产生自卑、恐惧、嫉妒、猜疑、羞怯、自私等多种人际交往问题。这些问题严重危害了大学生的心理健康。

3. 情感问题处理不当

亲情、友情、爱情，都是一个人情感的重要组成部分。大学时代的爱情是美好的，但同时也是容易带来伤害的。缺乏对爱情的正确理解与感知，大学生就很容易走入爱情的误区，饱受痛苦。

4. 学习压力较大

大学里的每个人在高中时都有良好的成绩，自我优越感较强。上了大学后，身边大都是佼佼者，这种心理上的落差，无形中增加了学习压力。若在学习过程中缺乏正确的自我意识，学习目标过高，超越了自己所能承受的范围，就会使自己有挫败感，从而不利于自身的发展。

随着"90后""00后"跨入大学并逐渐成为大学生的主体，大学生的思想也随之烙上"新新人类"的特殊印记。他们自信张扬，特立独行；思维开阔，价值观念多样；普遍存在思想早熟，但承受压力的能力不足等特点。

（二）学习态度不端正

和中学时代相比，大学的学习方式有了很大的改变，没有了老师的催促与监督，主要以自学为主，体现为方法和思想的学习与交流。这种具有弹性空间的学习模式，很容易让大学生养成不端正的学习态度。"平时不学习，考前才突击"，这成了不少学生大学时代的"学习定律"。一些大学生以为，考前老师一般会告诉重点，只要照着复习，考前背上几天就能通过考试。另外，重技术轻理论。很多大学生对知识的唯一评价即对现在是否有用，对就业是否有用，而且对技术类知识的学习热情明显高于理论知识。

（三）课外时间安排不合理

有的人上了大学以后，感觉大学的校园生活并不像自己想象的那样丰富多彩，而是"无聊至极"，整天没事干。有的学生课比较少，学习压力较轻，再加上处于专业知识的朦胧期，会感觉无所适从。由于学习目标不明确，很多大学生荒废了宝贵的学习时间。这种现象正是不能合理安排课外时间的表现。其实，学校有众多的社团，为学生提供了很好的锻炼平台和学习交流平台，大学生应充分加以利用。

（四）过于追求"证书"

随着就业压力的日趋加大，大学生不得不在大学时代给自己多加几个"砝码"。然而，这种"砝码"被曲解成了种类繁多的"证书"，如计算机、英语、会计、物流等方面的证书。对大学时代的证书考试，大学生普遍采取的态度是只要能考的都考，别人考什么证书，自己也跟着考，并没有考虑和自己的专业方向及以后的发展是否有联系。这也从一个侧面说明了大学生对证书的盲目性和盲从性。证书，是证明一个人拥有某方面知识的一个象征，但并不能代表全部，专业知识的积累与能力的培养才是大学生在大学校园中真正应该追求的。

二、大学生的思维特色

大学生正处在人生成长的关键时期，正在迅速走向成熟却又未完全成熟，世界观和人生观正在形成。特别是近些年来，大学生的个性、思想、行为、价值取向、心理需求等方面都呈现出许多新特点。

（一）能力突出但功利意识强

当代大学生的平均智商很高，超过了以前的同龄人。他们思维敏捷、头脑灵活、眼界开阔，接受新事物的意识和能力非常强。由于成长于社会转型时期，市场经济的形成与社会的物质发达使他们更关注具体的事物，而不关注抽象的理念。他们的目的性表现得更为直接，参加各项活动时会直接考虑对自己是否有好处，具体能得到些什么。同时，一些大学生还不同程度地存在着理想信念模糊、价值取向不良等问题。

（二）愿望强烈但自我评价片面

进入大学以后，大学生的许多苦恼和相互间的争论，常常围绕自己到底能做一个什么样的人这一问题而起。他们往往不能正确评价自己，过高或过低估计自我，使理想的自我与现实的自我差距较大，从而影响自我对现实的态度和行为。

（三）情感丰富但波动性较大

由于大学生在生理上日渐成熟，青年人旺盛的精力及大学生活的相对自由，使他们产生了许多新的需要。同时，大学阶段又是大学生价值观形成的时期，伴随着现实生活中的矛盾和冲突，他们在满足需要和价值判断时常常摇摆不定，涉世不深和青年人的心理矛盾又使他们的情绪往往表现得快而强烈，常因一点小事动辄振奋不已，或者意志消沉、悲观丧气。

（四）思维自主但选择能力缺乏

由于受大环境与父母教育观念的影响，大学生接受的新生事物比较多，他们追求个性、强调自主、思维独立，不愿意接受被别人强加的观点和想法。同时，有的大学生好像缺乏一定的过滤机制，只要是新鲜的事物他们都好奇。经历越多，越不知道选什么，这是一个很大的问题。他们对坚持什么、守住什么的认识和积极性并不强。

（五）勇于担当但吃苦能力欠缺

南京市团委组织的一项针对当代大学生的社会责任观的大型调查表明，近八成受访者认为自己有社会责任感，高达99%的人愿意在成年之后承担更多的社会责任。我们从调查中也看到，有49%的人认为社会政治时事与自己关系很大，43%的人认为自己具有强烈的社会责任感，61%的人对无报酬的义工或志愿者工作有兴趣，超过59%的学生有兴趣成为学生干部。由此可见，他们具有高度的社会责任感，对国家和民族的未来与命运充满归属感和认同感。然而，不可否认的是，在当代大学生中有不少人由于吃苦体验缺失导致吃苦精神缺乏，吃苦能力偏低。

（六）个性自信但规则能力弱

当代大学生有个性、自信，敢于向传统与权威挑战。同时，我们也应该看到正是由于自我自主意识过强，过分强调个性，过分表现自信，他们存在着一定程度的自负的客观问题，在思想与行动上表现出一系列矛盾：独立自主，懂得用法律的、规则的手段维护自己的利益，却有时会为个性违反规定，或者不考虑他人或学校管理而付出代价，甚至对付出的代价还表示不理解。他们规则意识突出，但规则能力比较弱。

客观来讲，和近几十年以来各个时期的大学生相比，当代大学生身上具有很多独特的优点。他们适应社会的能力更强，会与各种各样的人打交道，思维敏捷、随机应变，敢于追求、绽放个性，常常会有意想不到的创意。因此，对于当代大学生各种负面的社会评价，大学生不必消极，而是应该客观分析、理性对待，应该透过"他人眼中的大学生"更加全面地审视自我，进一步明确上大学的意义，找准自己的角色和定位，树立科学的人生观和价值观，争当一名合格的大学生。

三、大学生的角色转换

当代大学生是我国社会人才的"预备军"，将对社会发展起重要作用。导致大学生角色错位的原因是错综复杂的，想让偏离的轨道回归原位，就需要大学生对自身角色进行调适。首先，大学生要明确大学学习的特点，如自主性、多样性、阶段性等；其次，大学生要清楚自己的角色定位，加强修身立德，提高自身素质；最后，大学生要不断挑战自我，从"小我"走向"大我"，努力发展自己，为他人和社会服务，在为国家和民族做贡献的过程中实现自我价值，在个人与社会的联系中领悟人生的意义。

（一）当代大学生的角色错位

从目前社会发展的形势来看，大学生已经走过了被誉为"天之骄子"的时代，出现了不少得过且过、消磨时光的消极行为。各类高校在新生入学伊始，都要进行各种入学教育，发放学生守则，让学生一开始就明确大学生的角色，清楚自己的角色位置，并且还通过各种形式让这种教育贯穿整个大学阶段。然而，由于主、客观因素的综合作用，仍有些大学生偏离轨道，没有扮演好自身角色，出现了角色错位。这些角色错位归纳起来，主要有以下几种类型。

1. 自我中心型

现在的大学生绝大部分是独生子女。唯我独尊的本位主义，使一部分大学生往往不服从纪律的约束，以自我为中心，即产生以这种感觉为基础的自我意识。他们把个人与他人、集体、社会分割开，甚至对立起来，过分强调"自我"，个人主义膨胀，集体主义和公德意识淡漠，具有一种"事不关己，高高挂起"的心态。他们喜欢标新立异、我行我素，极易与同学发生冲突。

2. 主次不清型

主次不清，也就是角色多样化与主要角色的冲突。对大学生而言，"学生"是其主要角色，但这并不意味着大学生只有一个角色。例如，对父母，他们得扮演子女的角色，孝敬长辈，善待长辈；对老师，他们得扮演学生的角色，尊敬师长，好好学习；对同学，他们得扮演学友的角色，互帮互助；如果是学生干部，还应对工作兢兢业业；如果是社团成员，还应对社团认真负责……每一个角色都有其特殊的规范和要求，都需要大学生恰如其分地把每个角色和谐地统一在一个人身上。当他们独自面对诸如恋爱与学习、上课与打工、读书与就业、玩物与立志等一系列矛盾时，大学生易犯的毛病是容易淡化"学生"这一主要角色，而用其他角色加以掩蔽和代替，从而出现不应有的角色混乱现象。

3."圣贤书至上"型

不少大学生在大学里偏重专业知识的学习，忽略人际关系的建构，"两耳不闻窗外事，一心只读圣贤书"。他们几乎把精力都放在专业知识的积累与更新上，成为"大师"，如大工程师、大设计师、大会计师等是他们生活的唯一目标与追求，而对人际关系则难以应对。

4. 随波逐流型

有的大学生在追求自我价值实现的过程中，模糊或忘记了自我的位置，并对此深感不安与失落，时间久了，在非理性思想与方法的控制和诱导下容易跟着感觉走，不知何处是自己的栖身、献身之所，随波逐流。这部分人对自己究竟应该做什么或选择什么样的道路等问题的认识处于模糊混乱的状态，找不到适合自己的奋斗目标，失去了角色的自我认知感和存在感，滋生了烦躁、苦闷等情绪。

（二）大学生的角色调适与定位

1. 角色调适

大学生要学会角色调适，这是一个综合努力的过程，要求大学生学会教育和自我教育。也就是说，在学校的校园文化氛围中，在老师的指导下，大学生应树立正确的人生观、价值观、社会道德观，从而健康成长。

各所高等学校的校园文化都是相对稳定、积极向上的。它对校园主体的价值观念、道德情操、行为方式等有很大的影响，这种无形的力量对每个人都会产生重要作用，大学生要学会从中吸取经验教训、接受教育，不断调节自己的心理和行为。为实现自我成长目标，大学生应该使自己已形成的良好品质和习惯得到强化，抵制不良风气的侵蚀，依据一定的标准对自己的思想和行为进行认识、约束、控制行为，通过自我教育明辨是非，唤醒主体意识，加强自我约束、自我管理，在行为过程中确定最佳目标，选择最佳行为方式，最终达到大学生角色的行为要求。

2. 角色定位

角色理论认为，社会中的每个角色都由角色权利、角色义务和角色规范三个基本要素组成。大学生角色定位的过程，是其逐渐认识在大学期间及就业之后所扮演的职责及其规范要求，弄清社会对他们的具体期望的过程。大学生能否实现其角色期望值，很大程度上取决于其责任感的强弱，责任感的缺乏是当代大学生成才的桎梏。这决定了培养大学生的责任意识是大学生成才的重要课题。角色和责任是相辅相成的，意识到自己扮演的角色，才能明白自己应尽的责任，而大学生的角色定位是一个动态变化的过程。同时，当代大学生在时代潮流中的角色定位也表现出了多样化的特点。

（1）大学生在学校应为学生。当代大学生是民族的希望、国家的未来，是建设中国特色社会主义事业的强大后备力量。今天的大学生是未来社会知识与文化的主要传播者和创造者。他们的思想道德和科学文化素质如何，在一定程度上，直接关系着国家和民族的前途及未来。大学生应清楚地认识自己在高等教育中的角色，即学生。学生的天职是学习。

大学生作为未来人才群体，享有接受高等教育的权利，不能忘记自己的身份是"大学生"，应具备良好的文化素质。文化素质不单纯是知识"量"的问题，更重要的是"质"的问题，也就是要有一个较为科学的知识结构。大学生要突破传统的"金字塔"式的知识结构，走向一种"开"字型的知识结构，即合理结合基础专业，在此基础上建立一门甚至两门平行的专业知识，另外还应该注意"博"与"深"的问题。良好的文化素质基础是大学生将来为人民、为民族尽心尽力、振兴中华的前提和实力储备。对大学生来说，只有摆正学习目的，才能集中精力，一心一意，刻苦学习，努力使自己尽快成长为社会主义现代化建设事业所需要的高级专业人才。

（2）大学生在家庭应为子女。我们每个人人生的第一个舞台就是家庭，第一个角色便是为人子女。家庭是社会的细胞，社会中的每一个人作为子女，作为社会中的人的根本义务和最基本的道德品质就是孝敬父母。大学生作为社会中的一个特殊的青年文化群体，应该更深刻地认识这个道德准则，从思想上尊敬、热爱双亲，在行为上要体现出对父母发自内心的爱。

（3）大学生在社会应为公民。大学生自身的存在是社会培养的结果，作为社会的公民，应自觉地为社会履行相应的责任，用相应的社会道德规范要求自己。这既是社会对公民的客观要求，也是一个现代人应该具备的人生品质。也就是说，当代大学生要作为一个合格的公民，首先要成为一个文明人。

《新时代公民道德建设实施纲要》指出，"学校是公民道德建设的重要阵地。要全面贯彻党的教育方针，坚持社会主义办学方向，坚持育人为本、德育为先，把思想品德作为学生核心素养、纳入学业质量标准，构建德智体美劳全面培养的教育体系"。对当代大学生来说，除了自觉遵守社会公德、遵纪守法外，还应该从自己做起，从小处做起，从现在做起，"勿以善小而不为，勿以恶小而为之"，在自己的生活范围内起到表率作用。

（三）大学生的角色期望

社会角色期望是一种社会意识，是一种外在的力量。大学生作为当今社会的一个特殊群体，肩负着重要的历史使命，关系着社会主义现代化建设的成绩。作为民族腾飞新生力量的大学生应在服务社会的实践中逐步树立起正确的世界观、人生观、价值观，努力把自己锻炼成新时代的接班人。

1. 当前大学生的角色期望

大学生应有艰苦奋斗的精神，自觉遵纪守法，有良好的道德品质，勤奋学习，努力掌握现代化科学知识。这正是社会对大学生的标准定位，也为全体大学生确立自己的奋斗目标提供了根本依据。

从一定层面上讲，大学生的角色期望能帮助和指导大学生正确进行角色定位及充分认识自己的角色特点，按角色要求去充实和规范自己，强化其做合格"演员"的自觉性与信念。

2. 对当代大学生的素质要求

大学生要成为社会主义事业的可靠接班人，就必须提高自身的综合素质，成为复合型人才，而社会对大学生素质的基本要求大致有以下几个方面。

(1)社会要求大学生具有创新能力。创造性素质和创新能力需要在综合各种基本能力的基础上形成，因此，对大学生创造性素质的要求具体地反映在自学能力、观察能力、独立思维能力、科学研究能力、表达能力、鉴别审美能力、自我调控能力、社会交往能力、实际操作能力、组织管理能力等基本方面。

(2)社会要求大学生具有完善的现代知识结构。未来人才所需的知识结构体现出这些基本特点：基础厚、专业精、横向知识广博、各类知识体现系统性和动态性。未来人才需要建立流动的、开放的、发展的知识体系，必须具备实现知识流动和发展的能力及方法。

(3)社会要求大学生具有良好的心理素质。心理素质欠缺的具体表现是，自傲不能得志，自卑不能自拔，缺乏适应能力和自立能力，缺乏竞争意识和危机感，缺乏自信心和社会责任感，缺乏艰苦奋斗的精神和承受挫折的能力等。因此，大学生要学习心理健康知识，提高心理健康水平，增强应对挫折的能力。

(4)社会要求大学生具有良好的思想道德素质。思想道德素质是人的综合素质的灵魂，也是专业素质的基础，是用人单位挑选和考查毕业生的首要条件。社会要求大学生正确处理自己和他人、个体和集体的关系，要求大学生具有良好的合作精神和奋斗拼搏精神。大学生首先要学会做人。做人是做事的基础，大学生要努力培养敬业精神，并且要学会关心他人，与人共容，合作共处。另外，大学生还要有竞争意识和进取精神。

(5)社会要求大学生具备深厚的人文精神。知识经济的时代，需要大批新型的知识分子和高素质的劳动者，同时也要求他们有一种普遍的人类自我关怀，有对人的尊严、价值、命运的维护、追求和关切，对人类遗留下来的各种精神文化的高度重视，对全面发展的理想人格的肯定和塑造。

四、大学生的人生定位

当代大学生的角色变迁恰好处于社会激烈转型的过程中，由于社会结构"黏合"度差、运行机制不稳定，可能出现没有相应社会规范制约的"规范真空"和失去原有约束力的"控制失灵"现象。对这种现象，每一个大学生个体要发挥自己的主观能动性，认识自身角色定位的社会性，从社会人的角度出发，正视社会现实，适应社会需求，承担社会责任，提高自我角色认知程度，进行积极的自我调适，建立自我同一性。大学生应形成稳定的人格系统，积极顺应社会发展的要求，加强创新意识和创业能力的培养，抓住机遇，施展才华，实现自己的理想和抱负。

大学生的角色是在既定前提下的顺从，又是不断发展和更新的过程，它需要角色主体对意识和意识导向的行为不断调适和充实，从而塑造成功的大学生角色。成功的大学生角色应包括以下三个因素。

(一)个人与社会之间的相互协调

大学生在进行角色扮演的时候应把个人认同与社会认同科学地协调起来，不断更新自我认同的观念。社会是不断向前发展的，个人应当树立和维持先进的观念。大学生是时代精神和时代观念的最先获取者，从某种意义上说，大学生的思想先进程度和创新能力能够代表一个国家的未来发展水平。因此，大学生首先要树立并不断修正自己的人生观、世界观和价值观，同时，随时抵制社会发展中掺杂的不良观念的侵蚀，在良性的互动中加强良好习惯的培养和自身行为的锻炼，在日常行为中不断通过角色实践的积累更好地与角色适应，加强角色互动，充实个人经历。角色互动是日常生活中最为常见的角色行为，通过互动大学生逐渐形成自我意识，并能在与他人和组织的互动过程中进行自我完善与发展。

(二)全方位的角色定位

角色的发展具有自身的规律。角色定位得好，可以为自身的发展插上有力的翅膀；定位不好，则会自缚手脚，处处有屏障和矛盾。科学的角色定位是角色选择和甄别的过程。社会制约着大学生的角色内涵，如在文化素质和业务素质方面，随着人们对教育思想观念和人才培养模式这些根本问题的深入理解，高等教育价值观念不断更新，从知识本位向能力本位跨越，社会对大学生的基本素质、专业素质和创新素质都有了新的规定。大学生不仅是一种知识角色，更是一种文化角色。再如，在身心素质方面，大学生应当是良好身体和健康心理的统一体，特别是在社会节奏日益加快、竞争越来越激烈的今天，保持良好的健康状况至关重要。健康不仅仅是没有疾病和病征，更是一种个体在身体上、精神上和社会上完全安宁的状态。

(三)可持续的角色发展观

角色是存在于社会当中的基本单元和要素，如前所述，角色认同是在个人认同与社会认同的共同合力下形成和发展的，也是它们互相妥协或者协调的产物。没有停滞不前的社会，也就没有一成不变的角色。社会在不断发展，政治的、经济的、文化的要素都会被某一角色吸收和内化。角色因为新要素的不断进入而不断代替和清理着旧角色中不适应社会与个人发展的元素和环节。大学生要对自身大学生角色保持一种动态发展观，要有进行自我否定和自我改造的准备及勇气，懂得吸取新事物中的养分。

同时，当代大学生应冷静地对社会保持动态的认识，能够对未来进行科学的预测与规划，能够根据现有的和未来的政治、经济、文化环境，不断对自身角色进行调整，顺应社会对角色的期待，并在尽可能大的范围内对引领和重建更合理的社会期待有所作为。

无论处于什么样的时代，大学生最终会从接班人变为创业者，从依靠国家到自我独立，从被学校管理变为自我规范。大学生角色变迁的主流走向符合计划经济向市场经济发展、传统社会向现代社会发展的趋势，大学生还是我们这个时代最有朝气、最有活力的群体。大学生以前是、现在是、将来也一直会是时代的先锋，是优秀文化和科学思维的传承者及开拓者。

五、价值观的取向

如何使自己适应社会的发展，适应时代的要求？作为尚未步入社会的大学生，根本任务是努力提高自我价值，提高自己认识世界、改造世界的知识和能力。

大学生要树立正确的价值观，除了学校、社会的教育帮助外，更应具有自我提高、自我发展的成才意识，积极主动地通过各种途径，加强自我修养，不断提高自身素质，从而树立社会主义核心价值观。

(一)在学习中加强自我修养

一个人是否有价值，能否实现自我价值，根源在于学习。有的学生学得好，而有的学生学得很吃力，主要原因是每个人的学习目的、动力、态度和方法等都不相同。学习的过程是自我修养的过程，包括学习方法的修养、学习目的的修养、学习意志和毅力的修养等。在学习过程中大学生应该不断明确自己的学习目的，端正自己的学习态度，并在学习过程中探索出一套合理的、适于自己的学习方法。学习是艰苦和漫长的，因此学习需要勤奋、锲而不舍的精神。

(二)在人际交往中加强自我修养

人是一切社会关系的总和。这深刻地揭示了人的本质：人是社会的人，每个人都在一定的社会关系中生活，不可能离开社会关系而独立存在。与此同时，随着现代社会分工的不断细化，个人与集体中的其他人的接触和交往越来越多。完成一项工作，越来越需要团队合作。个人要实现自我价值，首先要充分认识自己处于集体中，要融于集体；其次要善于与集体中的他人交往、相处、协调、合作，善于听取他人的意见和建议，虚心向他人学习并取长补短。

(三)在社会实践中加强自我修养

实践是检验真理的唯一标准。这里的实践不仅强调大学生要把书本理论知识运用于实际生活，做到理论联系实际，还要求大学生积极主动地参与社会实践，如军训、生产实习、公益劳动、居民社区精神文明建设、青年志愿者服务、献爱心活动等。这些活动能使每一位参与者更多地接触社会、了解社会，培养他们的奉献精神，使参与者深刻体会到"人人为我，我为人人"这句话的内涵，使大学生深刻意识到社会实践的重要性。积极参与社会实践，走与人民群众相结合的道路，才是青年大学生成长的正确道路。

价值观不是一朝一夕就能形成的，它需要社会、学校和家庭的外部教育及影响，帮助大学生树立正确、科学的价值观；同时也需要大学生主动加强自我修养，不断提高自身素质，树立社会主义核心价值观，自觉成为社会主义事业的建设者和接班人。

第四节　学业规划

现代社会充满了竞争，也充满了机遇与挑战，谁能掌握更多、更专业、更实用的知识，谁就会成为社会所需的人才。知识经济对人才资源的素质提出了更高的要求，它不仅需要人才具有合理的知识结构，还需要他们具有较强的逻辑思维能力、社会活动能力和创新能力等综合素质。

作为21世纪的大学生，我们不得不时刻做好准备迎接难得的机遇并接受挑战，因此，学业规划便理所当然应融入大学生的生活中。为了充实、有意义地度过大学生活，用坚定、自信和执着的追求代替茫然、恐惧和无知，就必须明确自己的职业理想并为之不懈努力，这样大学生踏入社会的时候才能有立足之地。因此，从现在开始，我们要做一个有准备、有目标、有方向的大学生，系统地规划自己的学业生涯。

一、学业生涯的特点

（一）发展性

所有的大学生都是自己生涯的主动塑造者，学业生涯是一个动态的发展历程，学生在校学习的不同阶段会有不同的要求，这些要求会不断地变化与发展，学生也会因此而不断地成长。

（二）独特性

无论是优是劣，每个大学生的生涯发展都将是独一无二的，学业生涯也是如此。学业生涯是学生依据自己的人生理想，为了自我实现而逐渐展开的一种独特的学习历程，不同的学生有不同的学业生涯，也许某些学生的学业生涯有相似之处，但其实质可能是完全不一样的。

（三）综合性

学业生涯以学生角色的发展为主轴，也包括其他角色，如公民、子女等涵盖人生整体发展的各个层面的各种角色的发展。

二、学业规划的内涵

学业规划指为了提高求学者的人生职业发展效率，而对与之相关的学业所进行的筹划和安排。具体来讲，这是指在求学者完成文化启蒙阶段的学习以后，也就是在决定其职业发展方向的源头上，通过对求学者的自身特点和未来社会需要的全面认识，确定其人生阶段性事业目标，进而确定学业路线，然后结合求学者的实际情况制订学业发展计划，以确保用最小的求学成本获得阶段性职业目标所必需的素质和能力的过程。换言之，就是大学生通过解决学什么、怎么学、什么时候学等问题，以确保自己顺利完成学业，为日后实现就业和开辟事业打好基础。对在校的大学生来说，只有及早设计自己的学业规划，明确自己的学业目标，提高自身素质，才有可能在将来激烈的竞争中把握住机会，获得成功。

学业规划有一个"三定"的过程。首先是"定心"，刚刚步入大学校门的青年学生，要既来之则安之，不能心神不定，这是做好并实现学业规划的前提。其次是"定向"，即根据自身爱好，确定专业发展方向，这是做好和实现学业规划的关键。最后是"定位"，根据自我评估和对外界环境情况的评估，确定自己要达到的发展水平。定位要准确适度，既不可悲观，也不能高估。

三、学业规划的方法

（一）学业规划的选定

兴趣是理想产生的基础，兴趣与成功的概率有着明显的正相关性。

首先，我们要做的是分析自己的兴趣爱好，确定自己想干什么。只有择己所爱，选择自己喜欢的专业方向和研究领域进行钻研及学习，我们才有长久坚持下去的动力。

其次，我们要分析自己的能力和特长，确定自己能干什么。能力是人的综合素质在现实行动中的表现，是正确驾驭某种活动的实际本领、能力和熟练水平。能力是实现人生价值的一种有效方式，也是支配人生的积极力量。因为任何一种职业都要求从业者掌握一定的技能、具备一定的条件，所以需要结合自己的兴趣爱好，在认定自己想干什么的基础上，确定已经具备的能力和应该培养的能力。

最后，我们需要分析外界环境，确定社会需要什么，着眼将来、预测趋势，立足于社会不断发展变化的需求，避免盲目跟风。最热门的并非全是最好的，选择社会需要又适合发挥自身优势的专业方向和研究领域才是最好的。我们要把自己的兴趣爱好、能力特长同社会需要结合起来，把想干什么、能干什么与社会的需要有机地结合起来。几个方面的结合点和连接处正是我们学业规划的关键所在。

（二）学业规划的强化

学业规划选定完成之后，我们切不可将规划束之高阁或者虎头蛇尾，导致有了学业规划却不能实施，或者实施后不能持久，最终无法完成既定的目标。很多大学生的学业规划不能贯彻执行，主要是因为大学生在制订学业规划时缺少一个重要环节，即对学业规划的强化。强化学业规划就是规划执行者在执行之前，详细地罗列出达成学业规划的用途，从而培养出积极的心态，进而增强动力，产生更强的执行力，确保学业规划顺利完成。为了做到这一点，我们需要把学业规划细化，在学业总目标制订出来以后，要能自上而下地分解，即制订学习计划。对此，我们可以按照以下的思路进行：大学总学习目标、一学年的学习目标、一学期的学习目标、一个月的学习目标、一周的学习目标、一日的学习目标。把学业规划落实到学习生活的每一天，确保能严格执行。

（三）学业规划的评估

由于现实生活中种种不确定因素的存在，学业规划的设计必须具有一定的弹性，在实施过程中，大学生要及时地对环境和条件做出评价和估计，对自己的执行情况做出评估；评估结果出来以后应进行反馈，以便自己及时反省和修正学业目标，变更实施措施与计划；同时应做到定期评估与反馈：每年、每学期、每月、每日进行检查评估与反馈，进而分析原因与障碍，找出改进的方法与措施。

（四）学业规划的赏罚

奖赏可以将人的潜能和积极性激发出来，惩罚可以有效控制懒惰。在确定了阶段目标后，大学生一定要设计对自己的奖励和惩罚措施，让学业规划能很好地进行下去。

四、以学业为就业铺路

一个人的文化知识素质如何，将决定他在求职择业时的自由度和取得职业岗位的顺利度。大学生一毕业，绝大多数人都将走向工作岗位，我们应该为几年后的就业做好知识、能力、素质等方面的全方位准备，珍惜大学时光并处理好学业，为未来的就业、创业、成功立业铺路。为此，根据社会发展和用人单位的需要，大学生应重点从以下几个方面处理好学业，做好就业准备。

（一）锻炼实践能力

知识并不等同于能力，不能简单地将两者画上等号。从一定意义上说，能力比知识更重要。因此，一名优秀的大学生应把建构合理的知识结构、培养科学的思维方式和锻炼较强的实践能力统一起来，这样才能在未来的择业、从业过程中立于不败之地。大学生应具备的基本能力包括表达能力、动手能力、适应能力、交际能力、管理能力、创造能力、决策能力等。培养实践能力的方法和途径主要有勤奋学习、积累知识，积极参与、勇于实践，启迪思维、发展兴趣等。

（二）积累丰富的知识

积累知识这一过程没有捷径可走，其基本途径只能是学习和积累，且绝非一劳永逸，必须持续不断地付出艰辛的劳动，坚持广博性与精深性、理论与实践、积累与调节相统一的原则，培养宽厚扎实的基础知识、广博精深的专业知识，构建合理的知识结构。只要采取适合自己的科学方法，并且不断努力、辛勤耕耘，就一定能建立和完善自己的知识结构，为顺利就业打下良好的基础。

（三）提高综合素质

知识、能力、素质是大学生社会化的三大要素。知识是素质形成和提高的基础，能力是素质的外在表现，没有相应的知识武装和能力展示，不可能内化和升华为更高的心理品格。知识和能力往往只解决如何做事的问题，而提高素质可以解决如何做人的问题。高素质的人才应该将做事与做人有机地结合起来，既将修养健全的人格放在第一位，又注重专门知识、技能和能力的培养，使自身得到全面、和谐的发展。因此，一名优秀的大学生应把构建合理的知识结构、培养科学的思维方式、锻炼较强的实践能力和提高全面的综合素质统一起来，这样才能在择业、从业过程中立于不败之地。综合素质主要包括思想道德素质、专业素质、文化素质、身心素质四个方面。四者相辅相成、不可分割，其中思想道德素质是综合素质的灵魂和根本，文化素质、专业素质和身心素质是基础。

>>练习与思考

1. 大学学习的特点是什么？这些特点对大学生提出了哪些要求？
2. 大学生涯与职业之间有怎样的联系？
3. 你怎么看待诚实守信、爱岗敬业在职业生涯中的意义？
4. 你觉得自己的生涯现状存在哪些问题？该如何纠正这些问题？
5. 通过本章的学习，你觉得该如何进行自己的大学学业规划？

第二章

职业生涯规划概述

学习目标

1. 了解职业生涯规划的相关概念和相关理论。
2. 掌握职业生涯规划的基本知识。
3. 学习职业生涯的基本理论。
4. 了解职业生涯规划对大学生成才的意义。

第一节　职业与职业生涯

事实证明，不少人事业无成并不是缺乏知识才能，而是由于没有设计和取得最适合自己成长与发展的职业生涯。青春易逝，岁月无痕。大学几年的时光说长不长、说短不短，能否把握时间、抓住机会全在于大学生自己。本节力求通过对职业及职业生涯的介绍，使大学生认识、了解职业和职业生涯的含义及作用，在将来的求职择业中有所受益。

一、职业概述

(一)职业的内涵

早在原始社会时期，由于生产力低下，在当时的生产劳动中已经形成了简单的自然分工。如成年男子外出作战、打猎、捕鱼等，并制作从事这些活动所必需的工具；妇女采集果实、从事原始农业、管理家务、抚养孩子、准备食品和衣服等。在那时，还没有出现职业，因为还没有固定从事某项专门工作的人群。随着社会生产力的发展，人类社会出现了游牧业与农业的分离，之后是手工业与农业的分离，再后来又出现了专门经营牧业、农业和手工业产品交换的商业，这就是人类社会发展史上三次重要的社会大分工。伴随着社会分工，出现了牧民、农民、工匠、商人等职业。随之而来的是私有制的产生。阶级的出现又带来了体力劳动和脑力劳动的分工，人类社会就这样产生了各种各样的职业。由于职业的产生是由社会分工引起的，因此，社会分工的发展必然决定和制约着职业的发展变化，在这种发展变化过程中，新的职业不断产生，旧的、过时的职业逐渐被淘汰。职业并不是伴随着人类的出现而出现的，而是由于社会分工的产生逐渐形成的，是社会历史发展到一定阶段的产物。

那么，进入现代社会，职业究竟指的是什么呢？通俗地说，职业就是人在社会中所从事的、作为主要生活来源的劳动。职业的要素包含三个方面：一是谋生，二是承担社会义务，三是促进个性健康发展。物质条件是人们生存的基础，人们要获得衣、食、住等方面的生活资料，就必须参加劳动。劳动作为人们谋生的手段，是人类社会的普遍现象。以谋生为目的的劳动都可以算作职业劳动。例如，保姆照看他人的孩子取得一定的报酬作为生活来源，就是职业劳动。

从国民经济活动所需要的人力资源角度看，职业是指不同性质、不同内容、不同形式、不同操作的专门劳动岗位；从社会角度看，职业是劳动者获得的社会角色，劳动者为社会承担一定的义务和责任，并获得相应的报酬；从个人角度看，职业是参与社会分工，利用专门的知识和技能，创造物质财富、精神财富，获得合理报酬，满足物质生活和精神生活需要的工作。

资料链接

美国著名学者萨柏对工作的定义是："工作是一个人对他自己或他人认为有价值的目标，有系统地进行追求的过程。这个过程是目标导向性的、连续性的、需要花费精力的。工作可能有报酬（如有收入的工作），也可能没有报酬（如志愿工作）。个人从事工作所追求的可能是工作本身带来的内在愉快体验，也可能是工作角色带来的生活方式、经济效益或休闲形态。"

职业与工作的概念有相同的部分，但是职业并不完全等同于工作，它在社会分工与合作上有着更多的内涵。因此，职业比工作更加明显地体现出一定的社会属性。一是职业的定义更具社会性、专业性和系统性，职业的概念现已远远超出"谋生"，它被赋予了更加广泛、深刻的社会意义。职业已经不再局限于获取报酬，它已慢慢转变为人们可以为之长期坚持并付出努力的事业。二是随着社会的发展，社会分工被不断细化，这就促使不同技术在不同领域的专业性增强，职业由此应运而生。职业形成后又在一定程度上影响了社会分工，它是社会分工按照生产力水平的要求进一步发展的结果，是推动整个社会进步的助力。可以说，职业随着社会分工的产生而产生，也随着社会分工的发展而变化。当今社会有多少种劳动分工就会产生多少种职业，一旦劳动分工被改写或不复存在时，职业也就随之消失了。

劳动分工在一定意义上决定着劳动者在经济利益上的差别，即从事不同职业的劳动者的工作收入会有所差别。然而，好的职业并不等同于高收入，有的人虽然有着优厚的工资待遇，却选择辞去令人羡慕的工作；有的人虽然工资不高，却选择现在的工作。无论如何，在物价不变的前提下，职业都决定着劳动者生活质量与生活水平的差异，它是对人们思想情操、文化水平、生活方式、经济状况、行为模式的综合反映，也是一个人的权利、义务和职责。职业的选择不同，就意味着个人的发展机会与发展空间不同，也决定了个人不同的生活方式。

当今社会中，绝大多数职业具有以下三个功能：谋生的手段，为社会做贡献的岗位，实现自我人生价值的舞台。这三者当然也是密不可分的，其中谋生是基础，贡献是灵魂，价值是结果。作为社会的一员，我们大学毕业以后，都会在一定的职业岗位上履行自己对社会的义务，也接受社会为自己提供的生存发展空间。

(二)职业的特点

一个人通常只能从事一种或几种具体的劳动，不可能生产出个人所需要的所有生活资料。人和人之间是相互依存的，需要用自己的劳动成果与别人的劳动成果进行交换。通过交换，个人在满足自己需要的同时，也满足其他社会成员的需要，从而起到为他人服务的作用，对国家和社会也做出贡献。因此，人们的职业劳动不仅是为个人谋生，也是尽社会义务。在人的一生中，职业生活占有重要位置，对人的个性发展有着至关重要的影响。人们接受教育所获得的知识和能力，通过职业劳动发挥出来，产生社会作用。人们在职业劳动的实践中，体力、智力、知识和技能的水平会不断得到发展和完善。

根据职业产生与发展的历史及其对人类社会发展的影响，职业具有以下特征。

1. 经济性

对我们来说，工作首先是经济生活的保障，因此职业工作的一个最显著特征就是有经济收入。通过从事职业工作，我们取得维持生活的经济保障。"挣钱养活自己"可以说是职业的最基本功能，它满足了我们经济和安全的需要。让大学生了解职业的经济特性，目的是使其更客观地审视所要从事的职业，但这并不意味着这种特性完全决定了一个人的职业选择。

2. 技术性

职业的技术性彰显了职业的专业特质。尽管每一种职业表现出来的技术要求不同，相互之间具有较大的差异，但它们都是职业得以存在的基本表现形式。因此，自职业诞生之初，社会上就不存在没有技术的职业。任何一个职业岗位，都有相应的职责要求，能胜任和承担岗位工作的人，除了达到该岗位的职业道德、责任义务、服务要求之外，还要达到胜任岗位的技术标准。例如，所有岗位在学历证书、职业资格证书、专业技术考核证书、上岗培训合格证书等方面都有具体规定，只有达到起点要求才能上岗。这一职业的特性至少反映了两个重要的问题：一是每一位求职者或劳动者都应当清楚，自己所从事或准备从事的职业有什么样的要求；二是我们要清楚自己是否能够胜任，怎样才能达到胜任的资格。

3. 社会性

职业充分体现了社会分工，是社会生产力发展的产物，每种职业都体现了社会分工的细化，体现了对社会生产和进步的积极作用。不同职业的人应当了解自己承担的职业角色，完成自己的使命。许多人初次见面时，通常会问这样的问题："你是做什么工作的？""你学什么专业？""你毕业后打算干什么？"这些都是关于职业或未来职业的问题。你会说"我是一名教师"或"我想做一名银行职员"等。这里的"教师"和"银行职员"就是社会身份。有了一份职业，就意味着我们扮演了一定的社会角色，承担了一定的社会责任，并得到社会的认同。如果没有职业工作，除了经济保障问题外，我们还会常常因为社会身份的模糊而产生失落、空虚、沮丧甚至自卑的情绪。

4. 层次性

职位是一定的职权和相应责任的集合体，职权和责任是组成职位的两个基本要素。职权相同，责任一致，就是同一职位。从社会需求的角度来看，职业并没有高低贵贱之分，但是在现实生活中，由于对从事职业的技能要求不同以及人们对职业的看法或舆论的评价不同，职业也有一定的层次之分。这种层次之分往往是由不同职业体力或脑力劳动的付出、收入水平、工作任务轻重、社会声望、权力地位等因素决定的。不同职业的社会声望有所不同，但它与经济收入不一定成正比。声望高的职业不一定收入高，收入高的职业不一定声望高。

5. 同一性

行业是根据生产工作单位所生产的物品或提供服务的人的不同而划分的，按企事业单位、机关团体和个体从业人员所从事的生产或其他社会经济活动性质的同一性来分类。某一行业的职业内部，其劳作条件、工作对象、生产工具、操作内容基本相同或相近。例如，某所大学中，教师包括任课教师、职能部门教师、辅导员等，他们的工作都与教育或辅导学生有关。

6. 规范性

职业必须符合国家法律和社会道德规范。在我国，某些人所从事的活动尽管具有前述各种职业特征，但是这些带有职业特征的活动的目的或内容不合法，或是有悖于法律和社会伦理道德的要求，因而这些社会群体的活动并不属于正当职业范畴，如非法生产加工、非法包工及一些涉及犯罪的活动等。

7. 产业性

一个国家、一个社会，从大的方面可以分为三类产业。第一产业指提供生产物资材料的产业，包括农业、林业、畜牧业、渔业等直接以自然物为对象的生产部门；第二产业指加工产业，利用基本的生产物资材料进行加工并出售；第三产业指第一、第二产业以外的其他行业，包括交通运输业、通信业、商业、餐饮业、金融保险业等各类非物质生产部门。第三产业虽然并不生产物质财富，却是社会物质生产和人民生活必不可少的部门。不同时期，三类产业所占的比重也不同。在传统农业社会，农业人口所占比重最高；在工业化社会，工业领域中的职业数量和就业人口显著增加；在科学技术发达、经济发展迅速的社会，第三产业职业数量和就业人口显著增加。

8. 群体性

职业的存在常常和一定的从业人数密切相关。凡是达不到一定数量从业人员的劳动，都不能被称为职业。群体性不仅仅表现为一定的从业人员数量，更重要的是一定数量的从业人员所从事的不同工序、工艺流程表现出的协作关系，以及由此而产生的人际关系。从业者由于处于同一企业、同一车间或同一部门，因此，他们总会形成语言、习惯、利益、目的等方面的共同特征，从而使群体成员不断产生群体认同感。个人对相关职业特征的了解和认同，能够促进其更有效地实现就业和进一步的职业生涯发展。

9. 稳定性

任何一种职业都要经历从酝酿到形成、从发展到完善再到消亡的变化过程。一般来说，构成职业生存的社会条件的变化是比较缓慢的，职业的生命周期具有相对的稳定性。这种稳定性是相对的，现代社会经济、科技、文化的快速发展，特别是科学技术的日新月异，会促使原有职业活动发生变化。如果这种变化只反映在量的层面上，说明这个职业为社会提供的功能仍然存在；如果这种变化反映在质的层面上，则意味着这个职业已经没有存在的价值，完成了它的历史使命，即将被新生职业所取代。

10. 时代性

随着社会的发展和进步，职业变化迅速，除了弃旧更新外，同一种职业的活动内容和方式也会发生变化，因此职业的划分带有明显的时代性，不同时代有不同的热门职业。例如，我国曾出现的"当兵热"，以及后来的"下海热""外企热"等，都反映出特定时期人们对某种职业的热衷。

（三）职业的作用

职业是人类文明进步、经济发展以及社会劳动分工的结果。同时，职业也是社会与个人或者组织与个体的结合，这个结合点的动态相关性形成了人类社会共同生活的基本构架。这就是说，个人是职业的主体，但是个人的职业活动又必须在一定的组织活动中进行。组织的目标需要靠个体通过职业活动来实现，个体的目标则是要对组织的存在和发展做出相应的贡献。

可以说，职业是人与社会关系的纽带，不同的职业把劳动者区分在不同的职业岗位上，互相依赖并相互合作。就职业的价值取向而言，正如黄炎培先生所概括的，职业是"为己谋生，为群服务"，这是职业不可分割的两面。

1. 职业对社会的作用

职业一旦产生就在社会中独立存在，成为人们认识、选择、从事和发展的对象。职业具有重大的社会意义，其意义和作用主要体现在以下几个方面。

(1)职业的存在和职业活动构成了人类社会的基本框架。

(2)职业劳动创造出社会财富，从而为社会的存在和发展奠定物质基础。

(3)职业的分工是构成社会经济制度运行的主体。

(4)职业是维持社会稳定的手段。

(5)职业的运动，如职业结构的变化、职业层次间矛盾的解决等，均是推动社会进步的动力。

2. 职业对个人的作用

职业对个人的发展是十分重要的。人作为社会成员，其需要是多方面的。

(1)职业是谋生的手段。人们通过就业的方式来满足生存需要，获得个人最基本的生活需要和安全感。在谋生的过程中，个人通过职业活动为社会创造物质财富和精神财富，为人类的繁衍和社会的发展提供保障。例如，一名大学生想留在北京生活，那他就必须让自己生存下去，通过职业获取酬薪(物质财富)，之后再提升自己的能力(精神财富)，最终达到他想要留在北京生活的目的。

(2)职业使人获得集体归属感。职业为人们提供了普遍的社交场所，满足人们对集体归属感的需要。个人的价值不通过社会职业是很难表现出来的，择业的成功和职业的成就，能够满足人们实现社会价值的需要，获得成就感，满足受到社会尊重的愿望。

(3)职业是促进个性发展的手段。世界上没有完全相同的人，这种个体差异有先天的生理和心理上的因素，但更主要的是由后天环境、教育、机遇特别是职业造成的。从事不同职业的人各有特质。人们可以通过对职业的选择，发挥自己的特长，实现自己的理想，满足自己的兴趣爱好和展示个性的需要。同时，人们能根据社会发展和职业的需求，不断地完善自我、促进自我，实现自我的全面发展。

(四)职业的发展趋势

21世纪的职业世界，可用"变化快"来形容。这些变化趋势简单来说主要有以下几点。

其一，社会职业结构性变迁速度越来越快。

其二，脑力劳动职业所占比例越来越大。

其三，职业技能要求越来越高。

其四，职业模式趋于灵活与复杂化。

其五，创业成为潮流。

任何一次经济体制上的改革都会带来职业上的巨大变化，这是毋庸置疑的事实。每一次经济、社会和技术的革命都会影响普通的工作者，促使他们调整和适应这些变化。有证据表明，随着科技水平的不断提高，这些变化正在加剧，通常情况下我们感觉不到这些压力，直到它们悄无声息地来到我们身边，直接影响我们的生活，而往往到那个时候再为生活中的巨变做准备已经迟了。为此，我们必须改变自己的职业观念，培养自己的职业危机意识，这样在将来的社会变革中才不会手足无措。

二、职业生涯概述

(一)职业生涯的内涵

"职业生涯"一词是由"职业"拓展而来的，主要指个人一生的职业道路和发展途径。每个人都扮演着多种社会角色，且各有其重要性，而其中最重要的应是职业角色。人的一生，从儿童到老年，大部分时间的活动都与职业有关。进一步来说，职业生涯是由时间、范围和深度构成的一个复杂概念，时间上包含着人生的不同职业阶段；范围上指人的一生扮演着许多社会角色；深度上表现在对各种社会角色的投入和贡献。关于职业生涯，美国心理学家萨柏和霍尔分别从广义和狭义的角度提出了定义。萨柏认为，职业生涯包括个人一生的多种职业和生活角色，即自青年至退休所有有酬或无酬职位的综合，以及与工作有关的多种角色。霍尔则认为，职业生涯是一个人终其一生与工作或职业有关的经验与活动，是个体跨越时间的一系列工作经历的总和。可以看出，职业生涯指一个人在一生的职业活动中所经历的过程。

职业生涯主要包括以下内容：第一，职业生涯是个体化的概念，指个体的行为经历，而非群体或组织的行为经历；第二，职业生涯是一个职业的概念，实质是指一个人一生之中的职业经历或历程；第三，职业生涯是时间的概念，亦指职业生涯期，职业生涯期起始于最初工作之前的专门职业学习和训练，终止于完全结束或退出职业工作，实际的职业生涯期在不同个体之间的差别很大；第四，职业生涯的发展是动态的，反映着个人的具体职业内容和职位的发展及变化，职业生涯不仅表示职业工作的时间长短，而且包含职业变更与发展的经历和过程，包括从事何种职业，职业发展的阶段，职业的转换、晋升等具体内容。

(二)职业生涯的特点

职业生涯是指一个人终其一生所扮演的职业角色的全过程，它有下列特点。

1. 发展性

职业生涯是一个动态发展历程。在不同的年龄或生命阶段，人们有不同的追求目标。这些目标随着内部和外部条件的变动不断调整，从而推动了职业生涯的发展，促进了个体的持续成长。

2. 终身性

职业生涯是人生中的连续发展过程。它不仅包含特定年龄阶段的"辉煌"或"潦倒"，而且涵盖了人的一生所从事的各种职业和扮演的社会角色。

3. 独特性

职业发展具有一般的规律和动态的历程，许多人在职业生涯的形态上有诸多相似之处，但绝不可能完全一致。可以说，世界上没有职业生涯完全相同的两个人。一般来说，每个人都是根据其人生理想为实现自我而逐步开创其职业历程的。但是，对不同的人，其内容与结果却充满了独特性与唯一性。

4. 综合性

就社会角色而言，职业生涯是以个体的事业发展为主线而发展的。除此之外，还有公民、学生、子女、配偶、父母、朋友等各种层面的社会角色。

（三）职业生涯的作用

职业生涯是人一生中的重要历程，是追求自我、实现自我的重要人生阶段，对人生价值、自我价值起着重要作用。

1. 职业生涯决定人生价值和自身需求的满足程度

人的价值类型有三种，即人生价值、人格价值和自我价值。人生价值指人对社会的价值，它是通过个人对社会的贡献而体现的。人生价值在于贡献。人格价值则是指社会对个人的价值，它体现为尊严与权利的平等。自我价值指人对自身需求的满足程度，是通过个人努力满足自身的生理、物质和精神需求。社会尊重人格价值，并通过职业生涯的有效管理来提高人的自我价值。也就是说，通过个人在职业活动中的成绩来取得经济收入、物质待遇和精神奖励，从而满足自己追求的各种需求。人生有所需求，这是人的天性。美国心理学家马斯洛的需求层次理论指出，人的需求是有规律、分层次的，在低级需求（生理需要、安全需要）得到满足后，就会自动上升到新的更高级的需求（社交需要、尊重需要、自我实现需要）。归纳马斯洛及后人在需求层次理论方面的研究成果，可以看出，人生需求从低级到高级共有五个层次的内容，如图 2-1 所示。

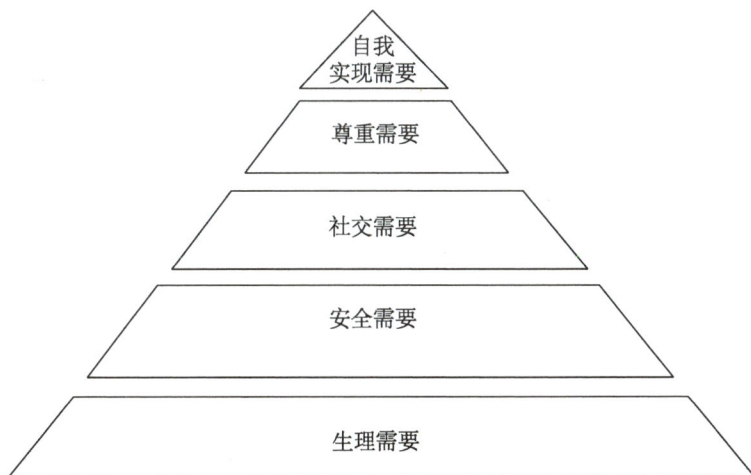

图 2-1 马斯洛的需求层次理论

（1）生理需要即对氧气、水、食物、休息、性等的需要。

(2)安全需要包括身体的与心理的。

(3)社交需要即得到同伴的认同与关爱。

(4)尊重需要即要求自己的人格和成果受到尊重。

(5)自我实现需要即发挥潜能、实现富有意义的目标的需要。

毋庸置疑，人生需求正是通过职业生涯来满足的。人的一生投入时间(约占三分之二)和精力(体力、智力、情感)最多的活动就在职业生涯中。职业生涯使个人展现才华、对社会做出贡献，也使个人得到报酬、满足需求、享受生活、实现美好愿望。它占用了个人一生最美好的年华，确定了个人的生理、心理状况与家庭生活格调，基本上决定了个人一生的生活状态。一个人对社会的贡献越大，其人生价值就越高，实现的自我价值也越高。

2. 职业生涯要求人们提高职业素质

既然职业生涯决定着人的一生，那么，人人都需要面向社会发展，提高职业素质，以便开创美好的职业人生。任何人，特别是青年人，都渴望拥有健康的身体、渊博的知识、卓越的能力、良好的人际关系；渴望在事业上有所建树的同时，享有幸福和谐的家庭生活与丰富多彩的休闲时光。这就要求我们正确地认识自我，从职业生涯大局考虑，发挥主观能动性，不断积累知识和能力，提高素质和修养，全面发展，成为祖国需要的人才，走向成功的职业生涯。优良的职业素质是打开理想职业之门的"金钥匙"，是实现自我价值的保证。

第二节　职业生涯规划的内涵

"凡事预则立，不预则废。"想做好任何一件事情都需要计划。作为大学生，我们更需要为自己以后的道路进行规划：毕业后是选择工作，还是继续深造？对做出何种选择我们要做到心中有数，明确自己的目标并为之不断地挑战自我、超越自我，为将来走向社会做好准备，这是职业生涯规划的起点。职业生涯规划关系到一个人一生事业的成败，设计好自己的职业发展道路，是所有大学生都要面对的重要课题。

当前教育主管部门和高校都非常重视大学生的职业生涯规划教育工作，教育部提倡高校将大学生职业生涯规划教育作为就业指导课程的核心教学内容。处于社会激烈变化中的当代大学生更应该改变就业观念，打破旧的就业理念，根据各种变化不断调整职业生涯规划。

一、职业生涯规划的含义

职业生涯规划一般分为个人职业生涯规划和组织职业生涯规划两种，这里所讲的职业生涯规划主要是针对个人而言的。个人职业生涯规划与组织职业生涯管理规划不同，后者是由组织的人力资源管理部门根据组织发展需要而采用的一种现代管理工具，用于了解员工、激励员工，从而发掘、留用优秀人才，其根本目的是促进组织的发展。这样，组织的职业生涯管理规划不可避免地带上了组织领导、管理者的思想印痕。

个人职业生涯规划指一个人结合自身条件和现实环境，确立自己的职业目标，选择职业道路，制订相应的培训、教育和工作计划，并按照生涯发展的阶段，实行具体行动以达到目标的过程。个人职业生涯规划的主体是我们自己，职业生涯规划的功能在于为生涯确立目标，并找出达成目标的办法，以及所需采取的行动。换言之，职业生涯规划的含义就是：你打算选择什么样的行业、什么样的职业、什么样的组织，想达到什么样的成就，想过一种什么样的生活，如何通过你的学习与工作达到你的目标。它实质上是通过自我认知、自我探索、自我成长，最终达到自我理想实现的人生发展过程。

二、职业生涯规划的内容

(一)客观认识自我

我们每个人对自己的情况都是最了解的，包括兴趣、性格、价值观、能力和心理特征，以及个人的生活方式、学习方式和休闲方式等。每个人每时每刻都在进行自我探索、自我评定和心理测验。如果一个人对自我的一系列问题还不清楚，只能说明这个人还不够成熟。大学生已经趋于成熟，也应该对自己的情况有一个清晰的了解和认识。

自我认知具体可以通过以下几个方面进行。一是问自己喜欢干什么，即自己的兴趣在哪里。"兴趣是最好的老师"，真正了解了自己的兴趣，并且能够把兴趣和职业目标结合起来，那职业目标实现起来就会更有效率。二是问自己最看重什么，即自己的职业价值观是什么。是喜欢快节奏的工作环境，还是喜欢轻松自在的工作环境？是喜欢有社会地位的工作，还是喜欢默默无闻的工作？价值观对我们的职业生涯规划有着十分重要的影响。三是问自己适合干什么，即个人的性格、气质适合什么样的职业。假设你的性格偏内向，那么销售、律师、教师等职业就不适合你；如果你的性格比较活泼外向，那么组织人事工作、安全保密工作等比较严肃的工作就不适合你。除了这三个方面的内容，我们还可以从特长、学识、技能、智商、情商、思维方式等方面进行自我测试，也可以结合家人、老师、同学、朋友以及其他人对自己的评价来帮助自己更客观、更深刻地认识自己。

(二)设定合理的目标

职业生涯规划是实现职业理想的重要保障，职业目标是职业生涯规划中的重要组成部分，也是职业生涯规划的中心。大学生要清楚自己的职业理想是什么，即要成为什么样的人，然后设定一个清晰可行的、适合自己及符合外部环境的目标。

很多时候，成功只离我们一步之遥，只是我们没有看到目标而放弃了追求。同样，职业目标的设定对大学生的职业发展起着极为重要的作用。正确的职业目标设定要考虑以下几个方面：自我兴趣与职业的匹配、自我性格与职业的匹配、自我能力与职业的匹配、自我就业价值取向与职业的匹配、外部环境与职业的匹配。职业目标的设定一般包括短期目标、中期目标、长期目标。大学生要针对不同时期设立不同的目标，最终实现自己的职业目标。

（三）了解社会职业

想要做好职业生涯规划，大学生必须在社会职业的认知上多下功夫。

第一，了解职业分类及特点。例如，技术型的职业，从业者主要专注于自己的专业技术发展，要耐得住寂寞；管理型的职业，要求从业者必须具备较强的分析能力、人际沟通能力、情绪控制能力等。

第二，了解目标地域，即职业目标城市、地区的经济发展状况及前景、生活习惯与气候水土等。

第三，了解目标行业发展状况，包括目标行业的发展现状、前景、存在的问题及机遇等。

（四）制订具体计划

大学生应根据自己的性格及兴趣爱好制订可持续的职业生涯规划。以职业目标为引导，计划分为短期、中期、长期三种类型。短期计划表现为每月、每周、每日的行程安排及作息安排；中期计划一般为1—3年，是在短期计划实施的基础上，为达到自己的中期目标而实施的规划；长期计划一般为5年以上，是在中短期计划实施的基础上，为达到自己的最终目标而实施的规划。

大学生应从制订短期计划着手，设立一个"金字塔"型的职业生涯规划，"塔顶"是人生终极目标，而"塔身"及"塔底"则是为了实现这个终极目标而设立的中、短期目标和实现步骤。

三、职业生涯规划的影响因素

许多人以为职业生涯发展就是换一个更好的工作，或是得到职位提升、增加工资，但这只是职业生涯发展的一部分表现形式。为了更好地理解职业生涯的实质，我们还需要了解影响职业生涯的具体因素，主要分为外界因素和个体因素两个方面。我们分别称之为外职业生涯和内职业生涯。

（一）外职业生涯

1. 教育背景

教育的重要性是不言而喻的，它赋予个人才能，塑造个人人格，促进个人发展，是人的社会化过程中极其重要的一个环节。它大体决定了一个人的基本素质，对人的职业生涯也起着决定作用。受教育程度不同，选择职业的范围就不同，起点也是有差异的。

2. 职业机遇

职业机遇是整体职业生涯过程中可能随机出现、具有偶然性的东西。机遇对一个人的成功具有很大作用，甚至能直接影响一个人的职业生涯。例如，一名大学生在找工作时恰巧遇到了一家知名企业在高薪招聘，并且这个岗位正好与他的能力和职业理想相匹配，抓住这个机会，他的职业生涯便可以顺理成章地步入正轨，在职业上获得良好的开端。

在职业生涯中，机遇固然重要，但我们也应该意识到"机遇只留给有准备的人"，如果自身不具备优秀的工作条件，一样会错失良机。因此，我们还需要自身的努力，包括创造性思维、强烈的目标驱动力、良好的教育经历及丰富的工作经验等的培养和积累。

3. 家庭环境

"家庭是孩子生活的第一所学校""家长是孩子做人的第一任老师"，从这些话中，可以看出家庭对个人的影响。人从出生的那一刻就开始接受家庭对他潜移默化的教育，父母是孩子的启蒙老师，父母的教诲和日常生活的言行举止，直接影响着孩子的价值观和行为模式的形成。这种价值观和行为模式的形成，既从根本上影响着人们未来的职业理念和职业目标，又在一定程度上影响其职业的选择以及对岗位的态度、在工作中的种种行为等。

4. 社会环境

有关社会环境的解释多种多样，广义的社会环境包含社会的经济、文化、政治等方面的内容，它涉及求职的管理体系、职业的社会评价以及有关职业的社会政策等，这些对社会的职业结构、岗位数量、岗位体现的社会价值都起着决定性的作用。个人职业生涯的成功与否更是离不开社会这个大环境，个人的职业生涯必须面对这些社会因素。因此，人们在制订个人职业生涯规划时，一定要对整个社会大环境加以了解，弄清近期的社会政策，了解社会变迁所带来的职业变化，这是我们抓住机会、实现目标的重要前提。

社会环境还包括个人所在的社区、工作单位、学校、个人交际圈等小环境。这些小环境决定着一个人具体活动的范围、内容和限制，也影响其职业生涯的具体际遇。

外职业生涯的构成因素通常是由别人认可和给予的，也容易被别人否认和收回。外职业生涯因素可能与自己的付出不符，尤其是在职业生涯初期。有的人疲于追求外职业生涯的成功，但内心极为痛苦，因为他们往往不了解外职业生涯发展是以内职业生涯发展为前提的。

(二)内职业生涯

1. 进取心与责任心

进取心是个人坚持奋斗和保持活力的内部动力源,具有进取特质的人往往也就具有了事业成功的心理基石。责任心强的人通常能够审时度势地确立正确的目标,并持久、自信地追求这些目标,直至实现目标。

2. 自信心

自信常常使人梦想成真,因为它总是能在逆境中给人提供开拓创新的勇气。喜欢挑战、不甘失败、努力突破逆境是自信心强的表现。

3. 自我力量感

虽然人的能力存在差别,但善于总结经验和教训,善于改进方法和策略,那么经过主观努力后,许多事情仍能完成。因此,可以在一定程度上把成功和失败归因于努力程度的高低和工作方法的优劣。

4. 自我认知和自我调节

自我认知和自我调节包括了解自己的优势与短处,清楚自己与周围环境的关系,善于调节自己的职业规划和学习计划等。

5. 情绪稳定性

稳定的情绪对工作非常重要,冷静稳定的情绪状态能为工作提供正确的预测力,而焦虑和抑郁则会使人无端紧张、忙中出乱。

6. 社交敏感性

职业生涯顺利的人通常对人际交往的性质和发展趋势有敏锐的洞察力和预见力,善于把握人际交往中的多样关系,总是在行动之前就思考行为的后果,并能设身处地地为他人着想,乐于与人交往。

7. 社会接纳性

社会接纳性是建立深厚的个人关系的基础,其主要表现是在承认彼此有差别和不足的前提下接纳他人,真正地对他人及其言行感兴趣,能认真倾听并注视对方等。

8. 社会影响力

社会影响力主要表现为有以正直和公正为基础的说服力,有与他人发展和合作的精神,有善于沟通交流、沉着应对各种事件的影响力,有忠诚和正直等道德品德的感染力等。

内职业生涯各项因素的获得,需要个人通过学习、研究等方式不断完善。内职业生涯各项因素是真正的人力资本所在,是一个人生涯发展的原动力。内职业生涯的完备,能为外职业生涯打下良好的基础。确切地说,内职业生涯,是一个人自我认识、了解、目标设计、愿望达成的全部心理过程。即:我是谁?我的兴趣是什么?我能做什么?我要怎么做?我需要什么资源?我要成为什么角色?

内职业生涯是人生初探时全部问题的自我解答过程，如果能够深入分析自我、认识自我，并在此过程中让自我不断明确、肯定、满足，那么内职业生涯的确立已经开始。中国人有"一日三省吾身"的古训。"三"不代表三次，而是在精神、健康及人生态度上不间断的反思过程，这应是内职业生涯最初也是最基本的模式。

第三节　职业生涯规划的基本理论

职业生涯规划最早起源于1908年的美国，有"职业指导之父"之称的弗兰克·帕森斯针对当时大量年轻人失业的情况，成立了世界上第一个职业咨询机构——波士顿地方就业局，首次提出了"职业咨询"的概念。从此，职业指导开始系统化，它从促进人生健康发展和组织协调的角度，使职业指导更加贴近社会经济发展的需求，并逐渐从学校教育迅速扩展到组织者管理领域。这里，我们主要介绍对大学生的探索和实践具有较大影响的几种理论。

一、发展阶段理论

舒伯是美国一位有代表性的职业管理学家。作为生涯辅导的大师，舒伯首次提出了职业生涯的概念，他的生涯发展理论的提出是生涯辅导发展史上的分水岭，实现了从职业指导到职业生涯指导的转变。舒伯建构了一套完整的生涯发展理论，其理论观点是现今生涯辅导的重要理论基础。

（一）生涯发展理论的主要阶段

舒伯以新的方式对生涯发展进行思考，提出了生涯彩虹理论，该理论很好地概括了人的一生的职业发展历程。他认为职业发展是人生成长的一部分，除了职业角色外，个人在生活中还扮演着其他角色，有孩子、学生、休闲者、公民、持家者、配偶或伴侣、退休者、父母或祖父母等。他把人的职业生涯发展分为成长、探索、建立、维持与衰退五个主要阶段。

1. 成长阶段

成长阶段（0—14岁），孩童开始发展自我概念，以各种不同的方式表达自己的需要，且经过对现实世界不断的尝试，修饰自己的角色，并经历了对职业从好奇、幻想到感兴趣，再到有意识地培养职业能力的逐步成长的过程。这一阶段具体又可以分为以下三个时期。

（1）幻想期（0—10岁），以"需要"为主要思考因素。这个时期幻想中的角色扮演很重要。

(2)兴趣期(11—12岁),以个人喜好为主要考虑因素。

(3)能力期(13—14岁),以"能力"为主要考虑因素,能力逐渐具有重要作用。

2. 探索阶段

探索阶段(15—24岁)的青少年,通过学校的活动、社会团队休闲活动、打零工等机会,对自我能力及角色、职业进行了一番探索,因此选择职业时有较大弹性。这个阶段发展的任务是使职业偏好逐渐具体化、特定化并实现职业偏好。这一阶段包括以下三个时期。

(1)试探期(15—17岁),主要考虑需要、兴趣、能力及机会,做出暂时的决定,并在幻想、讨论、课业及工作中加以尝试。

(2)过渡期(18—21岁),进入就业市场或进行专业训练,更重视现实,并力图实现自我观念,将一般性的选择转为特定的选择。

(3)试验并稍做承诺期(22—24岁),生涯初步确定并开始试验其成为长期职业生活的可能性,若不适合则可能再次经历上述各时期以确定方向。

3. 建立阶段

由于经过探索阶段的尝试,不合适者会谋求变迁或进行其他探索,因此建立阶段(25—44岁)较能确定在整个事业生涯中属于自己的"位子",并在31—40岁开始考虑如何保住这个"位子",并固定下来。这个阶段发展的任务是统整、稳固并求上进。这个阶段细分包括以下两个时期。

(1)承诺稳定期(25—30岁),个体寻求安定,也可能因生活或工作上若干变动而尚未感到满意。

(2)建立期(31—44岁),个体致力于工作上的稳固,大部分人处于最具创意的时期,由于经验资深往往业绩优良。

4. 维持阶段

个体仍希望继续维持属于自己的工作"位子",同时会面对新的人员的挑战。维持阶段(45—65岁)发展的任务是维持既有的成就与地位,并维持家庭和工作之间的和谐关系,传承工作经验,寻找接替人选。

5. 衰退阶段

由于生理及心理机能逐渐衰退,个体不得不面对现实,从积极参与到隐退。衰退阶段(65岁以上)往往注重发展新的角色,寻求不同方式以替代和满足需求。

在上述生涯发展阶段中,每一阶段都有一些特定的发展任务需要完成,每一阶段都需要达到一定的发展水准或成就水准,而且前一阶段发展任务的达成与否关系后一阶段的发展。

表 2-1 生涯发展阶段

阶段	年龄	特点	发展任务
成长阶段	0—14 岁	敢说敢做，从不切实际地幻想到逐渐接近成人的想法。	发展适合自己的概念，发展对工作的正确态度，了解工作的意义，逐渐认识自己的兴趣所在，从中学习到和职业相关的最基本的技能。
探索阶段	15—24 岁	青春期，逐步形成自己的人生观、价值观。通过学校生活、社团活动和工作对自己进行全面的探索，有了自我的追求方向。	职业观念与学习紧密联系，发展相关的技能，使职业偏好逐渐具体化，开始将一般性的职业偏好转化为具体的职业选择。
建立阶段	25—44 岁	尝试选择适合自己的职业领域，逐步积累自己的社会知识、能力和经验，形成自己的职业核心竞争力，从原来依赖性强的时期逐渐走向独立和创造性的时期。	在适当的职业领域稳定下来，巩固地位，并力求晋升。这个阶段如果发展得好，则能在特定的领域建立长久的地位，生涯发展处于上升期；如果发展不理想，则会选择转换跑道，直至找到合适的领域。
维持阶段	45—65 岁	维持已经获得的成就和职业地位，对家庭和社会有责任心、义务感，形成完整的人生观、价值观，开始和衰老斗争。	通过不断努力获得生涯的发展和成就，维持既有的成就和地位，按照既定方向工作，更新知识与技能，不断创新。
衰退阶段	65 岁以上	心理上迈入返璞归真的新时期，退出工作岗位，安享晚年。	职业角色逐渐减少，社会角色增多，工作投入减少，安排退休生活。

在此后的研究中，舒伯对发展任务的看法又向前跨了一步。他认为在人一生的生涯发展中，各个阶段同样要面对成长、探索、建立、维持和衰退的问题，因而形成"成长—探索—建立—维持—衰退"的循环。

通过生涯发展理论，个体可以清楚地看到自己处于生涯发展的哪个阶段，预期在生涯发展的探索阶段，经历尝试期、过渡期而迈入试验期。因此，大学生在这一阶段一定要对自己进行充分探索，同时积累足够的社会实践经验，这样才能在毕业时顺利实现与职业的合理匹配。例如，一名大学一年级的新生，必须适应新的角色与学习环境，经过"成长"和"探索"，"建立"了较固定的适应模式，同时"维持"了大学学习生活之后，又要开始面对另一个阶段——准备求职。原有的已经适应了的习惯会逐渐衰退，继而对新阶段的任务又要形成"成长—探索—建立—维持—衰退"，如此周而复始。

（二）生涯彩虹图

1976—1979 年，舒伯在英国进行了为期四年的跨文化研究，之后他提出了一个更为广阔的新观念——生活广度、生活空间的生涯发展观。1981 年，这个生涯发展观除了原有的发展阶段理论之外，更加入了角色理论，并将生涯发展阶段与角色彼此间交互影响的状况，描绘成一个多重角色生涯发展的综合图形。舒伯将这个生活广度、生活空间的生涯发展图形命名为"生涯彩虹图"（见图 2-2）。

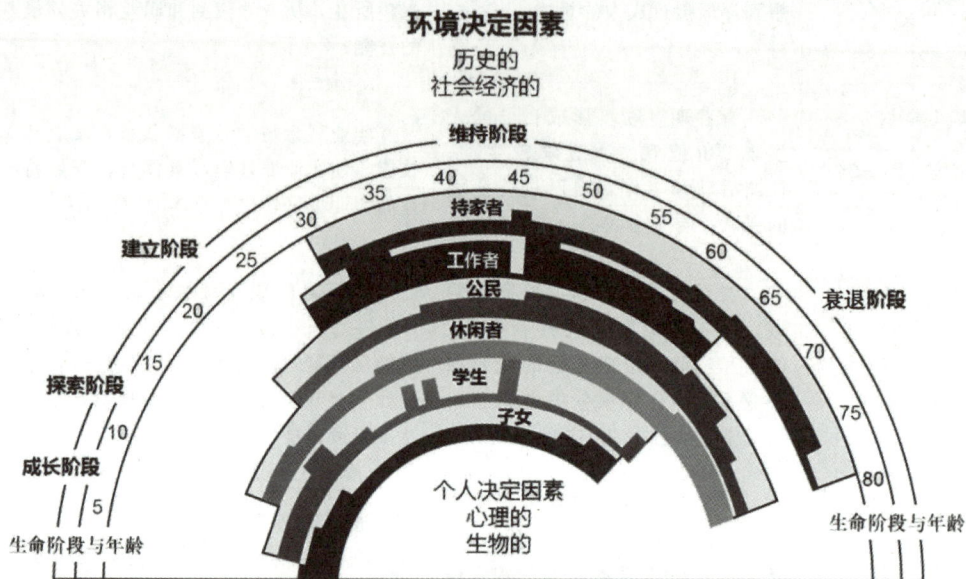

图 2-2　生涯彩虹图

1. 横贯一生的彩虹——生活广度

在生涯彩虹图中，横向层面代表的是横跨一生的生活广度。彩虹的外层显示人生主要的发展阶段和大致估算的年龄：成长期（约相当于儿童期）、探索期（约相当于青春期）、建立期（约相当于成人前期）、维持期（约相当于中年期）以及衰退期（约相当于老年期）。在这五个主要的人生发展阶段内，各个阶段还有小的阶段，舒伯特别强调各个时期的年龄划分有相当大的弹性，应依据个体不同的情况而定。

2. 纵贯上下的彩虹——生活空间

在生涯彩虹图中，纵向层面代表的是纵贯上下的生活空间，由一组职位和角色组成。舒伯认为人在一生当中会扮演子女、学生、休闲者、公民、工作者、持家者等几种主要角色。

3. 大周期

大周期包括成长期、探索期、建立期、维持期和衰退期。各层面代表纵贯上下的"生活空间"，由一组角色和职位组成，包括子女、学生、休闲者、公民、工作者、持家者等主要角色。各种角色之间是相互作用的，一个角色的成功，特别是早期角色的成功，将会为其他角色提供良好的基础，为某一角色的成功付出太大的代价也有可能导致其他角色的失败。

生涯彩虹图的阴影部分表示角色的相互替换、盛衰消长。它除了受到年龄增长和社会对个人发展、任务期待的影响外，往往和个人在各个角色上所花的时间和感情投入的程度有关。从这个彩虹图的阴影比例中可以看出，成长阶段（0—14岁）最显著的角色是子女；探索阶段（15—20岁）是学生；建立阶段（30岁左右）是持家者和工作者；维持阶段（45岁左右）工作者的角色突然中断，又恢复了学生角色，同时公民与休闲者的角色逐渐增加。这时一般所说的"中年危机"出现，同时暗示必须再学习、再调适才有可能处理好职业与家庭生活中面临的问题。

舒伯是生涯辅导理论的大师，其生涯发展论综合了差异心理学、发展心理学、自我心理学以及有关职业行为发展方向的长期研究结果。舒伯本人比较喜欢将其理论命名为"差异—发展—社会—现象的心理学"，他汲取了四大学术领域中有关生涯发展的精华，建构了一套完整的生涯发展理论。其理论观点是现今生涯辅导重要的理论基础，指导了目前生涯辅导的具体实施，得到了各国生涯辅导界的普遍支持。

舒伯不断地发展与完善自己的理论。以往舒伯理论大多局限于他的发展阶段和对职业的自我观念论上，这些可以解释个体一生的生涯发展，其涵盖范围很广，但深度不够。生活广度与生活空间的生涯发展即生涯彩虹图的提出，正好弥补了原有的不足。在实际应用方面，其横向的发展阶段、发展任务（即生活广度的部分）和纵向的生涯角色的发展（即生活空间的部分），交织成一个具体的生涯发展结构，这对辅导时促进个体的自我了解、自我实现大有裨益。

二、特质因素理论

特质因素理论又称人职匹配理论，是最早的职业辅导理论。1909年，美国波士顿大学教授弗兰克·帕森斯在其著作《选择一个职业》中提出了人与职业相匹配是职业选择的焦点这一观点。他认为，个人都有自己独特的人格模式，每种人格模式的个体都有相适应的职业类型。"特质"是指一个人特有的人格特征，包括能力倾向、兴趣、价值观和人格等，这些都可以通过心理测量工具加以评量。"因素"则是指在工作上要取得成功所必须具备的条件或资格，这可以通过对工作的分析而了解。

（一）特质因素理论的基本观点

特质因素理论的核心是人格特性与职业因素的匹配。其理论前提是每个人都有一系列独有的特性，它们是可以客观而有效地进行测量的；每一种职业都有其特定的因素，不同职业需要具备不同特性的人员；个人特性与工作要求之间配合得越紧密，职业成功的可能性就越大。差异心理学是特质因素理论发展的基础。差异心理学认为所有的人在发展与成长方面都存在着差异，每个人都具有不同于别人的个性特点，即特性。这种特性与某种职业因素存在着关联。人的特性又是可以运用科学手段客观地测量的，职业因素也是可以分析的，职业指导就是要解决人的特性与职业因素相适应的问题，达到一种合理的匹配。这种理论通过职业指导者的测量与评价，了解被指导者的生理、心理特性以及分析职业对人的要求，帮助被指导者进行分析比较，使之在清楚地了解自己和职业因素的基础上做出明智的职业选择。

特质因素理论是在清楚地认识个人的主观条件和社会职业岗位需求条件的基础上，将主客观条件与社会职业岗位相对照和匹配，最后选择一个与个人匹配的职业。可以说，用特质因素理论进行职业指导以对人的特性的测评为基本前提。它提出了在职业决策中进行人职匹配的思想，奠定了人才测评理论的基础，至今仍然正确、有效，并影响着职业管理学、职业心理学的发展，推动了人才测评在职业选拔与指导中的运用和发展。

（二）特质因素理论的实践意义

特质因素理论可以帮助大学生对自己进行全方位的认知引导。它不仅有利于提升大学生对自身特征、特点爱好及未来职业的认知，而且能够帮助大学生根据自己的成长认知变化、实践经历的认知变化，积极主动做出反应，对未来理想职业进行重新规划，帮助大学生制订学习生活和职业发展计划，有利于大学生培养"主人翁"精神，做自己人生的主人，从而提高大学生的主观能动性，增强自主意识以及学习效率、工作效率和生活效率。在大学生择业期间，用好特质因素理论，可以帮助大学生发挥性格能力特长、选择自己喜爱的职业，通过良好的精神气质为自己建立良好的工作关系，为未来职业发展打下坚实的基础，充分发挥主观能动性，主动学习职业岗位需求技能，抢占就业先机。

特质因素理论也可以帮助高校优化大学生就业指导课程设计，从大学生的实际需求出发，设置符合当代大学生需求的高校课程，提高大学生就业指导课的含金量，优化高校课程建设，帮助推进高校的全方位发展。品质优良的大学生就业指导课程对解决大学生快速就业和高质量就业有着莫大的帮助。

（三）特质因素理论的局限

特质因素理论建立在个性心理学和差异心理学的基础之上，它认为个体在个性倾向方面存在一定的差异，强调心理因素在职业选择中的匹配作用。但特质因素理论也有一定的局限性。一方面，个人的个性倾向、兴趣爱好、价值观等因素很难加以精确测量；另一方面，职业种类繁多，每一种职业所需的个人特性也很难确定。同时，人与职业之间的最佳匹配也很难用某种固定模式来解决。但无论如何，由于特质因素理论的"了解自己""了解职业""人与职业的匹配"三原则便于量化，易于操作，对于目前高校的职业规划和就业指导工作仍有重要价值。

三、职业兴趣理论

20 世纪 60 年代，在帕森斯观点的基础上，美国著名职业指导专家约翰·霍兰德提出了职业兴趣理论，经过几十年的发展，现已成为世界上影响较大的职业选择理论。

其主要原则为：职业选择是个人人格的延伸和表现，个人的兴趣即是人格；同一职业团体内的人具有相似的人格，因此他们对很多情境和问题会有类似的反应方式，从而产生类似的人际环境；人可以分成六种人格类型，即社会型、企业型、常规型、现实型、研究型和艺术型，人所处的环境也可以相应地分为以上六种类型，每一特定类型人格的人，会对相应的职业类型中的工作或学习感兴趣；个人的人格与工作环境之间的适配与对应，是职业满意度、职业稳定性与职业成就的基础。

（一）六种人格职业类型的具体特征

1. 社会型（Social，S）

（1）共同特点：喜欢与人交往，不断结交新的朋友，善言谈，愿意教导别人；关心社会问题，渴望发挥自己的社会作用；寻求广泛的人际关系，比较看重社会义务和社会道德。

（2）典型职业：喜欢与人打交道的工作，能够不断结交新的朋友，喜欢从事提供信息、启迪、帮助、培训、开发或治疗等的工作，并具备相应能力，如教育工作者（教师、教育行政人员），社会工作者（咨询人员、公关人员）等。

2. 企业型（Enterprising，E）

（1）共同特点：追求权力、权威和物质财富，具有领导才能；喜欢竞争、敢冒风险、有野心和抱负；为人务实，习惯以利益得失、权力、地位、金钱等来衡量做事的价值，做事有较强的目的性。

（2）典型职业：喜欢要求具备经营、管理、劝服、监督和领导才能，以实现机构、政治、社会及经济目标的工作，并具备相应的能力，如项目经理、销售人员、营销管理人员、政府官员、企业领导、法官、律师等。

3. 常规型（Conventional，C）

（1）共同特点：尊重权威和规章制度，喜欢按计划办事，细心、有条理，习惯接受他人的指挥和领导，自己不谋求领导职务，喜欢关注实际和细节情况，通常较为谨慎和保守，缺乏创造性，不喜欢冒险和竞争，富有自我牺牲精神。

（2）典型职业：喜欢要求注意细节、精确度、有系统、有条理，具有记录、归档、根据特定要求或程序组织数据和文字信息的职业，并具备相应能力，如秘书、办公室人员、记事员、会计、行政助理、图书馆管理员、出纳员、打字员、投资分析员等。

4. 现实型（Realistic，R）

（1）共同特点：愿意使用工具从事操作性工作，动手能力强，做事手脚灵活，动作协调；偏好具体任务，不善言辞，做事保守，较为谦虚；缺乏社交能力，通常喜欢独立做事。

（2）典型职业：喜欢使用工具、机器，需要基本操作技能的工作。具备机械方面的才能、体力或对从事与物件、机器、工具、运动器材、植物、动物相关的职业有兴趣，并具备相应的能力，如技术性职业（计算机硬件人员、摄影师、制图员、机械装配工），技能性职业（木匠、厨师、技工、修理工、农民）等。

5. 研究型（Investigative，I）

（1）共同特点：是思想家而非实干家，抽象思维能力强，求知欲强，肯动脑，善思考；喜欢独立的和富有创造性的工作；知识渊博，有学识才能，不善于领导他人；考虑问题理性，做事喜欢精确，喜欢逻辑分析和推理，不断探讨未知的领域。

（2）典型职业：喜欢智力的、抽象的、分析的、独立的定向任务，要求具备智力或分析才能，并将其用于观察、估测、衡量、形成理论、最终解决问题的工作，并具备相应的能力，如科学研究人员、教师、工程师、电脑编程人员、医生、系统分析员等。

6. 艺术型（Artistic，A）

（1）共同特点：有创造力，乐于创造新颖、与众不同的成果，渴望表现自己的个性，实现自身的价值；做事理想化，追求完美，不重实际；具有一定的艺术才能和个性；善于表达、怀旧，心态较为复杂。

（2）典型职业：喜欢的工作要求具备艺术修养、创造力、表达能力和直觉，并将其用于语言、行为、声音、颜色和形式的审美、思索和感受中，具备相应的能力，如艺术方面（演员、导演、艺术设计师、雕刻家、建筑师、摄影家、广告制作人），音乐方面（歌唱家、作曲家、乐队指挥），文学方面（小说家、诗人、剧作家）的职业。

（二）六种人格职业类型的具体关系

大多数人并非只有一种类型取向，霍兰德认为，这些类型取向越相似，相容性越强，则一个人在选择职业时所面临的内在冲突和犹豫就会越少。为了帮助描述这种情况，霍兰德建议将这六种类型取向分别放在一个正六角形的每一角（见图2-3）。

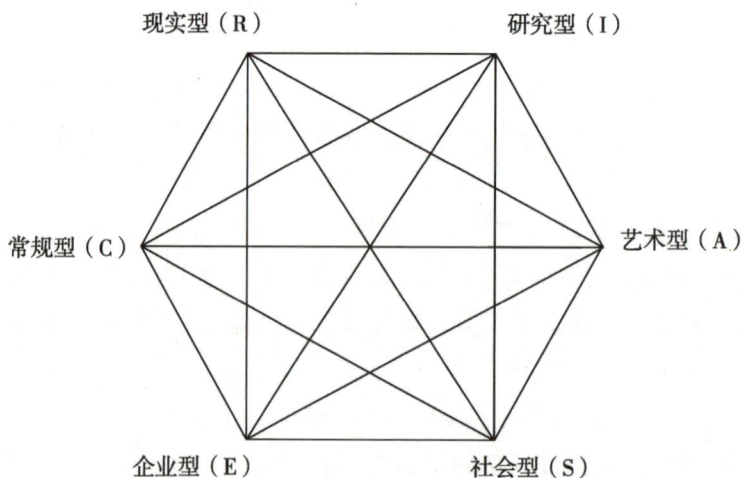

图2-3 霍兰德六角模型

从图2-3中可以看出：每一种类型与其他类型之间存在不同程度的关系，大体可描述为以下三类。

（1）相邻关系，即 RI、IR、IA、AI、AS、SA、SE、ES、EC、CE、CR 及 RC。属于这种关系的两种类型的个体之间共同点较多，现实型 R、研究型 I 的人都不太偏好人际交往，在这两种职业环境中也都较少有与人接触的机会。

（2）相隔关系，即 RA、RE、IC、IS、AR、AE、SI、SC、EA、ER、CI 及 CS，属于这种关系的两种类型个体之间的共同点较相邻关系少。

（3）相对关系。在六边形上处于对角位置的类型之间即为相对关系，即 RS、IE、AC、SR、EI 及 CA，相对关系的人格职业类型共同点少。因此，一个人同时对处于相对关系的两种职业环境都兴趣很浓的情况较为少见。

人们通常倾向选择与自我兴趣类型匹配的职业环境，如具有现实型兴趣的人希望在现实型的职业环境中工作，可以更好地发挥个人的潜能。职业选择中，个体并非一定要选择与自己兴趣完全对应的职业环境。一是因为个体本身常是多种兴趣类型的综合体，单一类型显著突出的情况不多，因此评价个体的兴趣类型时也时常以其在六大类型中得分居前三位的类型组合而成，组合时根据分数的高低依次排列字母，构成其兴趣组型，如 RCA、AIS 等。二是因为影响职业选择的因素是多方面的，不完全依据兴趣类型，还要参照社会的职业需求及获得职业的现实可能性。因此，人们在职业选择时会不断妥协，寻求相邻职业环境甚至相隔职业环境，在这种环境中，个体需要逐渐适应工作环境。但如果个体寻找的是相对的职业环境，意味着所进入的是与自我兴趣完全不同的职业环境，则工作起来可能难以适应，或者难以觉得很快乐，甚至可能会每天工作得比较痛苦。

霍兰德的职业兴趣理论主要从兴趣的角度出发探索职业指导的问题。他明确提出了职业兴趣的人格观，使人们对职业兴趣的认识有了质的变化。霍兰德的职业兴趣理论反映了他长期专注于职业指导的实践经历，他把对职业环境的研究与对职业兴趣个体差异的研究有机地结合起来。而在霍兰德的职业兴趣类型理论提出之前，二者的研究是相对独立的。霍兰德以职业兴趣理论为基础，先后编制了职业偏好量表和自我导向搜寻表两种职业兴趣量表，作为职业兴趣的测查工具，力求为每种职业兴趣找出两种相匹配的职业能力。兴趣测试和能力测试的结合在职业指导和职业咨询的实际操作中起到了促进作用。

四、社会学习理论

社会学习理论是由美国心理学家阿尔伯特·班杜拉于 1977 年提出的。它着眼于观察学习和自我调节在引发人的行为中的作用，重视人的行为和环境的相互作用。克朗伯兹把它引入生涯辅导领域，并提出个人的社会成熟度在很大程度上依赖于对他人行为的学习和模仿，并由此决定了自己的职业导向。

（一）影响个人职业生涯的四种因素

克朗伯兹认为，职业发展过程错综复杂，受许多因素交互作用的影响，其中最主要有以下四种因素影响个人职业生涯决策。

1. 学习能力

克朗伯兹认为，每个人有独特的学习经验，这在决定其职业生涯的路径时起着重要的作用；凡是成功的生涯规划、生涯发展和职业或教育的表现所需的技能，均能够通过学习经验而获得。

（1）工具式学习经验。个人为了得到好的结果，在特定的环境中采取一定的行为，其后果会对个人有重要的影响。克朗伯兹认为，生涯规划和职业所需的技能，可以通过工具式学习经验而获得。

（2）联结式学习经验。个人通过观察真实和虚构的模型，通过对人、事之间的比较来学习对外部刺激做出反应。某些环境刺激会引起个人情绪上积极或消极的反应。如果原来属于中性的刺激与使个人产生积极或消极情绪反应的刺激同时出现，这种伴随在一起的联结关系就会使中性的刺激也具有积极或消极的情绪作用。

2. 工作能力

工作能力即在上述各种因素的交互作用下，个人所获得的解决问题的技能、工作习惯、认知过程、情绪反应等，这些技能又会影响其他各项因素。

3. 遗传素质及特殊能力

个人的一些遗传特质，在某种程度上限制了个人选择职业或学校教育的自由。这些因素包括种族、性别、外在的仪表和特征等。某些人的特殊能力也会影响其在环境中的学习经验，伴随这些学习经验而来的兴趣与技能，对个人未来的职业选择将有重要影响。个人的特殊能力包括智力、音乐能力、美术能力、动作协调能力等。

4. 环境条件

环境条件即个人所接受的教育与训练、家庭背景、社会政策、社会变迁等非个人所能控制的因素，以及个人职业选择的具体领域等。其中家庭背景最主要，包括父母从事的职业及社会经济地位、父母的受教育水平，以及家庭结构、父母的期望等因素。

（二）各种影响因素之间交互作用的结果

个人在上述四种因素及其交互作用的影响下，通过经验的累积与提炼，产生如下结果。

1. 形成独特的世界观

基于自己的学习经验，个人会对环境及未来的事物做出评估与推论，特别是在职业的前途与展望方面。

2. 形成自我认知

形成自我认知，是指对自己各种表现的评估与推论，包括成就、兴趣、爱好、职业价值观等。评估的参照对象，也可能是其他人的表现。它们均是学习的结果，亦为职业选择的关键。

3. 形成工作技能

形成工作技能包括适应环境的认知、操作能力与情感反应，以及自我评估与对未来事件的预测能力。其中与职业选择有重要关系的包括价值观念的正确确立、目标的决策、寻找不同的解决途径、收集资料、预测、计划等。

4. 展开行动

个人综合以前所有的学习经验、自我与环境的推论，以及具备的各种能力，并将这些引入未来事业发展的途径。

（三）社会学习理论在职业生涯规划中的应用

社会学习理论强调，生涯辅导不仅是将个人特质与工作相匹配，更在于个人应通过参与各种不同性质的活动，获得多种多样的学习经验。这些学到的技能都有可能在未来的工作中派上用场，并能拓展个人的兴趣，培养个人适当的自我信念和世界观。因此，生涯教育应当融合于普通教育中。该理论从社会学习的观点解释人类生涯选择的行为，弥补了其他职业辅导理论在这方面的不足。

职业生涯犹豫现象主要是由于个人缺乏有关生涯的学习经验，或者是个体尚未学到系统而有步骤的职业决策方法。因此，对职业生涯方向的把握不定是缺乏某种学习经验的结果，我们没有必要为此而担忧。当我们发现个人的自我观、世界观存在偏差，或工作定向技能不足时，可以通过自我启发、自我观察、环境重组等认知重组方法，调整个人的自我观与世界观；并通过实际探索、角色扮演与模拟活动、各种书面或视听材料，以及计算机模拟等多种方式，进行各种学习与探索，培养工作定向技能。

五、职业锚理论

职业锚（又称职业定位）理论是由美国的埃德加·H. 施恩教授提出的，他认为职业规划实际上是一个持续不断的探索过程。在这个过程中，每个人都在根据自己的天资、能力、动机、需要、态度和价值观等慢慢地形成较为明晰的与职业有关的自我概念。施恩说，随着一个人对自己越来越了解，这个人就会越来越明显地形成一个占主要地位的职业锚。

职业锚，又称职业系留点。锚，是船只停泊定位用的铁制器具。职业锚，指当一个人不得不做出选择的时候，他无论如何都不会放弃的职业中的那种至关重要的东西或价值观，也就是人们选择和发展自己的职业时所围绕的中心。一个人对自己的天资和能力、动机和需要、态度和价值观有了清楚的了解之后，就会意识到自己的职业锚是什么。施恩通过自己在麻省理工学院的研究得出结论，要想对职业锚提前进行预测是很困难的。这是因为一个人的职业锚是在不断发生变化的，它实际上是在一个不断探索的过程中产生的动态结果，在实际工作中是不断调整的。

有些人也许一直都不知道自己的职业锚是什么，直到他们不得不做出某项重大选择的时候，如到底是接受公司将自己晋升到总部的决定，还是辞去现职，转而开办和经营自己的公司？只有在这样的关口，一个人过去的所有工作经历、兴趣、资质、取向等才会集合成一个富有意义的模式（或职业锚）。这个模式或职业锚会告诉此人，对他个人来说，到底什么东西才是最重要的。可见，职业锚是"自省的才干、动机和价值观的模式"，是个人进入职业生涯早期或工作情境后，由习得的实际工作经验所决定，与在经验中自省的动机、需要、价值观、才干相符合，达到自我满足和补偿的一种稳定的职业定位。如果一个人流向了一个有可能失败或者不能满足其需要，或者与其价值观相左的环境，他就可能进入某种不和谐的环境，如同航船下错锚停泊于不合适的港湾。而你下锚的这个地方，就是你职业生涯的长期贡献区。

具体而言，职业锚的概念包含三个方面的内容：一是自省的动机需要，以实际情境中的自我测试和自我诊断以及他人的反馈为基础；二是自省的才干和能力，以个人工作环境中的实际成功为基础；三是自省的态度和价值观，以自我与组织和工作环境的准则和价值观之间的实际碰撞为基础。

（一）职业锚的类型

施恩根据自己多年的研究，提出了以下八种职业锚（见表 2-2）。

表 2-2 职业锚的类型

技术职能型	①强调技术/功能等业务工作。 ②拒绝一般管理工作，但愿意在技术/功能领域管理他人。 ③追求在技术/功能能力区的成长和技能不断提高，其成功更多地取决于该区域专家的肯定和认可，以及承担该能力区日益增多的富有挑战性的工作。
管理能力型	①这种职业锚的雇员追求承担一般管理性工作，且责任越大越好。他们倾心于全面管理，掌握更大的权力，肩负更大的责任。 ②具有强有力的升迁动机和价值观，以提升等级和收入作为成功的标准。 ③具有分析能力、人际沟通能力和情感能力的强强组合。 ④分析能力是指在信息不完全以及不确定的情况下发现问题、分析问题和解决问题的能力。 ⑤对组织有很大的信赖度。
安全稳定型	①追求安全、稳定的职业前途，是这一类职业锚雇员的驱动力和价值观。 ②注重情感的安全稳定，感觉在一个熟悉的环境中维持稳定的、有保障的职业对他们来说是更为重要的，包括定居、使家庭稳定和使自己融入团队和社区的感情。 ③对组织有较强的依赖性。一般不愿意离开一个既定的组织，愿意让雇主决定他们从事何种职业，倾向于根据雇主对他们提出的要求行事。 ④个人职业生涯的开发与发展往往会受到限制。对组织的依赖性强，个人缺乏职业生涯开发的驱动力和主动性。

续表

自主独立型	①希望随心所欲地安排自己的工作方式、工作习惯、时间进度和方式。 ②追求在工作中享有自身的自由，有较强的职业认同感，认为工作成果与自己的努力紧密相连。 ③与其他类型的职业有明显交叉。
服务奉献型	①希望职业能够体现个人价值观，关注工作带来的价值，而不在意是否能发挥自己的才能。他们的职业决策通常基于能否让世界变得更好。 ②希望职业允许其以自己的价值观影响雇佣自己的组织或社会。 ③对组织忠诚，希望得到基于贡献的、公平的、方式简单的薪酬。金钱并不是他们追求的根本目标。 ④比金钱更重要的是认可他们的贡献，给他们更多的自由来体现自己的价值。 ⑤他们需要来自同事及上司的认可和支持，并与他们共享自己的核心价值。如果缺少这些支持，他们可能会走向有一定自主性的职业，如咨询业。
创造型	①有强烈的创造需求和欲望。 ②意志坚定，勇于冒险。 ③与其他类型职业锚存在着一定程度的重叠。
挑战型	①认为自己可以征服任何事情或任何人，并将成功定义为"克服不可能克服的障碍，解决不可能解决的问题，或战胜非常强硬的对手"。 ②一定水平的挑战是至关重要的。工作领域、受雇佣的公司、薪酬体系、晋升体系、认可方式，这些都从属于这项工作是否能够经常提供挑战自我的机会。缺少挑战自我的机会使他们变得厌倦和急躁。职业中的变化对他们而言非常重要，管理工作吸引他们的一个主要原因是管理工作的多变性和面临的挑战性。
生活型	①此种人最需要的是弹性和灵活性，愿意为提供灵活选择的组织工作。 ②相对于组织的态度，此类型的人更关注组织文化是否尊重个人和家庭的需要，以及自己能否与组织之间建立真正的心理契约。

（二）职业锚的作用

职业锚在员工的工作生命周期中，在组织的事业发展过程中，发挥着重要的功能作用，主要体现在以下几点。

1. 使组织获得正确的反馈

职业锚是员工经过搜索确定的长期职业贡献区或职业定位。这一搜索定位过程，依循着员工的需要、动机和价值观进行。因此，职业锚可以清楚地反映出员工的职业追求与抱负。

2. 为员工设置可行有效的职业渠道

职业锚准确地反映了员工职业需要及其所追求的职业工作环境，反映了员工的价值观和抱负。透过职业锚，组织获得员工正确信息的反馈，这样，组织才可能有针对性地对员工的职业发展设置可行的、有效的、顺畅的职业渠道。

3. 增长员工工作经验

职业锚是员工职业工作的定位，不但能使员工在长期从事某项职业中增长工作经验，而且能使员工职业技能不断增强，直接产生提高工作效率或劳动生产率的明显效益。

4. 为员工奠定中后期工作的基础

职业锚可以说是中后期职业工作的基础，因为职业锚是员工在通过工作经验的积累后产生的，它反映了该员工的价值观和被发现的才干。员工抛锚于某一种职业工作的过程，就是自我认知的过程，就是把职业工作与自我观相结合的过程，会决定其主要生活和职业选择。

经过几十年的发展，职业锚已成为许多人职业生涯规划的必选工具。个人在进行职业规划和定位时，可以运用职业锚思考自己具有的能力，确定自己的发展方向，审视自己的价值观与目标职业的匹配。只有个人的定位和要从事的职业相匹配，才能在工作中发挥自己的长处，实现自己的价值。尝试各种具有挑战性的工作，在不同的专业和领域中进行工作轮换，对自己的资质、能力、偏好进行客观的评价，是使个人的职业锚具体化的有效途径。

六、人格发展理论

罗伊是一位临床心理学家，于 20 世纪 60 年代提出人格理论。她依据自己所从事的临床心理学经验及对各类杰出人物有关适应、创造、智力等特质的研究结果，综合了精神分析论、莫瑞的人格理论与马斯洛的需求层次论，形成了独特的职业指导理论——人格发展理论。

罗伊认为父母对孩子早期的教养方式，对其今后的职业选择有很大的影响。她把父母对孩子管教的态度从"温暖"和"冷漠"两个基本方面，大致划分为三种类型。

第一种亲子关系是"关心子女型"。父母对孩子"过度保护"，毫无保留地满足孩子的生理需求却不能满足孩子对爱与自尊的需求，即使这些需求都能得到满足，孩子的行为也未必是社会认可的。因此，在这类氛围下长大的孩子，日后显示出较多的人际倾向，而且不是出自防御的心理机制。而"过度要求"的父母，对孩子需求的满足往往附加某些条件，也就是当孩子表现出顺从的行为或表现出父母认可的行为时，其生理需求或爱的需求才能得到满足，这种在父母的高标准、严要求下长大的孩子会变成完美主义者。他们会为表现得不够完美而焦虑，因而比较难做出职业选择。

第二种亲子关系是"逃避型"。在父母的这种教养态度下，无论是遭到拒绝还是忽视，儿童需求满足的经验都是痛苦的，即不论生理需求还是安全需求的满足都有所欠缺，更谈不上高级需求的满足。因此，这类儿童日后会害怕和他人相处，宁可在自己的工作岗位上通过自己的努力满足自己的需求。

第三种亲子关系是"接纳型"。家庭的氛围大体上是温暖的。在民主氛围下长大的孩子，不会缺乏各类层次的需求，长大之后也能做出独立的选择。

　　罗伊认为，我们选择的工作环境，往往会反映幼年时的家庭氛围。如果人们小时候生活的环境充满温暖、接纳或保护的氛围，就可能会选择与人有关的职业，包括服务、商业、文化、艺术与娱乐或行政（商业组织）等一类的职业；如果人们小时候生活在一个冷漠、忽略、拒绝或适度要求的家庭中，便可能会选择科技、户外活动一类的职业，因为这些职业的研究范围以事、物和观念为主，不太需要与人有直接、频繁的接触。

　　根据这一原理，罗伊把职业分为服务、商业交易、商业组织、技术、户外、科学、文化和演艺八大职业组群，依其难易程度和责任要求的高低，分为高级专业及管理、一般专业及管理、半专业及管理、技术、半技术及非技术六个等级。这八大职业组群和六个专业等级，组成了一个职业分类系统（见表2-3）。

表2-3　职业分类系统

层次	组群							
	I 服务	II 商业交易	III 商业组织	IV 技术	V 户外	VI 科学	VII 文化	VIII 演艺
高级专业及管理	社会科学家 心理治疗师 社会工作督导	公司业务 主管	企业家	发明家 高级工程师	矿产 研究员	医师 自然 科学家	法官 教授	指挥家
一般专业及管理	社会行政人员 社工人员	人事经理 营业部经理	银行家 证券商 会计师	飞行员 工程师	动植物专家 地质学家 石油工程师	药剂师 兽医	编辑 教师	建筑师 评论员
半专业及管理	社会福利人员 护士	推销员 批发商 经销商	会计 秘书	制造商 飞机 修理师	农场主 森林巡视员	医务室 技术员 气象员 理疗师	记者 广播	广告艺术 工作员 室内 装潢家 摄影师
技术	技师 领班 警察	拍卖员 巡回推销员	资料 编纂员 速记员	锁匠 木匠 水电工	矿工 油井 钻探工	技术助理	一般职员	演艺人员 橱窗 装潢员
半技术	司机 厨师 消防员	小贩 售票员	出纳 邮递员 打字员	木匠 （学徒） 起重机 驾驶员 卡车司机	园丁 农民 矿工		图书馆 管理员	模特儿 广告 绘制员
非技术	清洁工人 门卫 侍者	送报员		杂工	伐木工人 农场工人	非技术性 助手	送稿件 人员	舞台 管理员

总的来说，童年的经验与职业选择有很大的相关性，每一个家庭对子女的养育方式都不尽相同，养育方式上的差异，致使个人各种心理需求的满足方式与程度也会有所出入。因此，父母的教养态度对孩子的职业选择有重要的影响，应该让孩子从小发展自己的能力倾向及职业兴趣，这样他们对择业才有正确的观念及选择的能力。

七、认知信息加工理论

1991 年，盖瑞·彼得森、詹姆斯·桑普森、罗伯特·里尔登合著了《生涯发展和服务：一种认知的方法》一书，阐述了认知信息加工（Cognitive Information Processing，CIP）理论。

认知信息加工理论认为生涯发展就是观察一个人是如何做出生涯决策以及如何在生涯问题解决和生涯决策过程中使用信息的。该理论把生涯发展与咨询的过程视为学习信息加工能力的过程。该理论的提出者按照信息加工的特性构造了一个信息加工金字塔（见图 2-4）。

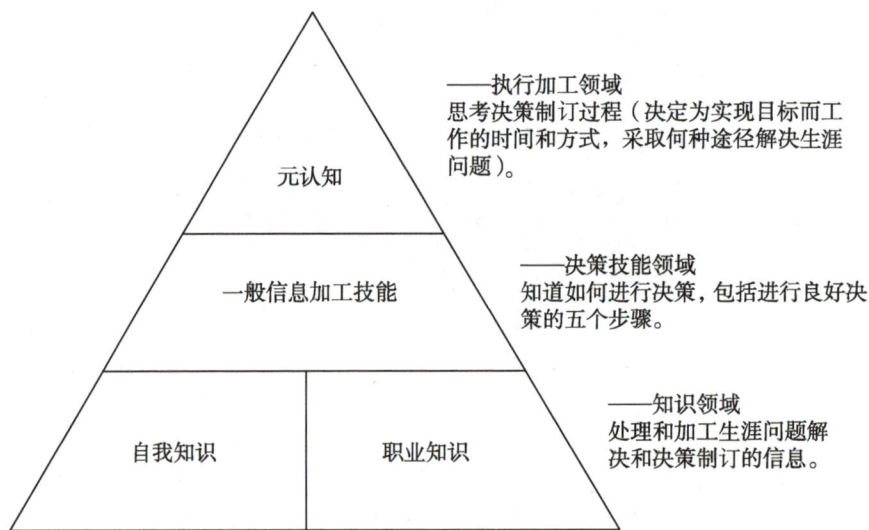

图 2-4　信息加工金字塔

位于塔底的领域是知识领域，包括自我知识和职业知识。最上层的领域是执行加工领域，也称为元认知，元认知是一个人具有的关于自己思维活动和学习活动的知识及其实施的控制，是任何调节认知过程的认知活动，即任何以认知过程与结果为对象的知识，包括自我言语、自我觉察、控制与监督。

中间层是决策技能领域，即一般信息加工技能的五个步骤，包含进行良好决策的沟通（Communication）、分析（Analysis）、综合（Synthesis）、评估（Valuing）和执行（Execution），缩写为 CASVE，构成了决策的循环，即 CASVE 循环（见图 2-5）。

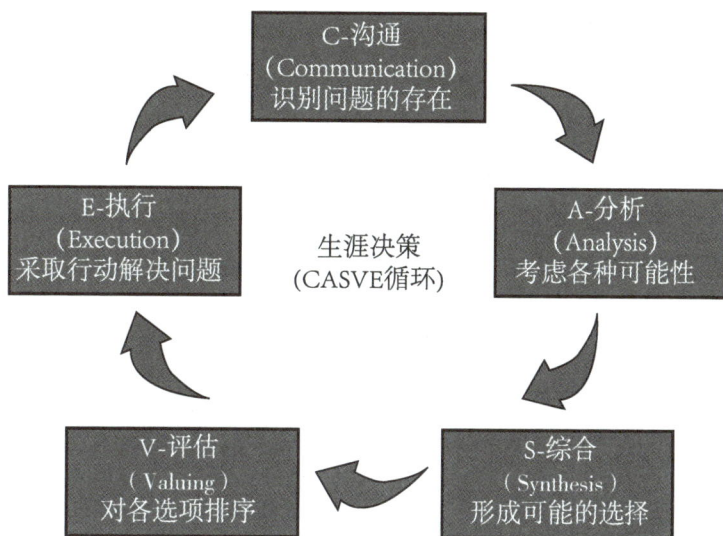

图 2-5　CASVE 循环

1. 沟通

在这个阶段，我们收到了关于职业理想与现实之间存在差距的信息，这些信息可能通过内部或外部交流途径传达给我们。内部沟通包括情绪信号，如不满、厌烦、焦虑和失望，还有身体信号，如昏昏欲睡、头痛、胃部疾病等。外部沟通包括父母对大学生职业规划的询问，同事、朋友对职业的评价，或者是杂志上关于专业正在逐渐过时的文章。这是意识到自己需要做出选择的阶段。在这个阶段，我们通过各种感官和思考充分接触问题，并了解到职业理想与现实之间的差距。

2. 分析

在这个阶段，问题解决者需要花时间思考、观察和研究，从而更充分地了解差距，了解自己并做出有效的反应。在这一阶段，生涯问题解决者通常会改善自我知识，不断了解职业世界和家庭需要。简单地说，在分析阶段，生涯决策者应尽可能地了解造成第一阶段发现的差距的原因。分析阶段还需要把各种因素和相关知识联系起来。例如，把自我知识和职业选择联系起来，把家庭和个人生活的需要融入职业选择中等。

3. 综合

这一阶段主要是综合和加工上一阶段提供的信息，从而制订消除差距的行动方案。其核心任务是，确定可以做什么来解决问题。这是一个扩大并缩小选择清单的过程。首先，尽可能多地找到消除差距的方法，发散地思考每一种办法，甚至采用"头脑风暴"进行创造思维。其次，缩小有效方法的数量，通常缩减到3—5个选项，因为这是我们头脑中最有效的记忆和工作容量的数目。

4. 评估

评估阶段将选择职业、工作或大学专业。它的第一步是评估每一种选择对生涯决策者和他人的影响。例如，如果选择了某项工作，这一选择将会给自己、伴侣、父母、孩子等重要的他人带来什么影响？每一种选择都要从对自己和对他人的代价和益处两个方面进行评价，并综合物质上和精神上的因素。第二步是对综合阶段得出的选项进行排序，将能够最好地消除差距的选项排在第一位，次好的排在第二位，依此类推。此时，职业规划决策者会选出一个最佳选项，并且做出承诺去实施这一选择。

5. 执行

这是实施选择的阶段，把思考转化为行动。很多人都觉得在执行阶段制订行动计划是令人兴奋的和有价值的，因为他们终于可以开始积极采取行动去解决问题了。

CASVE 循环是一个不断重复的过程，在执行阶段进行完毕之后，生涯决策者又回到沟通阶段，以确定已经选取的选择是不是最好的，是否能更有效地消除理想与现实间的差距。

认知信息加工理论强调职业生涯咨询是一个持续的学习过程，它区别于其他理论的最主要方面是着重强调认知信息加工的重要性。认知信息加工金字塔模型为咨询师提供了帮助来访者的理论框架，决策制订的五阶段循环模型可用于发展来访者解决问题的能力。生涯决策能力的获得可以被视为一种学习策略。该理论不同于其他理论的地方还在于其强调了元认知在生涯问题解决中的作用，促进元认知的发展也是该理论用于咨询时强调的重要方面。

八、心理动力理论

美国心理学家鲍丁、纳奇曼、施加等以弗洛伊德个性心理分析理论为基础，吸取了特质因素论和心理咨询理论的一些概念和技术，对职业团体进行了大量的研究，于 20 世纪 60 年代后期提出了一种强调个人内在动力和需要等动机因素，在个人职业选择过程中的重要性的职业选择和职业指导理论，即心理动力论。

心理动力论者认为职业选择是个人综合快乐原则与现实原则的结果。个人在人格与冲动的引导下，通过升华作用，选择可以满足其需要与冲动的职业。职业指导的重点应着重"自我功能"的增强。若心理问题获得解决，则包括职业选择在内的日常生活问题将可顺利地完成而不需再加指导。

鲍丁等依据传统精神分析学派的观点，探讨职业发展的过程，视工作为一种升华，而影响个体职业选择的动力来源则是个人早期经验所形成的适应体系、需要等人格结构。它们影响个人的能力、兴趣及态度的发展，进而左右其日后的职业选择与行为有效性。个人生命的前六年决定着个体未来的需要模式，而这种需要模式的发展受制于家庭环境，成年后的职业选择取决于早期形成的需要。如果缺少职业信息，职业期望可能因此受到挫折，在工作中会显示出一种婴儿期冲动的升华。若个人有自由选择的机会，则必将选择能以自我喜欢的方式寻求满足其需要而又可免于焦虑的职业。

心理动力论者认为，社会上的所有职业都能归入代表心理分析需要的、分属以下范围的职业群：养育的、操作的、感觉的、探究的、流动的、抑制的、显示的、有节奏的运动等。他们还认为这一理论除了适用于那些由于文化水平和经济因素而无法自由选择的人之外，也可以适用于其他所有的人。

虽然心理动力论对个人内在的动力因素（如需要、心理机制等）特别重视，可以弥补特质因素理论忽略人深层心理需要的缺陷，但因为过于强调内在因素，反而对可能影响职业选择的外在因素避而不谈，甚至假定"个人有自由选择职业的机会"，这就是该理论的缺点。不过，探究"过去"生活经验与动机层面的心理动力论的提出，也为只注意"现在"与"未来"的生涯注入了新的观点。

第四节　职业生涯规划的意义

职业生涯活动将伴随我们的大半生，拥有成功的职业生涯才能实现人生的目标。一个人无论从事什么职业，只要通过科学的规划，并按规划去实施，就能实现个人的目标，让自己成长为一个出色的人才。因此，大学生一定要认识到职业生涯规划的重要意义。

在大学期间进行职业生涯规划是十分有必要的，它对提高大学生的综合素质有着十分重要的推动作用。它可减少学习的盲目性和被动性；也可以让大学生对职业目标和实施策略了然于心，更加便于从宏观上予以调整和掌控，能让大学生在职业探索和发展中少走弯路，节省时间和精力；还可以对大学生起到内在的激励作用，使大学生产生学习、实践的动力，激发自己不断为实现各阶段目标和终极目标而进取的精神。

具体来看，职业生涯规划对大学生个人发展的意义主要有以下几点。

一、发掘自身潜能，找到人生价值

成功的职业生涯需要人不断地为之奋斗，而积极上进的人生观则为个人努力实现职业发展目标提供了原动力。况且，一个人的职业发展是一个长期的过程，在发展的道路上，不可能一帆风顺，前进中的挫折和暂时的失败是难免的，缺乏积极上进的人生观，意志就非常容易消沉，丧失重新站起来的力量。同时，积极上进的人生观也会使人从一时的成功中跳脱出来，不断地超越自我，去实现更大的目标。很多大学生在高中时把考上大学作为奋斗的目标，一旦考上大学则感到非常迷茫。面对新的环境、新的同学、新的学习生活，他们显得不知所措。这是因为他们不知道自己的人生目的是什么，不知道自己的人生价值是什么，不知道应该以什么样的人生态度面对大学生活。运用职业生涯规划的方法和技术，可以帮助大学生全面认识自我，了解社会，找出自己在知识、能力方面与社会要求的差距，进而帮助大学生明确人生目标，并以积极进取的人生态度面对生活。因此，大学生应以职业生涯规划为切入点，促使自己形成积极上进的人生观。

二、明确努力方向，利于自我定位

自我认知，是对自我的深层次解剖，即了解自己的能力大小，明确自己的优势和劣势，根据过去的经验，选择、推断未来可能的工作方向，从而彻底解决"我想干什么"和"我能干什么"的问题。以职业生涯规划为契机，大学生可以对个人的专业特长、兴趣爱好、性格特征、待人接物的能力、擅长的技能做充分的、全面的分析，对自己进行正确评估，迅速准确地给自己定位，明白自己更适合做什么样的工作，将来有可能在哪些方面获得成就等。对职业生涯的规划能使大学生逐渐厘清职业生涯的发展方向，形成较明确的职业发展规划，提升自己的职业生涯自主意识，为今后的事业发展做全面长远的打算。

三、确立人生目标，增强行为动力

职业生涯规划有利于大学生尽早明确自我人生目标。表面上看，我们每个人每天都在忙忙碌碌，每个行动似乎都有目标，但是，只有在发现和确定了人生奋斗的大目标之后，围绕这个中心，我们平常的行为才会更有效率和价值。进行职业生涯规划有利于实现人生的奋斗目标。职业生涯规划为我们的人生之旅设定了导航仪，指引我们不断前进。

四、增加竞争优势，提高就业效率

从人力资源的角度出发，用人单位非常看重新员工的职业生涯规划是否清晰、具体，是否与公司的发展方向一致。有一位毕业生在自己的求职资料中这样描述自己的生涯规划："我乐意从最基层的工作做起，用三年至五年时间熟悉业务，掌握相应经验，然后向高级主管职位挑战。"尽管其成绩在众多竞争者中不算突出，但却应聘成功。这个职业规划，让人觉得求职者的求职意向是经过深思熟虑的。即使其生涯规划中只有五年甚至更短的时间用于为本单位工作，用人单位也乐意聘请这种目标明确、规划透明的人。

五、实现与社会职业的和谐发展

职业生涯规划能够实现人职和谐，促进自身的持续、健康、协调的发展和进步，能够将人的发展与职业的发展有机结合，使职业成为实现自我人生价值、自我人生幸福的工具和内容，让个人的发展成为推动职业发展和进步的动力，达到自我与职业的双赢，实现人与职业的和谐发展。

成功既需要积累，又需要机遇，而机遇往往只留给有准备的人。改变命运不是一朝一夕能完成的，目标的达成也是一样。如果你设想五年以后、十年以后要做什么，想象一下你的未来是什么样子，然后设定一个职业发展目标，在这五年或十年里紧紧地围绕这个目标去做你应该做的事情，那么你的理想就更有可能得以实现。

因此，大学生的职业生涯规划应该在入学时开始，从大一起就应该思考个人所学专业及未来的发展，需要掌握的知识和能力，掌握这些知识能到哪些行业和企业工作，自己是否喜欢这样的职业等。这样，大学生可以使所学专业知识与社会发展、自身潜力、将来的职业发展同频共振。

>> 练习与思考

1. 什么是职业？职业的特点分别有哪些？

2. 如何理解职业生涯？职业生涯规划的概念是什么？

3. 影响职业生涯规划的因素有哪些？

4. 制订职业生涯规划的意义是什么？

5. 什么是职业锚？你的"职业锚"将抛在哪里？

第三章

自我认知

学习目标

1. 掌握自我认知的方法。
2. 清楚职业价值观的类型。
3. 注重自我职业兴趣、职业性格和职业能力的培养。
4. 对自己将要从事的职业有更深入的认识。
5. 了解大学生自我管理的策略。

第一节　自我认知概述

有些大学生进入工作岗位后，变得非常迷茫和挣扎，而造成这种情况的原因是对自己不够了解。人本主义心理学家罗杰斯曾表达过一个精辟的观点：一个人只有深深地理解和接受自己，才会深深地理解和接受他人和世界。每个人都有一个主观的想象世界，这个世界构成了个人的知觉场，每个生命个体都生活在变化的主观经验世界里，自己就是这个世界的中心。

一、自我认知的含义

自我认知，是一个人在社会化过程中逐步形成和发展起来的对自我及自己与周围环境和关系的多方面、多层次的认识、体验和评价，是个体关于自我全部的思想、情感和态度的总和。自我认知具有目的性、社会性、能动性等特点，对个人品性的形成和发展起着调节和监督的作用。

自我认知的表现形式是丰富多样的。正因如此，我们可以通过多种途径认识自己和他人。例如，你喜欢自己的外表、能力、性格、家庭背景吗？你满意自己的成绩和努力吗？你认为别人对你评价如何？他们是喜欢你还是讨厌你？这些问题都属于自我认知的范畴。自我认知的出现，首先在于可以觉察到自身的存在，其次在于意识到这个存在是一致的，即意识到所觉察到的表现、特征和所有物是属于一个人的。人本身可以把这些觉察的经验组织起来。这种组织起来的完整的经验就构成了自我认知。一旦自我认知形成，就像戴上了"有色眼镜"，人会以自我为基础去觉知新的知觉经验。

例如，甲、乙两个人拥有不同的自我，同时看到丙对他们微笑，自信的甲认为那是对自己友好的微笑，而自卑的乙则认为那是对自己不怀好意的嘲笑。由此，我们可以得出这样的认识：自我是自我知觉的一贯的、一致的内心体验。这种体验会影响我们对周围事物的认识。

影响自我认知的因素除了与我们的自我态度、成长经历、生活环境有关以外，他人对我们的评价，特别是生命中重要人物的评价，如父母、家人、恋人、老师、朋友、同学等对待我们的态度，也会对我们的自我认知起到重要的影响。

二、自我认知的内容

自我认知一般包括以下三方面的内容。

（一）对自身生理状态的认识和评价

对自身生理状态的认识和评价，是一个人对自己的身高、体重、容貌、身材、性别等的认识，以及生理病痛、温饱饥饿、劳累疲乏的感受等。如果一个人对生理自我不能接纳，嫌自己个子矮、不漂亮、身材差等，就会讨厌自己，表现出自卑并缺乏自信。

（二）对自身心理状态的认识和评价

对自身心理状态的认识和评价，是指一个人对自己的知识、能力、情绪、兴趣、爱好、性格、气质等的认识和体验。如果一个人对自己的心理自我评价低，嫌自己能力差、智商不高、情绪起伏太大、自制力差、性格不成熟等，就会否定自己。

（三）对自身社会状态、自己与他人关系的认识和评价

对自身社会状态、自己与他人关系的认识和评价，是指一个人对自己在群体中的地位、作用，以及对自己和他人相互关系的认识、评价和体验。如果一个人认为自己不善于交流和沟通，周围的人不喜欢自己、不接纳自己、没有知心朋友，就会感到孤独寂寞。

自我认知的分类如表 3-1 所示。

表 3-1　自我认知的分类

分类	自我认知	自我体验	自我控制
生理自我	对自己的身体、外貌、衣着、风度、所有物等的认识。	英俊、漂亮、有吸引力、迷人、自我悦纳。	追求自身的外表、物质欲望的满足，维持家庭的利益等。
心理自我	对自己的智力、性格、气质、兴趣、能力、记忆、思维等特点的认识。	有能力、聪明、优雅、敏感、迟钝、感情丰富、细腻。	追求信仰，注意行为符合社会规范，要求智慧与能力的发展。
社会自我	对自己的名望、地位、角色、义务、责任、力量的认识。	自尊、自信、自爱、自豪、自卑、自恋、自怜。	追求名誉地位，与他人竞争，争取得到他人的好感等。

三、自我认知的形成与发展

人的自我认知是随着人生每一阶段的成长而逐渐发展的。个体的自我认知从发生、发展到相对稳定，要经过 20 多年的时间。它是在社会交往过程中，随着语言和思维的发展而发展的，起始于婴幼儿时期，萌芽于儿童时期，形成于青春期，发展于青年期，完善于成年期。自我认知得到良好建立，人就会生活得有信心、有动力。了解和接纳自己的优点和缺点，才能进一步迈向成熟。

（一）自我认知发展的三个时期

自我认知发展有三个阶段，即生理自我、社会自我和心理自我发展时期。

1. 生理自我发展时期

人出生时，并不能区分自己和非自己的东西，生活在主客体未分化的状态。七八个月大的婴儿开始出现自我认知的萌芽，即能意识到自己的身体，听到自己的名字会明确做出反应。2 岁左右的儿童，掌握第一人称"我"的使用，这在自我认知的形成中是一大飞跃。3 岁左右的儿童，开始出现羞耻感、占有心，要求"我自己来"（自主性），其自我认知有新的发展。然而，这一时期的幼儿，其行为是一种以自我为中心的行为，以自己的身体为中心，以自己的想法和情感认识与投射外部世界。因此，这一时期的自我认知被认为是生理自我发展时期，也有人称之为自我中心期，它是自我认知最原始的形态。

2. 社会自我发展时期

从 3 岁到青春期（14 岁左右）这段时期，是个体接受社会教化影响最深的时期，也是角色学习的重要时期。儿童在幼儿园、小学、中学接受正规教育，通过游戏、学习、劳动等活动不断地练习、模仿和认同，逐渐习得社会规范，形成各种角色观念，如性别角色、家庭角色、同伴角色、学校中的角色等，并能有意识地调节和控制自己的行动。虽然青春期的少年开始积极关注自己的内心世界，但他们主要用别人的观点去评价事物、认识他人，对自己的认识也服从于权威或同伴的评价。因此，这一时期个体自我认知的发展被称为社会自我发展阶段，也称为客观化时期。

3. 心理自我发展时期

从青春期到青年后期，是自我认知发展的关键期。在这一时期，自我认知经过分化、矛盾、统一，逐渐趋于成熟。此时的个体开始清晰地意识到自己的内心世界，关注自己的内在体验，喜欢用自己的眼光和观点去认识和评价外部世界，开始有明确的价值探索和追求，强烈要求独立，产生了自我塑造、自我教育的紧迫感和实现自我目标的驱动力。这一时期被称为心理自我发展时期，也被称为自我认知的主观化时期。青年的世界观、人生观、价值观的形成是心理自我成熟的标志。大学生正处于心理自我发展阶段，渴望认识自我、肯定自我、发展自我和完善自我。

（二）自我认知的发展

人的自我认知发展持续一生，但会经历不同的发展阶段，每个阶段都有一个核心课题，每个阶段都不可逾越，但时间早晚因人而异。自我在人生经历中不断获得力量，保证个人能适应环境，健康成长。自我认知发展阶段如表 3-2 所示。

表 3-2　自我认知的发展阶段

发展时期	发展目标与危机	需完成的主要任务	产生的适应力
婴儿期	信任与怀疑	形成信任性格	有希望
幼儿期	自主与羞愧	形成自主能力	意志
游戏期	自动与内疚	形成自动性格	有目标
学龄期	勤奋与自卑	形成勤奋性格	胜任感
青春期	自我认同与认同混淆	形成自我认同	忠贞
成年初期	亲密关系与孤立	能与他人建立亲密关系	爱与被爱
成年期	生产建设与自我中心	进行生产、建设性工作	关怀心
老年期	身心统合与失望	身心统合	智慧

四、对自我需要探索的内容

（一）自己的职业价值观

对于工作，你看重什么？是待遇的高低、升迁的机会、继续进修学习、空余的时间，还是充分兼顾家庭？不同的职业，能获得不同的人生价值，你希望在未来的职业中得到什么，是需要你不断探索的问题。

（二）自己的兴趣

无论是求学还是就业，如果符合自己的兴趣，则效率高而且能保持身心愉快。做自己喜欢的事，会感受到生活的意义和自己的价值。因此，在专业选择和生涯规划中必须考虑个人对各种事务或活动的喜好。

（三）自己的能力

自己的能力，包括自己目前能做什么，不能做什么，在哪些方面能力比较突出，哪些功课比较强、哪些比较弱。一般而言，掌握社会上多数专门职业的就业能力都需要进行长时间的训练。

（四）自己的性格

性格，就是个人对他人、对自己、对事物各方面的适应，以及其在行为上显示的独特个性。了解自己性格上的特征，将有助于自己清楚且明智地选择职业。例如，善于人际交往的人适合从事行政、贸易与管理类的职业，文思细腻、感情丰富的人适合选择文学、翻译类的职业。

（五）自己所追求的生活状态

个人选择的职业会影响自己的生活状态，不同的职业决定个人在什么环境下工作、同什么样的人共事，以及每天的作息如何，休闲形态如何，家庭生活如何。因此，厘清自己未来理想的生活状态，有助于主动做出选择。

五、自我认知的方法

早在古希腊时期，人们对"人"的问题就很感兴趣，想探明自身到底是什么。希腊德尔菲神庙的阿波罗神殿前的柱子上刻了一句震撼人心的名言："人啊，认识你自己。"古希腊人认为，认识自己才能富有智慧，得福免祸。认识自我的维度可以是多方面的：生理我，即自己的外在条件构成，如年龄、性别、长相、健康状况等；精神我，指自我认知及自我概念，如价值观、知识经验、能力和技能、性格、兴趣等；社会我，即自己在社会中的状况和角色，如婚姻状况、家庭结构、家庭经济状况、家庭背景、就业机会等。

一个勇敢的人是敢于面对真实自己的人，也是一个接受真实自己的人。很多大学生面对自己的世界时，感到非常茫然，很想探寻未来的出路在何方；也有一些大学生因为不能客观地认识自己，而出现过度的自我接纳或自我拒绝；更有大学生躲在自己的世界不肯出来，出现以自我为中心的倾向。在职业的选择中，客观的自我认知和积极的自我态度是做出正确选择的根本。想要真正了解自我，可以通过以下几种方法。

（一）镜像自我法

著名的心理学家库里提出，别人的存在就像是自己的镜子，通过别人对待我们的态度和行为方式来了解自己、判断自己，可以给自己一个客观和公正的定位。每个人在社会生活中都会听到一些真实的声音，这些声音在人的成长中是宝贵的经验。如果你有十个朋友，他们就像你的十面镜子，从不同的方向折射你，促进你的自我完善。因此，大学生要勇敢地正视"镜"中的自己。

（二）自省法

《论语》中说："吾日三省吾身。"人能够与自己的内心真实地接触，和自己进行一场对话，常常反思和认识自己，是一种很好的认识自己的方法。人在内心深处整理自己的时候，会发现自己以前不曾发现的领域，甚至有的时候会产生顿悟，心里打开一扇窗，主动地做出积极的、建设性的改变。

（三）职业测评法

职业测评是心理测验在职业测验上的具体应用。常见的职业测评量表工具有艾森克人格问卷、MBTI（迈尔斯-布里格斯类型指标）职业性格测试、自我价值取向量表、爱德华个性偏好量表、霍兰德职业兴趣量表、霍兰德职业能力量表、认知方式测试、创造性思维测试等。

（四）现实情景检验法

人们在苦苦地寻觅自己的时候，忘记了一个最质朴的方法，那就是在现实情境中认识自己。例如，某公司在招聘员工的时候，总是在等候大厅里随意地放倒几个拖把、丢弃一些垃圾，甚至有的时候会有突然奔跑的孩子摔倒。在等待面试的人中，有的人聚精会神地背诵着求职的黄金法则，有的人不断地整理自己的衣着，有的人在仔细地阅读关于公司的背景资料，有的人会很自然地扶正放倒的拖把、捡起垃圾、扶起摔倒的孩子。最后的结果是，扶正拖把、捡起垃圾、扶起孩子的人会被录用。因为他们在没有任何矫饰和防御的情况下，自然地释放着对人、对事和对周围环境的态度。

（五）过去经历法

每个人的成长都是积累的，每个人都是背负着成长的经历走到今天的，你的过去一定给你的今天抹上了一缕特殊的色彩。有心理学家形象地说："你现在的人际关系是你过去人际影响的全部总和的再现。"从这个角度出发也是一种很好的认识自己的方法。

（六）心理投射法

在信息时代，我们可以找一些投射测验来加深对自己的了解。投射测验应该很严肃地去选择、应用和解释。大学生参与的心理测验都应该是中国心理测量委员会正式出版和声明有效的测验。此外，心理测验的解释很重要，解释不当会给人带来负面的暗示。

六、自我认知的意义

全面的自我认知是大学生进行职业生涯规划的基础。自我探索越充分，自我认知越清晰，个人职业生涯规划的针对性和可操作性就会越强，个人事业成功的可能性就越大。全面的自我认知能使我们勇于接纳自己、欣赏自己，克服成长障碍，充分挖掘潜力，使自己的职业生涯规划顺利进行。

(一)有利于认清自我的真实面貌

充分了解自己能干什么，弄清自己的知识、能力、个性、特长等思想和行为的环境约束和自然基础，从与他人的比较中认知自己的长处和短处，从他人的评价中认知自己的优点和缺点，接受那些不可改变的东西，改变可以改变的东西，加固比较好的东西，正确认识自己的"庐山真面目"，公正、客观地评价和认识自己，有利于认清自我的真实面貌，帮助大学生确立科学的职业生涯规划。

(二)有利于培养自我的健全人格

健全人格，即一个人的知、信、行是一致的。只有树立正确的人生观，树立服务意识，培养奉献精神，才能避免就业时出现诸多的心理误区。通过知、信、行三者统一，对自己有正确、客观的了解、评价和必备的认知智慧，才能应对暂时的挫折和焦虑，避免心理冲突和心理障碍，更好地被社会认可和接纳。

(三)有利于大学生认清自我与社会的关系

个人的职业生涯规划不是在真空中进行的，它必须符合社会的现实和发展实际。面对不断变化的就业形势，大学生应充分认识社会对人才的需求状况，找准自己的位置，以健康、务实的心态应对社会的发展变化和个人的职业生涯规划。因此，全面的自我认知有利于大学生认清自我与社会的关系。

(四)有利于强化自我与他人的关系

人的自我认知在很大程度上是通过与他人的社会化互动形成的，他人对自己的评价、看法、态度是反映自我的一面很好的镜子，每个人都可以通过这面"批评与表扬"的镜子认识和把握自己。这种明确地从他人处获得的自我认知，是大学生迈入社会生活，完成社会化的动力和导向系统。因此，大学生要充分与他人接触，主动征求意见，获得他人对自己的认识和评价的概况。与他人接触越是充分主动、积极正面，他人对自己的认知和评价传播的速度就越快、程度就越高；传播活动越活跃，从他人处获得的自我认知就越清晰，对自我的把握也就越客观、越准确，对个人的职业生涯规划越有利。

总之，我们要自觉树立"别看我一时，请看我一生"的生涯信念。价值观、兴趣、性格、能力，是大学生进行生涯决策时最需要考虑的部分。下面，我们将逐个讨论价值观、兴趣、性格和能力是如何对增进自我了解和进行职业生涯规划起作用的。

第二节　职业价值观

职业指导大师舒伯认为，职业价值观是个人追求的与工作有关的目标，它是人生价值观在职业问题上的反映。我们应该在生活中不断反思个人价值观，并逐渐认识到价值观是对个人职业选择和发展起到重要激励和影响作用的因素。因此，培养健康、科学、合理的价值观，能够帮助我们考虑长远的人生目标，追求有意义的人生。

案例精选 ▶▶▶

辽宁某高校软件技术专业的毕业生小魏，本来对软件技术专业很感兴趣，而且专业成绩不错，大学第二学年曾经到大连某软件公司实习，且与该公司约定毕业后来公司就业。可是临近毕业，他看到周围的同学都纷纷报班学习公务员考试课程，自己也觉得考上公务员后工作稳定，社会地位高，而且父母也支持，于是也报班学习公务员考试课程。经过一年多的刻苦努力，小魏终于如愿以偿，考录到阜新市一个偏僻地区的派出所任民警。经过最初的欣喜之后，冷静下来的他开始思考自己今后的人生，一想到自己就要放弃自己喜爱的软件技术专业去从事自己非常陌生的职业，心里不由得有些恐慌。虽然警察是公务员，而且受社会尊敬，但是他发现自己一点儿都不喜欢与人打交道。自己的理想是当一名软件工程师，在软件技术领域大有作为，以此来实现自己的人生价值。于是，他做出了一个令所有人都不能理解的决定：放弃公务员岗位，到他曾经实习的公司去从事软件技术工作。

小魏经过了一番思考和斗争之后，终于选择了自己想要的东西，放弃了对于别人来说可能非常珍贵但自己并不热爱的工作。

上述案例中，小魏的经历就反映了一部分大学毕业生在职业价值观上的摇摆和探索。正确地认识和理解职业价值观，尽早确认和坚定自己的职业价值方向，对大学生的职业生涯规划具有重要意义。

一、职业价值观的含义

价值观是我们在生活和工作中所看重的原则、标准和品质，是指一个人对周围的客观事物（包括人、事、物）的意义、重要性的总评价和看法。这种对诸事物的看法和评价在心目中的主次、轻重的排列次序，就是价值观体系。价值观和价值观体系是决定人的行为的心理基础。

职业价值观指人生目标和人生态度在职业选择方面的具体表现，也就是一个人对职业的认识和态度，以及他对职业目标的追求和向往。理想、信念、世界观对职业的影响都集中体现在职业价值观上。

俗话说，"人各有志"。这个"志"表现在职业选择上就是职业价值观。它是一种具有明确的目的性、自觉性和坚定性的职业选择的态度和行为，对一个人的职业目标和择业动机起着决定性的作用。

由于每个人的身心条件、年龄阅历、教育状况、家庭影响、兴趣爱好等方面的不同，人们对各种职业有着不同的主观评价。从社会来讲，由于社会分工的发展和生产力水平的差异，各种职业在劳动的内容、难度、强度、条件、待遇、所有制形式、稳定性等诸多问题上都存在着差别。同时，由于受到传统的思想观念等因素的影响，各类职业在人们心目中的声望地位也有区分。这些评价都形成了人的职业价值观，并影响着人们对就业方向和具体职业岗位的选择。

每种职业都有各自的特性，不同的人对职业意义的认识、对职业好坏有不同的评价和取向。职业价值观决定了人们的职业期望，影响着人们对职业方向和职业目标的选择，决定着人们就业后的工作态度和劳动绩效水平，从而决定了人们的职业发展情况。哪个职业好？哪个岗位适合自己？从事某一项具体工作的目的是什么？这些问题都是职业价值观的具体表现。

二、职业价值观的类别

职业价值观体现了个人在人生目标和人生态度上的选择方向。职业研究人员通过大量的调查，从人们的理想、信念和世界观角度把职业价值观分为 13 个大类。这 13 种价值观及其特点如表 3-3 所示。

表 3-3　职业价值观及其特点

职业价值观	特点
利他主义	总是为他人着想，把直接为大众的幸福和利益尽一份力作为自己的追求。
审美主义	不断地追求美的东西，得到美的享受。
智力刺激	不断进行智力开发、动脑思考，学习和探索新事物，解决新问题。
成就动机	不断取得成就、不断得到领导和同事的赞扬，或不断完成自己想要做的事。
自主独立	充分发挥自己的独立主动性，按自己的方式、想法去做，不受他人干扰。
社会地位	从事的工作在人们的心目中有较高的社会地位，并获得他人尊敬。
管理控制	获得对他人或某事的管理权，能指挥和调遣一定范围内的人或事物。
经济报酬	获得优厚的报酬，有足够的财力获得想要的东西，生活过得较为富足。

续表

职业价值观	特点
社会交往	能和各种人交往，建立广泛的社会联系和关系，甚至能和知名人物结识。
安全稳定	希望不管自己能力怎样，在工作中有一个安稳的局面，不会因为奖金、加薪、调动工作等而经常提心吊胆、心烦意乱。
轻松舒适	希望将工作作为一种消遣、休息或享受的形式，追求比较舒适、轻松、自由、优越的工作条件和环境。
人际关系	希望和大多数同事相处时感到愉快、自然。
追求新意	希望工作的内容经常变换，工作和生活丰富多彩，不单调枯燥。

职业价值观对人们自身行为的定向和调节起着非常重要的作用，直接影响和决定着一个人的理想、信念、生活目标和追求方向。职业价值观是一种基本信念，它带有判断的色彩，代表了一个人对什么职业是好的，什么职业是对的，以及什么职业会令人喜爱的意见。每一个求职者由于所受教育的不同和所处环境的差异，在职业取向上的目标和要求也是不相同的。在许多场合，我们往往要在一些得失中做出选择，而左右我们选择的往往就是我们的职业价值观。

三、价值观的探索

职业价值观是深层的、心理的一种能量的释放。很多人可能会认为自己职业选择的第一价值是经济报酬，但这往往不是我们真实的价值观念。很多时候，个人对价值观的理解是很局限的，我们总是停留在自己所意识的世界中，不管对自己的现在还是将来都较难把握。如果我们不确定自己的价值观，就势必会像一只没头苍蝇似的乱撞。许多人总是追逐物质方面的东西，却没有仔细地想一想自己到底要过什么样的人生。追逐物质永远无法让我们的人生得到满足，唯有当自己真正明白并确信生命中什么是真正有价值的，我们的潜能才能充分发挥出来。

由于所处的生涯发展阶段、社会环境的不同，个人的需求会发生改变，从而可能导致价值观的改变。因此，价值观需要被不断地审视和澄清。

价值观的澄清可以分为三个阶段。第一阶段是选择一个价值观，包括自由地选择一个价值观，不考虑他人的压力，也不考虑其他人的因素，然后思考这一选择的结果；第二阶段是珍视自己的价值观，包括珍爱和喜欢自己的价值观，愿意在合适的时候向他人公开自己的选择；第三阶段是依照价值观行动，包括做出一些与选择有关的行为，不断以一种与价值观选择相一致的模式行动。利用这个方法思考自己的工作价值观，看看是否能使价值观得到澄清。

四、职业价值观澄清理论

20 世纪 60 年代，价值澄清学派提出了价值澄清的理论假设：人们处于充满相互冲突的价值观的社会中，这些价值观深刻影响着人们的身心发展，而现实社会中根本就没有一套通行的准则。根据这一假设，价值澄清学派认为，教师不能把价值选择直接教给学生，而只能通过分析、评价等方法，帮助学生形成适合本人的价值观体系。因此，正如价值澄清学派的基尔申·鲍姆所说，价值澄清可被定义为利用问题和活动来教学生评价的过程，并且帮助他们熟练地把评价过程应用到他们生活中价值丰富的领域。

在运作过程中，价值澄清方法强调四个关键因素：一是要以生活为中心，主要解决生活中的问题；二是要接受现实，即原原本本地接受他人，不必对他人的言行进行评价；三是要求进一步思考、反省，并做出多种选择；四是培养个人深思熟虑地进行自我指导的能力。除了考虑这四个因素外，还要按选择、珍视、行动三个阶段，七个步骤（即自由地选择、从多种可能中选择、对结果进行深思熟虑的选择、重视和珍惜自己的选择、确认自己的选择、依据选择采取行动、重复实施）来进行操作。

当这种操作模式由于过分强调价值观形成的个体性，忽视社会文化作用而受到批评之后，价值澄清学派又对以上程序进行了补充，加入了思考、沟通的环节，在选择中考虑了社会因素的制约。尽管如此，新的操作程序并没有从本质上改变价值观形成的主观性与个体性。

价值澄清方法论结合实际，设计了价值澄清的具体方法，除交谈、书写、讨论、预知后果的扩展四大策略外，还有 19 种其他策略。如价值表书写策略，就是为那些不适于讨论，便于人们书面自由作答的问题设计的。受教育者在表格中填入问题，写出自己的看法，再按七个步骤进行评估。由此来帮助受教育者选择、确立适合自己的价值观念。三个阶段和七个步骤如表 3-4 所示。

表 3-4　三个阶段和七个步骤

阶段	步骤
选择	①自由地选择； ②从多种可能中选择； ③对结果进行深思熟虑的选择。
珍视	①重视和珍惜自己的选择； ②确认自己的选择。
行动	①依据选择采取行动； ②重复实施。

七个步骤说明如下。

（1）自由地选择。自由选择的价值观，无论有无权威的监视，都具有引导个人言行的效力。换言之，个人经过积极自由的选择后得到的价值观，会被认为是其思想的中心。

(2)从多种可能中选择。价值的定义是基于个人所做选择的结果，当个人觉得没有选择余地时，价值范畴所包含的内容就失去了意义。开放越多的选择途径，人们越能发觉真正的价值所在。

(3)对结果进行深思熟虑的选择。个人对各种不同途径的后果加以深思熟虑，并予以衡量比较后，所做的选择才是理智的选择。

(4)重视和珍惜自己的选择。对于乐意选择、决定的价值观，以它为荣，并珍惜和重视，作为生活的准绳。

(5)确认自己的选择。当选择是在自由自主之下且经过慎重考虑后才做的决定，自然愿意对外公开。假设以所做的选择为耻，则表示它不是真正的价值观。

(6)依据选择采取行动。个人的价值观能左右我们的生活，并能表现于日常行为上，若只会坐而言，而从不起而行，仅说不练，这种价值观则不在我们的界定之内。

(7)重复实施。个人的某种信念或态度若已达到价值观的阶段，必会一再反复地表现于行为上，价值趋向永久性，并成为人的生活形态里的重要因素。

价值澄清方法在西方各国传播得很快，应用较广，对西方现代教育影响很大。之所以如此，是因为这一方法重视现实生活，不像其他教育流派一开始就以一种哲学理论为依托，而是针对西方无所适从的道德教育实际提出的，具有可操作性和实效性，因而受到人们的欢迎。这一方法论的局限性也是明显的：一是把相对主义价值观作为方法体系的基础，把个体经验作为确定价值观的标准来衡量和评判自身的社会行为，否定社会的客观价值标准，其结果必然导致社会成员各行其是；二是忽视道德教育的具体内容、要求和道德行为的培养、训练，也易导致形式主义。

第三节 职业兴趣

案例精选 ▶▶▶

王同学像许多大学生一样，在高考填报志愿选择专业的时候是懵懵懂懂的，不知道该选什么专业，父母让她选什么她就选什么。她发现自己并不了解自己真正喜欢什么。后来，她听从父母的意见，选了"女孩子比较适合"的外语专业。她对自己所学的专业谈不上非常喜欢，但也不是特别讨厌。她很在意别人的看法，如所学的专业是否有前途，其他专业怎样好等。每当这时候，她就会陷入迷茫与困惑，疑惑所学的专业是否适合自己，不知道什么样的职业才是自己喜欢的。

案 例 精 选 ▶▶▶▶

张同学则为他的兴趣太多而苦恼。他的兴趣十分广泛，从小到大，他学过武术、绘画、唱歌、乒乓球，收集过邮票，研究过昆虫……在某些方面还得过奖，可就是没长性，过不了多久就扔一边儿了。面对职业选择时，他想知道到底什么是自己真正感兴趣的。

刘同学的梦想是当一名播音员。可父母认为她学计算机才有前途。她目前在某大学的计算机专业读大二，原来有说有笑的她，现在却整天郁郁寡欢。无论自己怎么努力，都无法喜欢数学、计算机这些理论性很强的课程。因此，她学起来有些吃力，想换专业又很难实现，对自己也有些失去信心。

上述三位同学的经历在当今的大学生中并不少见，有的人觉得自己的兴趣十分模糊，有的人兴趣明确却因为种种原因进入一个与兴趣不相符合的专业。他们都对此感到苦恼，想知道怎样才能将自己的兴趣与未来的职业结合起来。更重要的是，他们不知道怎样正确地认识自己，了解自己的兴趣，并将它与自己的专业和职业结合。这也是当代大学生普遍面临的问题。

一、兴趣的含义

兴趣是价值观的表现，是个体对特定的事物、活动及人为对象所产生的积极的，以及带有倾向性、选择性的态度和情绪。兴趣可促使人积极参与任何活动并能提高其效率，当一个人从事自己喜欢的工作时，会有很强的幸福感，可以为之废寝忘食。

兴趣受家庭生活、社会阶层、文化和物质环境等因素的影响，总是与特定的任务或活动相联系。例如，两个都重视工作中要有创造性的人，其中一个人对科学创造有强烈的兴趣，而另一个人偏爱文学创作。这两种兴趣对他们有同样的作用，即有助于他们拓展自己的创造性价值观。这样就可以理解为什么那些工作与兴趣相一致的人，会比那些工作与兴趣不一致的人更加满意自己的工作。事实上，兴趣与职业生涯选择保持一致，即找到自己的职业兴趣，我们才会对自己的工作感到满意，才能持久性地工作下去。

职业兴趣一般要经历"有趣——乐趣——志趣"的过程。

（1）有趣，是兴趣过程的第一个阶段，也是职业兴趣发展的低级阶段。此时，兴趣的产生主要是对直观的新鲜事物的好奇，随着这种新奇感的消失，兴趣也会自然而然地逝去。由新鲜感而产生的这种兴趣是短暂的、不稳定的。

（2）乐趣，相对于上一阶段，这一阶段的兴趣比较间接，是职业兴趣发展的第二个阶段。它是在有趣定向发展的基础上形成的，是职业兴趣发展的中间阶段。乐趣的产生主要依靠自己的亲身体验，感受到职业的乐趣，对某一职业有了进一步的了解，或在职业活动中取得了成绩，建立了自信。在这一阶段，职业兴趣变得专一、深入。

（3）志趣，是行动和意志的趋向、志向和兴趣。志趣是职业兴趣发展过程的第三个阶段。当乐趣同你的社会责任感、理想、奋斗目标结合起来时，乐趣便变成了志趣。

志趣是你取得成就的根本动力，是成功的重要保证。志趣使人们的求知欲、意志力得到体现，意志力的发展使人们有能力控制自己向预定的职业理想标准努力。

二、兴趣在职业活动中的作用

当人的兴趣对象指向职业活动时，就形成了人的职业兴趣。职业兴趣对人的职业活动有着重要的影响，一份符合自己兴趣的工作常常能够给自己带来愉悦感、满足感。因为在进行自己感兴趣的职业活动时，人们可以被激发出强烈的探索和创造的热情，可以在良好的体能、智能、情绪状态之下进行有意义的职业活动，激发自己全身心且心甘情愿地投入。从事自己感兴趣的职业活动可以使人比较容易适应变化的职业环境，可以使人在追求职业目标时表现出坚定有恒的意志力。可见职业兴趣是个人在进行职业设计时必须考虑的重要因素之一。

总之，对个人来说，如果从事有兴趣的工作，就会更加努力，而有努力就会取得成就。从某种意义上甚至可以说，兴趣比能力更重要。具体来说，兴趣对人们的职业活动的影响主要表现在以下三个方面。

（一）激发人的潜能

职业兴趣能促进智力开发和潜能的挖掘，开发个体的潜力使个体在职业活动中取得新的发现、新的成果。兴趣可以使人保持对某一事物的探索热情，并促使其调动自己的积极性，发挥主观能动性和创造性，把自己的潜能挖掘出来，大大提高工作效率。

（二）职业选择的重要依据

正像人们在日常生活中喜欢参加自己感兴趣的活动一样，具有一定兴趣类型的个人更倾向于寻找与此有关的职业，特别是在外界环境限制较小时，人们都会选择自己感兴趣的职业，并勤勤恳恳地工作。许多人的职业选择正是其早期兴趣影响的结果。因此，对个人的兴趣类型有了正确的评估后，就有可能预测或帮助人们进行职业选择。

（三）在某些情况下具有决定性作用

兴趣的本质特征决定了兴趣影响一个人的工作满意度和稳定性，在某些情况下，如不考虑经济因素，甚至具有决定性作用。一般来说，从事自己不感兴趣的职业很难让人感到满意，并由此导致工作的不稳定和自我价值感的降低。而从事自己感兴趣的职业可以引起和维持人的注意力，使枯燥的工作变得丰富多彩。

兴趣使工作不再是一种负担，而是一种享受。职业兴趣则是人们获得工作满意度、职业稳定性和职业成就感的重要因素，同时，也是对职业进行分类的重要基础，从而成为职业选择的重要考虑因素。因此，大学生应该努力培养自己多方面的兴趣爱好，并且注意培养自己的中心兴趣，努力发展自己的专长，从而使自己的兴趣爱好有明确的方向性，在进行职业选择时可以既有一个较广的适应范围，又有一个确定的指向。同时，只有将能力和兴趣结合起来考虑，才更有可能取得职业的成功。

三、职业兴趣的分类

职业兴趣是一种认识倾向，不论人是否了解某种职业的内在特征，都可能会对它做出是否喜好的评价，因此，它反映的往往是人对职业活动外部特征的认识。由于人与人之间存在着很大的差异，对同一种职业就会产生不同的反应：有的人喜欢，有的人厌恶，有的人无动于衷。因此，虽然职业成千上万，分类比较复杂，一时难以全面掌握，但可以从人的职业兴趣的角度进行分类。其中最著名的是霍兰德的职业兴趣分类，除此之外，还有以下几种职业分类。

（一）库德职业爱好调查表分类

在职业兴趣分类方面，比较有名、使用时间较长的是库德职业爱好调查表的分类，它将职业兴趣分为以下十类。

类型1：说服。善于与人会面、交谈、协调人际关系、组织管理或者善于推销、宣传。相应的工作有教师、行政管理人员、记者、店员、演员等。

类型2：艺术。这是一种创造性的工作，喜欢通过新颖的设计、颜色的匹配和材料的布局等引起别人情感上的共鸣，如画家、雕塑家、建筑师、服装设计师、美容师等。

类型3：文学。喜欢阅读和写作，或者做相关的工作。这一类职业有文学家、历史学家、剧本创作人员、新闻记者、编辑等。

类型4：音乐。对音乐作品和从事演奏有特殊爱好，喜欢听音乐会、演奏乐器、唱歌，或者喜欢阅读有关音乐和音乐家的书籍。有关的职业有音乐家、表演艺术工作者、音乐评论家等。

类型5：服务。这是乐于从事社会工作、为他人服务的一种爱好，主要指社会福利和帮助人的职业，帮他人解除痛苦、克服困难，如医生、护士、职业指导者、社工、服务员、导游等。

类型6：文秘。喜欢需要准确性、灵活性的办公室式的工作，此类职业如秘书、统计员等。

类型7：户外活动。大多数时间愿意在户外度过，愿意与大自然打交道，喜欢从事地理、地质、动物、植物等方面的工作，如地质勘探人员、登山队员、森林管理者、考古人员、农业人员等。

类型8：机械。愿意与工具、机器打交道，不喜欢从事与人打交道的工作，并希望制作能看得见、摸得着的产品。相应的职业包括机器技师、裁缝、建筑工、司机等。

类型9：计算。喜欢与数字计算和文字符号类有关的活动，工作的规律性较强，如会计、银行工作人员、邮件分类员、图书管理员、档案管理员、统计员等。

类型10：科研。喜欢发现新的现象和解决问题，乐于从事分析推理的工作。相应的职业有化学家、生物学家、数学家、物理学家等。

（二）职业兴趣的一般分类

1. 喜欢研究人的行为

对人的行为举止和心理状态感兴趣，喜欢谈论人的问题。相应的职业大都是研究人、管理人的工作，如心理学、政治学、人类学、人事管理、思想政治教育等的研究工作以及教育、行为管理工作。

2. 喜欢从事科学技术工作

对分析的、推理的、测试的活动感兴趣，长于理论分析，喜欢独立地解决问题，也喜欢通过实验得出新发现。相应的工作有生物学、化学、工程学、物理学、地质学等方面的工作。

3. 喜欢抽象的和创造性的工作

对需要想象力和创造力的工作感兴趣，人都喜欢独立地工作，对自己的学识和才能颇为自信，乐于解决抽象的问题，而且急于了解周围的世界。相应的工作大都是科学研究工作和实验室工作。

4. 喜欢操作机器的技术工作

对运用一定技术、操作各种机械、制造新产品或完成其他任务感兴趣，喜欢使用工具，特别是喜欢大型的、先进的机器，喜欢具体的东西。相应的工作有飞行员、驾驶员、机械制造、建筑、石油、煤炭开采等。

5. 喜欢具体的工作

希望能很快看到自己的劳动成果，愿意从事制作能看得见、摸得着的产品的工作，并从完成的产品中得到满足。相应的工作有室内装饰、园林、美容、理发、手工制作、机械维修、厨师等。

6. 愿意与事物打交道

喜欢与事物打交道，而不喜欢与人打交道，相应的工作有制图、勘测、工程技术、建筑、机器制造、出纳、会计等。

7. 愿意与人接触

喜欢与人交往，对销售、采访、传递信息一类的活动感兴趣。相应的职业有记者、推销员、服务员、教师、行政管理人员、外交联络员等。

8. 愿意干有规律的工作

喜欢常规的、有规则的活动，习惯于在预先安排好的程序下工作。相应的工作有邮件分类、图书管理、档案管理、办公室工作、打字、统计等。

9. 喜欢从事社会福利和助人工作

乐意帮助他人，试图改善他人的状况，帮助他人排忧解难。相应的职业有律师、咨询人员、科技推广人员、医生、护士等。

10. 愿意做领导和组织工作

喜欢掌管一些事情，希望受到众人尊敬和获得声望，在单位中起到重要作用。相应的职业是各级各类组织领导管理者，如行政人员、企业管理干部、学校领导、辅导员等。

（三）应用职业兴趣分类方法应注意的问题

有关职业兴趣的分类还有很多，都可以为了解自己和了解社会职业提供帮助。这些职业兴趣分类的共同点在于，通过划分出来的职业兴趣类型能够与绝大部分社会职业建立联系。在运用这些职业兴趣分类分析自己时，需要注意以下三个方面的问题。

第一，一种职业可能主要与某种兴趣类型有关，但也会涉及其他的兴趣类型。例如，当好一名护士应乐于为他人服务，具有助人精神，但同时也应能准确、灵巧地使用各种设备做好护理工作。此外，还要善于安抚病人。因此，我们不可以将各种职业兴趣截然分开。

第二，职业兴趣只能作为了解自己职业选择的一个方面。兴趣可以代表人在职业方面的认知倾向，但并不意味着了解了自己的兴趣就完全了解了自己。因此，大学生还应当把职业兴趣与职业能力、人格特征结合起来分析，这样才能为毕业后的职业抉择做好准备。

第三，一般来说，一个人的兴趣类型不仅限于一种，有时可能会属于几种类型，这就要求我们根据自己在各种类型上的兴趣强度差别来确定中心兴趣。当然，确定时也要考虑社会需要和自己的优势。

四、自我兴趣探索

从早期的弗兰克·帕森斯开始，职业发展专家就把兴趣当作职业选择的一个重要组成部分。在心理测验和量表发展出来之前，职业咨询师会要求人们列出他们的爱好、确定他们想要什么，或者让他们在自传里描述他们喜欢和不喜欢什么。即使在今天，这些也是确定个人兴趣的好方法。职业咨询师认为，确定兴趣是确定一个人未来可能从事的职业的一种方法。

（一）霍兰德的职业兴趣类型理论

为了更直观地了解自己的兴趣，我们可以先做一个小游戏：假设世界上有六个不同的岛屿，描述如下，请从中选择一个自己最想去的岛屿。

岛屿 A：美丽浪漫的岛屿。岛上有许多美术馆、音乐厅、街头雕塑和街边艺人，弥漫着浓厚的艺术文化气息。当地的居民很有艺术修养、创新和直觉能力。他们保留了传统的舞蹈、音乐与绘画风俗。许多文艺界的朋友都喜欢到这里找寻灵感。

岛屿C：现代化的岛屿。岛上建筑十分现代化，是进步的都市形态，以完善的户政管理、地政管理、金融管理见长。岛民个性冷静保守，处事有条不紊，善于组织规划，细心高效。

岛屿E：显赫富庶的岛屿。岛上的居民擅长企业经营和贸易，以口才见长。岛上的经济高度发展，到处是高级饭店、俱乐部、高尔夫球场。来往者多是企业家、经理人、政治家、律师等，曾数次在这里召开财富论坛和其他行业巅峰会议。

岛屿I：深思冥想的岛屿。岛上人迹较少，建筑物多偏于一隅，平畴绿野，适合夜观星象。岛上有多处天文馆、科技博览馆及科学图书馆等。岛上居民喜好观察、学习、探究、分析，崇尚和追求真知，常有机会和来自各地的哲学家、科学家、心理学家等交流心得。

岛屿R：自然原始的岛屿。岛上保留有原始森林，自然生态保持得很好，有多种野生动物。岛上居民生活状态还相当原始，他们以手工业见长，自己种植花果蔬菜，修缮房屋，打造器物，制作工具，喜欢户外运动。

岛屿S：友善亲切的岛屿。岛上居民个性温和、十分友善、乐于助人，社区均自成一个密切互动的服务网络，人们重视合作，重视教育，关怀他人，充满人文气息。

从这六个岛屿中，选出一个你最想去的地方，然后选出第二个和第三个想去的地方。请根据下列六种类型的标示，将自己的类型代码写出来，如ACS或REA等。

以上六个岛屿分别代表了以下六种不同的兴趣类型。

艺术型（岛屿A）：喜欢自我表达，喜欢文学、音乐、艺术和表演，喜欢具有创造性、变形性的工作。重视作品的原创性和创意，重视自我表达、自由和美。

常规型（岛屿C）：喜欢固定的、有秩序的工作或活动。希望确切知道工作的要求和标准，愿意在一个大的机构中处于从属地位，对文字、数据和事物进行细致有序的系统处理，以达到特定的标准。重视准确、条理、节俭和盈利。

企业型（岛屿E）：喜欢领导别人，通过领导、劝说他人或推销自己的观念、产品而达到个人或组织的目标，希望成就一番事业。重视经济和社会地位上的成功，对人忠诚，具有冒险精神，有责任心。

研究型（岛屿I）：喜欢探索和理解事物，学习并研究需要分析、思考的抽象问题，喜欢阅读和讨论有关科学性的问题，喜欢独立工作，对未知的挑战充满兴趣。重视知识、学习、成就和独立。

现实型（岛屿R）：喜欢用手、工具、机器制造或修理东西。愿意从事与实物有关的工作、体力活动，喜欢户外活动或操作机器，不喜欢在办公室工作。重视具体实际的事物，诚实、有常识。

社会型（岛屿S）：喜欢与人合作，关心他人，愿意帮助别人成长或解决困难、为他人提供服务。重视服务社会与他人，坚持公正、平等、理想。

以上是霍兰德的六种职业兴趣类型。霍兰德认为，职业选择是个人人格的延伸和表现，人格特质反映在职业上就是职业兴趣；大多数人的人格特质可以归纳为六种类型，同一类型的职业通常会吸引相同人格特质的人，从而产生特定的职业氛围、价值观念、态度倾向、行为模式等。工作环境也可以分为六种类型，与人格类型的分类一致。

个人的职业兴趣往往是多方面的，很少会集中在某一种类型上。因此，通常用三个字母(代表三种兴趣类型)的代码来标示一个人的职业兴趣，这个代码被称为霍兰德代码。这三个字母之间的顺序表示不同类型兴趣的强弱程度。霍兰德代码也可以描述职业的工作性质和职业氛围，个人人格类型和职业环境之间的适配将增加个人的工作满意度、职业稳定性和职业成就感。

(二)斯特朗职业兴趣量表

1927年，斯特朗编制完成了第一个正式的职业兴趣量表，这是最早的职业兴趣测验量表。他的方法是先编制涉及各种职业、学校科目、娱乐活动及人的类型的问卷，然后取两组被试，一组代表专门从事某种工作的标准职业者，另一组代表一般人，让两组被试者接受测查，将两组被试者反应不同的题目放在一起，构成职业兴趣量表。在当时，职业兴趣量表仅适用于男性，专门为女性而编制的量表则于1933年出现。

斯特朗职业兴趣量表包括317个题目，分为以下八个部分。

(1)职业：135个职业名称，对其中每一个做出反应：喜欢(L)，无所谓(I)，不喜欢(D)。

(2)休闲活动：29个娱乐活动或爱好，对其中每一个做出反应：喜欢(L)，无所谓(I)，不喜欢(D)。

(3)不同类型的20类人，对其中每一个做出反应：喜欢(L)，无所谓(I)，不喜欢(D)。

(4)两种活动之间的偏好：30对活动，对每对活动指出偏爱左边的活动(L)或右边的活动(R)，或没有偏好(＝)。

(5)你的个性：12种个性特点，根据其是否描述了自己做出反应：是，不知道，否。

(6)对工作世界的偏好：6对观念、数据和事物，在每对中指出偏爱左边的题目(L)或右边的题目(R)，或没有偏好(＝)。

(7)学校科目：39个学校科目，对其中每一个做出反应：喜欢(L)，无所谓(I)，不喜欢(D)。

(8)活动：46个一般职业活动，对其中每一个做出反应：喜欢(L)，无所谓(I)，不喜欢(D)。

斯特朗职业兴趣量表为人们提供了就业方向、职位转换及职业发展等方面的帮助。测试结果经过计算机分析，可以与不同类型、不同职业的人群平均水平做比较，这样人们就能够了解自己在工作领域、职业行为、休闲活动、教育专业等方面的兴趣情况，明确自己的兴趣以及可能在哪个领域取得成功。

五、职业兴趣的培养

职业兴趣的发展一般要经历探究、爱好和定型三个阶段。不少研究资料表明，很多学生填写大学报考志愿的时候主要是听从家长的意见；还有一些学生为了谋求好的就业机会而进入违背自己意愿的专业学习，因此，谈不上对所学专业有浓厚的学习兴趣。这种状况往往妨碍一部分学生的学习积极性。如何在入校后培养自己的职业兴趣呢？我们可以按照下面三个步骤来进行。

（一）主动参与实践活动

只有通过职业实践，才能对职业本身有深刻的认识和了解，才能激发自己的职业兴趣。职业实践活动内容十分丰富，包括生产实习、社会调查、参观访问及组织兴趣小组等。每个人都可以通过参加各种职业实践活动调节和培养兴趣，根据社会和自我需要，有意识地培养和发展兴趣，为事业的发展创造条件。

（二）注意培养间接兴趣

直接兴趣是由于对事物本身感到需要而引起的兴趣，间接兴趣则不是对事物本身的兴趣，而是对这种事物未来的结果感到需要而产生的兴趣。人在最初接触某种职业时，往往对职业本身缺乏强烈的兴趣，因此必须从间接兴趣着手培养直接兴趣。大学生可以通过了解职业兴趣在社会活动中的意义、对人类活动的贡献等引起兴趣，也可以通过了解某项职业的发展机会引起兴趣，还可以通过实践逐步提高间接兴趣。

（三）客观评价和确定职业兴趣

必须指出，对某类职业有浓厚的兴趣，并不说明一个人就一定适合这类职业，关键在于自身是否具备相应的职业能力。人才交流已经逐步市场化，在一些紧俏职位的招聘中，具有较高职业能力和职业道德的人才能获得机会。因此，大学生应当学会客观地评价和确定自己的职业兴趣，既要考虑自己想干什么，又要考虑与他人相比，自己的能力更适合干什么。

目前，大学生的首要任务是努力学习，发展自己的职业能力，增强对未来社会的适应能力，使自己在毕业时具有较强的竞争力，切不可把在学校的宝贵时间耽误在朝令夕改中。当然，我们并不主张人的职业方向始终不变。随着科学技术的发展，一些职业会消失，同时又会兴起一些新的职业。只有在校期间努力学习，保持客观的态度，学好所学专业，才能适应社会经济发展的需求。

第四节　职业性格

一个人的职业选择，是其个人性格在工作世界中的延伸。性格是影响一个人的核心因素。它不仅是一个人的人格特征，也影响了一个人将选择什么样的工作。同时，一个人选择什么样的工作，也丰富和满足了个人的性格偏好。

一、性格的含义

性格是一个人在现实的、稳定的态度和习惯的行为方式中表现出来的人格特征。个体的一时性的偶然表现不能被认为是他的性格，只有经常性、习惯性的表现才能被认为是他的性格。也就是说，性格是在社会实践中逐渐形成的，一经形成便比较稳定，它会在不同的时间和情况下表现出来。性格的稳定性并不是说它是一成不变的，性格也具有可塑性。"近朱者赤，近墨者黑"就说明性格是可以塑造的。

二、性格的分类

性格的类型指一类人身上共有的性格特征的结合。由于性格现象具有复杂性，目前还没有一个公认的、权威的性格分类标准。为了便于研究职业性格，通常有以下几种分类。

（一）向性型：按心理的倾向性划分性格类型

瑞士心理学家荣格根据人的心理活动倾向于外部还是内部，把性格分为外倾型（外向型）和内倾型（内向型）两类。

外倾型的人的心理活动倾向于外部，经常对外部事物表示关心和感兴趣，性情开朗活泼，情感外露，不拘小节，善于交际，热情、随和；内倾型的人的心理活动倾向于内心，较少向别人显露自己的思想，沉静、谨慎、顾虑，适应环境困难，交往面窄。多数人并非典型的内倾型或外倾型，而是介于两者之间的中间型。

（二）机能型：按心理机能划分性格类型

美国心理学家培因根据理智、情绪、意志三种心理机能在性格中何者占优势，把人的性格划分为理智型、情绪型和意志型等。

理智型的人，通常以理智来评价周围发生的一切，并以理智支配和控制自己的行动；情绪型的人，言行举止易受情绪左右，情绪体验深刻强烈，好感情用事；意志型的人，具有明确的行动目的和较强的自制力。除了上面三种典型的性格类型，还有一些中间型，如理智—意志型等。

（三）社会文化学型：按人的社会生活方式划分性格类型

德国哲学家、教育家斯普兰格根据人类社会生活方式及由此而形成的价值观，把人的性格分为理论型、经济型、审美型、社会型、权力型和宗教型六种。

理论型的人以探求事物本质为最大价值，哲学家、理论家多属此类；经济型的人以谋求利益为最大价值，实业家多属此类；审美型的人以感受事物的美为人生最高价值，艺术家多属此类；社会型的人以善于与人交往、帮助别人为最大价值，社会活动家、慈善家多属此类；权力型的人以管理别人、掌握权力为最高价值，领袖人物多属此类；宗教型的人以追求信仰为最高价值。

（四）独立与顺从型：按个体独立性程度划分性格类型

按照一个人独立程度的大小，可把性格分为独立型和顺从型。

独立型的人不易受外界因素的干扰，善于独立地发现问题和解决问题，应变能力强，易于发挥自己的力量；顺从型的人独立性差，易受外界因素的干扰，常不加分析地接受别人的意见，应变能力差。

（五）特质型：按性格不同特征的结合划分性格类型

按性格的多种特性的不同结合来确定性格类型，主要有以下三种理论。

1. 吉尔福特的特性说

吉尔福特认为，性格与人的情绪稳定性、社会适应性和心理活动的倾向性有关。他把人的性格分为12种特性。根据这些特性的不同结合，他又把人的性格分为五种类型。

（1）A型：性情急躁、直爽坦率、好胜心强，人际关系不太融洽，其行为常引起人们的注意或议论，又称行为型。

（2）B型：情绪稳定、乐观、温和，能力一般，不善交际，能够正确对待困难与挫折，人际关系融洽，社会适应性较好，又称平衡型。

（3）C型：情绪稳定、社会适应性良好，内心封闭、孤僻，好幻想，又称安定型。

（4）D型：情绪稳定、外向，活泼开朗、善交际，与人的关系较好，有组织领导能力，又称管理者型。

（5）E型：情绪不稳定、社会适应性较差或一般，内向、自卑、易激怒、多愁善感，也称消极型。

2. 艾森克的特性说

艾森克认为人的性格可以从情绪的稳定与不稳定、内倾与外倾两个方面加以描述。他通过测验和统计，找到这两方面特征相互制约的关系，从中得出内倾稳定型、内倾不稳定型、外倾稳定型、外倾不稳定型几种性格类型。

3. 卡特尔的特质说

卡特尔把性格特征分为经常发生的，从外部可以观察到的表面特质和隐藏在其后并制约表面特质的根源特质两类。他从表面特质中确定了 16 种行为的根源特质：乐群性、聪慧性、稳定性、恃强性、兴奋性、有恒性、钝感性、怀疑性、幻想性、忧虑性、敢为性、世故性、实验性、独立性、自律性、紧张性。只要测定某个人的这 16 个因素各自达到的程度，就能得知他的性格特点。

三、自我性格探索

在进行自我性格探索时，我们常用的方法有 MBTI 人格理论。MBTI 人格理论，源自瑞士著名心理学家荣格的心理类型理论。后经美国心理学家凯瑟琳·布里格思和她的女儿伊莎贝尔·迈尔斯的研究和发展，根据"外倾—内倾""感觉—直觉""思考—情感""判断—知觉"四类偏好向度，建立了 16 种人格气质模型。

（一）MBTI 性格理论

MBTI 从四个维度考察个体的偏好，用字母代表如下：

态度倾向：Extraversion(E，外倾)/Introversion(I，内倾)。

注意力的指向：Sensing(S，感觉)/Intuition(N，直觉)。

决策判断的方式：Thinking(T，思考)/Feeling(F，情感)。

采取行动的方式：Judging(J，判断)/Perceiving(P，知觉)。

人格类型的四种偏好向度的描述如表 3-5 所示。

表 3-5　人格类型的四种偏好向度

类型	描述	类型	描述
外倾型（E）	主要定位于外部世界，倾向于集中在人和事上，具有易沟通、好交际的特点，易适应环境，随环境变化随时调整。经常（自然地）被外部的人和物所吸引。外倾者倾向于通过感觉来了解世界，会更倾向于参加很多活动，喜欢成为活动的焦点，而且更容易接近。	内倾型（I）	主要定位于内部世界，倾向于把知觉和判断集中于观念和思想上，他们更多地依赖于持久的观念而不是暂时的外部事件。他们总是避免成为注意的焦点，而且他们一般比外倾者沉默。
感觉型（S）	倾向于通过收集具体、特殊的信息了解外在世界，通常具有善于观察、对细节敏感、关注事物的现实性等特点。他们专注于看到、听到、感觉到、闻到及尝到的事物，信赖自己的经验，关注此时此刻发生的事情。感觉型的人看到一个情况就会精确地知道发生了什么。	直觉型（N）	倾向于感知外界环境的全貌或整体，关注事物的现状及发展变化，通常具有反应敏捷、思维跳跃、追求变化等特点。注重推理，信赖自己的灵感和预感，注重将来，喜欢预测事物，并总想改变事物。直觉型的人看到一个情况时，就想知道这意味着什么，结果是怎样的。

续表

类型	描述	类型	描述
思考型 （T）	主要以逻辑推理为基础，通过理智思考进行活动和决策，分析问题的解决是否符合公认的标准，具有客观、理性、有条理等特点。	情感型 （F）	主要通过权衡问题的相对价值和利益进行决策，判断时依赖于对个人价值观或社会价值观的理解，在决策时往往照顾他人的感受。具有同情心，渴望和谐。
判断型 （J）	喜欢井然有序的感觉，当他们的生活被规划好、事情被解决好之时，他们是最快乐的。他们想方设法地管理和控制生活，具有善于组织、有目的性和决断性等特点。他们通常在获得行动所必要的信息时，就不再寻求新的信息而直接付诸行动。	知觉型 （P）	以一种比较宽松的方式生活，当生活很有余地时，他们感到快乐。他们试图去理解生活而不是控制它，具有比较开放、适应性强、灵活多变、不拘小节等特点，通常喜欢随遇而安，思考多于行动，不喜欢规则和约束。

（二）16 种人格气质类型

MBTI 性格理论的人格类型以感觉、思维、情感、直觉四种心理活动为基础，组合成 16 种具体类型。这 16 种类型又归于四个大类之中，在此我们将四个类型筛选，形成 SJ 型（ESTJ、ISTJ、ESFJ、ISFJ）、SP 型（ESTP、ISTP、ESFP、ISFP）、NT 型（ENTJ、INTJ、ENTP、INTP）、NF 型（ENFJ、INFJ、ENFP、INFP）并总结如下。

1. SJ 型：忠诚的监护人

具有 SJ 偏向的人，他们的共性是有很强的责任心与事业心，他们忠诚、按时地完成任务，推崇安全、礼仪、规则和服从，被一种服务于社会需要的强烈动机所驱使。他们坚定、尊重权威和等级制度，持保守的价值观。他们充当着保护者、管理员、稳压器、监护人的角色。大约有一半 SJ 偏向的人，为政府部门及军事部门的职务所吸引，并且显现出卓越成就。

SJ 型适合的典型职业：经理人员、会计、警察、医生、教师。

（1）ESTJ：监督者型

①人格特征：渴望向别人表达自己的观点，对周围环境有着敏锐的观察力，意志坚强，在制订计划的过程中具有判断力。

②具体表现：这类人对外界环境很注意，是管理型的人，很有组织能力，能够正确而准时地完成任务，但很容易以成功为目标，并且也常将自己对事情的判断加诸别人身上。管理型的人不一定是领导，他们非常踏实、精确，但不太注意别人的看法和感受。出现问题后，他们一般不会逃避责任。喜欢参加活动并与人交谈。喜欢给别人提意见，但不一定会听取别人的意见。这类人有坚定的意志，是保护者，很外向，而

且自我肯定。比较喜欢处于主导地位，如果有人听从、配合他们，他们就会很高兴。

（2）ISTJ：检查者型

①人格特征：总是宁静自闭，对周围环境有着敏锐的观察力，意志坚强，在制订计划的过程中具有判断力。

②具体表现：这类人是所有人格类型中最负责任的。只要你交付给他们事情，他们一定不负众望。会说话，在任何场合都能应对自如。常被人误认为外向型，其实他们常思考，收集外界信息、表达观点的时候常能引用资料或证据。组织能力很强，常是领袖人物。由于其领导能力来源于责任感，所以久而久之会缺乏耐心。做事一定按计划进行，否则会觉得不舒服。对和自己不同的人，起初会抗拒，一旦适应，又会将此人纳入"负责"的范畴。

（3）ESFJ：供应者型

①人格特征：渴望向别人表达自己的观点，对周围环境有着敏锐的观察力，友善温和，在制订计划的过程中具有判断力。

②具体表现：这类人是任何活动中天然的主持人，非常善于社交，很招人喜欢，喜欢和谐，不喜欢发生任何争吵。他们能以温和的态度将任何需要组织的地方处理得非常好。对人很敏感，会尽量使人快乐，但不想做领导者。非常顾家，以家为生活的中心。如果屋里很乱，他们一定要收拾干净后才能休息。若他人不配合，他们就会很难受，感到受了伤害。他们很会照顾人，能注意到别人的需要，如果不被重视或不被欣赏，就会感到不舒服。他们喜欢服从规矩，喜欢讨论实际的事件，而非理论的、抽象的东西。如果人际关系上出了差错，他们会认为原因在自己，并会因此感到很沮丧。

（4）ISFJ：保护者型

①人格特征：总是宁静自闭，对周围环境有着敏锐的观察力，友善温和，在制订计划的过程中具有判断力。

②具体表现：这种人充满了责任感，动作快，爱干净，听话，守规矩，容易相处。他们很有时间观念，生活的中心就是照顾别人，使别人快乐。即使别人不感谢他们，他们仍然会继续为别人服务。对承诺别人的话非常认真而且总是努力去做。总是默默耕耘，不抢风头，连说话时遣词造句也很小心。遵从"工作第一，娱乐第二"的原则。他们有时把责任看得太重，让人有压力。经常会抱怨自己的工作、责任多，但如果别人拿掉其工作和责任，他们又会有罪恶感。这种人很少为自己提要求，总是在奉献。他们不喜欢抽象的概念，在生活中最好处处都有指导语，这样就可以跟着去做，否则就会觉得无所适从。

2. SP 型：天才的艺术家

有 SP 偏好的人有冒险精神，反应灵敏，在要求技巧性强的领域中游刃有余。他们常常被认为是喜欢活在危险边缘、寻找刺激的人。

他们为行动冲动和享受现在而活着，约有 60％SP 偏好的人喜欢艺术、娱乐、体育和文学，他们被称为"天才的艺术家"。

SP型适合的典型职业：表演者、企业家、排除故障者、自由职业者、抢险队员。

（1）ESTP：创业者型

①人格特征：渴望向别人表达自己的观点，对周围环境有着敏锐的观察力，意志坚强，热衷于探索事物发展的各种可能性。

②具体表现：这种人坚信"行动至上"，强调"活在当下"。他们在与人的交往中获得活力，但以完成事情为导向。脚踏实地，一切以所看到的为依据。他们搜集资料或进行评估工作的时候很客观。有时他们也会弹性、开放，可能采纳新的观念。他们对外界反应快、客观，准确并且有技巧。他们认为制订计划或准备工作是浪费时间，因为他们相信时不我待，在制订计划或准备工作的同时，可能把现在的机会都浪费了。他们喜欢投入现实而非书本中学习知识。他们喜欢行动，不喜欢静止不动。一般而言，这类人是舞台的中心人物。他们会碰到难题，是由于他们不喜欢规矩，很容易惹怒上级。当他们被责怪的时候，常会觉得很奇怪。别人会视他们为麻烦制造者，但其不会自责，很快会专注于下一个目标。他们聪明、风趣，对细节很敏锐。他们很喜欢给别人惊喜，让别人高兴，但通常不会和他人有深度的交往。

（2）ISTP：手艺者型

①人格特征：宁静自闭，对周围环境有着敏锐的观察力，意志坚强，热衷于探索事物发展的各种可能性。

②具体表现：这类人比较内向、保守，与人保持距离，对人也比较小心，但愿意尝试任何事情。他们对具体的事物比较感兴趣。他们或许会突然说几句话让人觉得很幽默，或突然去修理已经坏了很久的东西。当别人放松的时候，这类人也会放松。这类人有很强的观察力。他们喜欢冒险，也不怕受伤。如果事情成功，就会有很强的成就感。他们喜欢操作工具，喜欢即兴地、凭感觉地使用工具。他们不喜欢口头的沟通，而是喜欢付诸行动。他们喜欢平等的人际关系，不喜欢从属的人际关系，如果有机会，他们会成为出色的领导人。

（3）ESFP：表演者型

①人格特征：渴望向别人表达自己的观点，对周围环境有着敏锐的观察力，友善温和，热衷于探索事物发展的各种可能性。

②具体表现：这类人给人的感觉是乐观、平易近人、开放的，口才好，让人觉得很舒服。他们强调对日常生活的规则及程式不太在意，因为觉得这些会阻碍其享受生活。他们非常重视他人的需要，不喜欢讨论让人沮丧的话题，如果有人吵架，他们就努力转移到开心的话题上，以避免令人不愉快的场面出现。这类人也是挫折容忍力较差的人，甚至对本来应该发生但未发生的事情也会有很多的担心。一般而言，当他们做了自己想做的事情，就可以放松下来，否则就很难放心。他们喜欢成为人们的中心，喜欢许多活动，无法忍受孤寂。他们不在乎别人的干扰，也一直默默观察外界的人或

物。他们不喜欢科学或工程，而是喜欢与人有关的东西。

（4）ISFP：创作者型

①人格特征：不大愿意采用社交形式展示自己，观察力敏锐，为人友善，是机会主义者。

②具体表现：这类人内心有很多的爱，对他人敏感，头脑清醒而且对生活很感激。在所有的人格类型中，这种人是最能与自己或他人有深度接触的。他们没有很强的领导他人的欲望，有很大的包容力，喜欢和谐，并尊重别人的空间与隐私，而且能激发别人的潜能。他们行事很有计划性。在所有的人格类型中，他们是很容易被忽略的。因为他们比较害羞，喜欢为他人提供服务，有创造力，喜欢享乐，喜欢有色彩的组合，对音、色、动作的感觉都极其敏锐。他们不喜欢演说、写作及会话，因为这些太抽象、不具体，他们对他人的言行非常敏感，不喜欢用太多的语言。他们不是没有表达能力，而是没有兴趣。他们是喜欢自由的人，不喜欢被限制，渴望回归大自然，容易对他人产生信任，为人慷慨，喜欢消费。

3. NT 型：科学家、思想家的摇篮

有 NT 偏好的人天生有着好奇心，喜欢梦想，有独创性、创造力、洞察力，有兴趣获取新知识，有极强的分析问题、解决问题的能力。他们是独立的、理性的、有能力的人。人们称 NT 型是思想家、科学家的摇篮，大多数 NT 类型的人喜欢物理、管理、计算机、法律、金融、工程等理论性和技术性强的工作。

NT 型适合的典型职业：科学家、建筑师、工程师、设计师。

（1）ENTJ：统帅型

①人格特征：喜爱社会交往，意志坚强，热衷做出符合计划的判断。

②具体表现：这类人具有领导欲，其一生的目的是为成功而努力。他们通常很有逻辑、分析及判断能力，也很会制订计划，但制订计划的目的只是想通过它们来完成自己的目标。他们的内省能力比较弱，需要靠别人的提醒来弥补。他们比较理性地认为任何事都必须有正当的、合理的理由及解释。他们也会要求别人果断、有计划性。他们对工作的投入是无可挑剔的，总是工作第一，娱乐第二。他们也是有创新性的人。他们常是众人的中心，总是在做安排和指挥。与他们在一起生活或工作的人压力较大，因为他们较少顾及别人的感受，只是重视达到目标。他们有原则、有次序，头脑很清醒，但缺少浪漫和理想。

（2）INTJ：策划者型

①人格特征：总是宁静自闭，内省，意志坚强，在制订计划的过程中具有判断力。

②具体表现：在所有人格类型中，这种人是最具有自信及独立性的。他们有内省能力，常进行逻辑性的思考，是天然的决策家，很果断也很重视效率。他们不太注重权威，只要能使其信服，自然就会对你产生信任。他们既是实用主义者，又是理性主义者，喜欢思考、创新、想点子。他们根据自己的直觉，来选择满足自己需要的逻辑。

他们有预测能力，能预测自己理念的实现。他们往往坚持工作第一，娱乐第二。他们喜欢挑战，尤其是那些需要创造力才能完成的任务。由于他们重视完成任务的质量，在事业上投入太多而忽视他人的存在和感受。当别人觉得受伤害时，他们常会觉得莫名其妙。因为他们在工作上的投入是过度的，对别人也要求这样，所以常会给别人施加压力。他们会对自己的组织或团队非常投入与卖力，是很好的员工。他们追求自律，不希望被别人干涉太多。

（3）ENTP：发明家型

①人格特征：渴望向别人表达自己的观点，内省，意志坚强，热衷于探索事物发展的各种可能性。

②具体表现：这类人是外向和直觉的，对外界事物的发展相当敏感。他们具有丰富的想象力，擅长分析，对许多事情都显示出很大的兴趣，能鼓励和激发他人。他们有创意，不喜欢墨守成规，也不喜欢一直投入工作。他们求新、求变，喜欢创新的过程而非常规地达到目的，也就是说目的只是创造过程的一个自然结果。不过他们并非无中生有的创造者，而是通过改进既成的东西来完成创造。他们对外界的变化有很强的适应能力。除了丰富的想象力外，他们也具有很强的理性对外界进行观察。喜欢新鲜的任务而非一成不变的例行公事。他们与人的关系很好，能给大家带来乐趣与活力，但不会把精力过多地投入人际关系中，这会使他们产生逃避的想法，因为他们喜欢冒险，不喜欢一成不变的人际关系。

（4）INTP：建筑师型

①人格特征：总是宁静自闭，内省，意志坚强，热衷于探索事物发展的各种可能性。

②具体表现：这类人非常喜欢对事物进行探讨，不迷信权威。他们喜欢思考，常常忽略眼前所发生的事情，喜欢分析所观察到的一切信息，但永远会有新的信息出现使他们疲惫不堪，无法完整地将所有信息都观察到、分析完，因此他们的计划总是变化不定。他们似乎是完美主义者，与其一起工作的人，尤其是决断型的人，会感受到压力。这类人喜欢辩论、提出挑战，因为他们太看重理性，有时候会让人不舒服，尤其是对感觉型的人来说。他们不善于交往，但是喜欢与人探讨问题，喜欢解决问题，似乎总是在学习。

4. NF 型：理想主义者、精神领袖

有 NF 偏好的人在精神上有极强的哲理性，他们善于言辩、充满活力、有感染力，能影响他人的价值观并鼓舞其激情。他们帮助别人成长和进步，被称为"传播者和催化剂"。约有一半的 NF 型的人在教育界、文学界、咨询界，以及心理学、文学、美术、音乐等行业显示着他们的非凡才能。

NF 型适合的典型职业：咨询师、记者、艺术家、心理学家等。

(1)ENFJ：教导者型

①人格特征：渴望向别人表达自己的观点，内省，友善温和，在制订计划的过程中具有判断力。

②具体表现：这种人较倾向于成为领导者。他们有创意，也很重视工作的气氛，不会拼命工作，不会给自己太大压力。他们关心他人，也愿意帮助人，而且因为很会教导他人，容易接纳他人，因此人际关系好。他们直觉很强，能创新，有灵感，有创意。他们擅长社交，很受欢迎。他们宁愿牺牲自己也不愿意得罪他人，如果拒绝他人自己会有负罪感。当工作量太大时，他们会具体地组织或计划，准时完成工作对他们来说是一件比较容易的事。由于具有得天独厚的与人沟通的能力、创意、理想，他们从事任何行业都很容易成功，而且由于直觉性，他们会灵活应对临时的突发情况。由于具有很高的理想，他们无论对自己还是对他人都容易有些不满意。

(2)INFJ：劝告者型

①人格特征：总是宁静自闭，内省，友善温和，在制订计划的过程中具有判断力。

②具体表现：这种人具有内向情感倾向，乐于助人。他们对任何事都会观察与思考，具有特殊的直觉能力，能很容易体会到表面上看不到的事实，即使是人的深层感受。他们很有创造力，做事果断，计划性强，能及时完成应该完成的任务。他们不常与人分享自己的感受，除非是值得信任的人。他们是天生的作家、艺术家、诗人等，能够享受孤独，能聆听与洞察，是很好的朋友和助人者，喜欢被肯定，不喜欢被批评。

(3)ENFP：奋斗者型

①人格特征：渴望向别人表达自己的观点，内省，友善温和，热衷于探索事物发展的各种可能性。

②具体表现：这种人具有敏锐的观察力，事事都逃不过他们的眼睛。他们的主动性很强，而且有既定的目标。他们非常敏感、机灵，但不喜欢单调重复，对人或事物很快就感到厌倦。他们有领导气质，很能吸引人，但对组织、计划较反感。他们喜欢别人，也喜欢帮助别人，也能将气氛搞活。总之，他们能让人们觉得很有趣。他们充满想象力，不喜欢被拘束，也不喜欢做有最后期限的工作。他们很难在严格的制度下工作，因为无法忍受太多的限制。他们喜欢变化，不喜欢平静的日子，所以也很难安静地思考问题。这种类型的人很少会考虑为自己的将来做一份有保障的安排，如储蓄或购买保险。

(4)INFP：化解者型

①人格特征：总是宁静自闭，内省，友善温和，热衷于探索事物发展的各种可能性。

②具体表现：这种人言行比较谨慎，他们很关心别人，也很乐于帮助别人，但绝不会做得太过。他们在人生的旅途中一直在追求自己的理想，为理想而努力、奉献。他们依赖直觉，不太重视一般人所了解的逻辑，有一套自己的处事方式，认为细节不

重要，组织及计划也不需要循规蹈矩。他们能与他人保持良好的人际关系，重视别人的感受，对别人可以将心比心，感同身受。因为他们是内省的，所以比较偏好独处，与人保持相当的距离。他们比较重视价值，追求真善美，很重视道德。他们天生有一种助人的使命感，愿意为帮助别人而牺牲自己。他们喜欢和谐，总是尽量避免与别人的冲突，而且努力取悦他人。直接表达内心的情感对他们来说有些困难，但他们很乐意去尝试。

性格类型没有对与错，但每种性格都有优势与不足。清楚地认识自己的性格类型既可以更好地帮助我们发挥优势、避免劣势，也能让我们更好地理解和接纳与他人之间的差异。

正如每个人都有独特的性格特征，每种职业也都有特殊的职业特质。性格与职业的最佳匹配能使我们的工作更有效率，大大提升我们的职业稳定性和满意度。值得注意的是，大学生的性格还在不断形成与发展中，在进行自我探索时，不能简单地贴标签。性格类型的划分只是一个参考，不能将之绝对化。

第五节 职业能力

任何一个职业岗位都有相应的岗位职责要求，一定的职业能力则是胜任某种职业岗位的必要条件，因此求职者在进行择业时，首先要明确自己的能力优势以及胜任某种工作的可能性。

一、能力的含义

能力指完成一定活动必须具备的本领。在职场中，能力是用人单位最为感兴趣的一部分，也是个人重要的组成部分，它可以浓缩成一句话，即"你能做些什么"。

能力分为能力倾向和技能。能力倾向是每个人都有的特殊才能，是一种潜能，但有可能因为未被开发而荒废；技能是指人在一定的知识、经验基础上学习和训练形成的能顺利实施某种活动的行为方式。

此外，还有一个与能力相关的重要概念，即自我效能感。自我效能感，就是个人对自己的能力，以及运用该能力即将得到何种结果持有的信心和把握的程度。研究表明，在实际生活和工作中，对个人行为起决定作用的往往不是个人实际能力的高低，而是个人的自我效能感。

二、能力的分类

能力有多种分类，我们需要清楚能力有几种类别，从而清楚自己具备什么样的能力，自己的职业又要求什么样的能力。由于职业能力是多种能力的综合，因此，我们在进行职业能力分类时也要多方面考虑，根据不同情况，对职业能力进行具体划分。

（一）按职业的内容划分

职业能力按职业的内容可分为一般能力和特殊能力。

一般能力，通常指在不同类别的活动中表现出来的共同的能力。它是人们有效掌握知识和顺利完成活动必不可少的内在条件，主要包括记忆力、观察力、想象力、注意力、言语能力、思维能力等，其中思维能力起着核心作用。这些能力，是我们认识客观事物并解决问题的基本能力，是完成任何日常活动都不可或缺的。

特殊能力，指顺利完成某种专业活动所必备的能力，又称为专业能力。这些能力与特殊专业活动的内容联系在一起。任何一种专门活动都要求与该专业内容相符合的几种能力集合。例如，音乐家需要有乐感，有把握旋律曲调的特殊能力；画家需要有良好的空间知觉能力及色彩辨别能力；科学家需要有很强的创造性思维能力；管理者则要有较强的组织管理能力、系统思维能力、创新能力、人际沟通能力等。这些都是一些与特殊专业内容相联系的特殊能力。

一般能力和特殊能力的有机结合是我们完成职业活动的必要保证。一个人要顺利完成某种活动，既要依靠一般能力的参与，又要有特殊能力的参与。一般能力与特殊能力在发展中相互作用。特殊能力是建立在一般能力基础上的，任何特殊能力都是经过一般能力的专业性培训发展而来的。一般能力又包含在特殊能力之中。一般能力越发展，就越能为特殊能力的发展创造有利条件，而特殊能力的发展也会促进一般能力的发展。

（二）按能力的地位不同划分

按照能力的地位不同划分，能力可以分为优势能力和非优势能力。

每个人的能力是由多种能力要素构成的体系，所有这些能力在整个能力体系中有着不同的地位和作用。其中占主导地位、规定能力体系倾向性的能力要素是优势能力；其他能力处于附属地位，为非优势能力。每个个体都应该对自己的能力结构体系进行分析，明确自己的优势能力，并尽可能在自己的职业生涯发展中发挥好优势能力。

（三）按认知对象的维度划分

按认知对象的维度划分，能力还可分为认识能力和元认知能力。

认识能力，指个体接受信息、加工信息和运用信息的能力，即获取和保存知识的能力。它包括观察能力、思维能力等，是完成各种活动所必备的最基本、最主要的心理条件。

元认知能力，是个体对自己的认识过程进行认知和调控的能力，即个体对自己的认知活动的体验、评价和监控能力。

（四）按创造性大小划分

按创造性大小划分，能力可分为模仿能力和创造能力。

模仿能力，指人们通过观察别人的行为、活动来学习各种知识，然后以相同的方式做出反应的能力。模仿不但表现在观察别人的行为后做出的相同反应中，而且表现在某些延缓的行为反应中。模仿是动物和人类的一种重要的学习能力。

创造能力，指人们在活动中能产生出具有社会价值的、独特的、新颖的思想和事物的能力。一个具有创造力的人往往能超越具体的知觉情境和思维定式的束缚，在习以为常的事物和现象中发现新的联系和关系，提出新的思想，创造新的事物。例如，作家在头脑中构思新的人物形象，创作新的作品；科学家提出新的理论模型，并用实验证实这些模型。这些都是创造力的具体表现。心理学家认为，创造能力的基本特征是独特性和有价值性。人们正是由于有了创造能力，才能在模仿的基础上有所突破，有所发展，社会才可能得以发展。

模仿力和创造力是两种不同的能力。动物能模仿，但不会创造。模仿只能按现成的方式解决问题，而创造力能提供解决问题的新方式与新途径。人的模仿力和创造力有明显的个体差异。有的人擅长模仿，而创造力较差；有的人既善于模仿，又富有创造力。了解这一点对选拔和使用人才具有现实意义。模仿能力和创造能力又是相互联系的，模仿能力一般含有创造因素，而创造能力的发展又需要模仿能力。人们常常是先模仿，然后再进行创造。科研工作者先通过观察、模仿别人的实验，然后才有可能提出有独创性的实验设计；学习书法的人先临摹前人的字帖，然后才可能创作出具有个人独特风格的作品。在这个意义上，模仿也可以说是创造的前提和基础。

三、能力与职业的关系

（一）能力与职业之间的匹配

每个人都拥有多种不同能力。能力类型差异主要表现在个人的感知、记忆和思维方面。

感知方面，有分析型、综合型和分析综合型三种能力差异。

（1）分析型，有较强的分析能力，对细节感知清晰，但整体性不够。

（2）综合型，进行观察时具有较好的概括性和整体性能力，但分析能力较弱。

（3）分析综合型，具有上述两种类型的特点。

记忆方面，有视觉记忆型、听觉记忆型、运动记忆型和混合记忆型等类型。

思维方面，有形象思维型、逻辑思维型和动作思维型。

根据工作的性质、内容和环境，可以将其划分为不同的类型，不同职业对人的能力类型都有着不同的要求。因此，应注意能力类型与职业类型、职业性质的匹配。例如，如果根据思维能力选择职业，属于形象思维型的人比较适合从事文学、艺术方面的职业，逻辑思维型的人比较适合从事哲学、数学等理论性较强的相关工作，动作思维型的人则比较适合从事机械修理师或运动员等职业。如果不考虑人的能力类型，让其从事与之不相匹配的职业，工作效果将会较差。各种丰富的职业能力测验正是以人的能力类型与职业类型的匹配作为主要目标的。

（二）利用优势能力选择职业

每个人都有一个由不同能力组成的多层次的能力系统。在这个能力系统中，各方面能力的发展是不平衡的，常常是某方面的能力占优势，而另一些方面的能力则不太突出。对职业选择和职业决策而言，更多的是考虑一个人的最佳能力或能力群，选择最能运用其优势能力的职业。在组织人力资源管理工作时，如果能够注重员工个人的优势能力并将其安排到适合的工作岗位，将有助于更好地发挥员工的才能。

（三）不同的职业层次划分

职业层次是指在同一种职业或职业类型内部，由于工作活动及其对人员要求的不同而造成的区别。一般按照工作所要求的技能和责任的程度分为以下六个层次。

第一，专业性工作。要求具有大量的知识和判断能力，具有一定的责任和自主权。

第二，高度专业性和管理性的工作。要求具有高水平的知识、智力和自主性，承担更多的决策和监督他人的责任。

第三，半专业性和管理性工作。要求具有一定的专门知识和判断能力，对他人有低程度的责任。

第四，技能性工作。要求具备熟练的技能、专门知识和判断能力，能完成所分配的工作。

第五，非技能性工作。工作简单、普通，不要求具备独立的决策能力和创造力。

第六，半技能性工作。要求在有限的工作范围里具有一些较低程度的技能知识，或具备一种较低程度的操作技能。

由以上分析可以知道，决定一个人职业层次的应该是他的能力水平。一般可用一个人的受教育程度或培训水平代表他所达到的能力水平。因此，不同层次的工作要求个体具有不同的受教育程度或培训水平，一个人的受教育程度在很大比例上决定了其所要从事的职业层次。一般来说，前两个层次的工作要求经过大学和研究生教育；中间两个层次的工作要求经过大中专教育或中等程度的培训；最后两个层次的工作只需要进行适当的培训。

社会分工要求人们在不同的层次上工作。因此，当我们确定了与自己的能力类型相匹配的职业类型后，还需要进一步分析自己的能力水平、兴趣、价值观等，确定当前适合自己的职业层次和未来要达到的职业层次目标。

四、自我能力探索

对自我能力的探索强调人境符合，简单来说，即当工作环境能够满足个人需求时，个人就会感到内在满意，而当个人可以满足工作的需求时，个人能够达到外在满意。在人的职业生涯探索过程中，与职业的满意度息息相关的是个人的兴趣和技能。当个人兴趣与技能同时达到内在和外在的满意时，个人与环境之间的关系就比较协调，个人工作满意度会比较高。内在满意主要通过衡量个人价值观与单位文化以及奖惩制度之间的适配性来评估。外在满意主要是通过衡量个人职业技能与工作技能要求之间的配合程度来评估。能力技能在衡量外在满意和内在满意中起着重要的作用。这里的能力技能，主要指可迁移技能，即可以转化到任何特定工作中的一般基本技能。它们能从一种工作中迁移到另一种工作中，或是从一种生活角色中迁移到另一种角色中，是更为宽泛的技能，而不是针对诸如工程、护理等某个特定专业领域的技能，那些领域会在更为专门化的技术领域方面对人们进行培训。

这些技能也就是经常出现在简历上的技能，在求职面试中也常被谈到。

（一）可迁移的技能

美国佛罗里达州立大学职业生涯中心确定了九种可迁移技能。

1. 生活管理能力

生活管理能力包括诸如时间管理这类能力，既指长期的项目、活动，也指日常生活的时间管理（如完成课程、每周有效地应对工作和学业要求），具体包括准时、为行动做好准备。生活管理也包括适应变化的能力，个人生活管理还包含管理财务的能力（如做预算、评估收入与支出、保留详细的记录等）。

2. 社会责任

社会责任方面的技能包括尊重个体和文化差异，发现他人身上令人钦佩的品质，尤其是那些外表、思想以及个人风格显得非常不同的人，这些都是具有社会责任技能的人的行为。社会责任与良好的公民身份相联系，具备这一领域技能的个体会定期积极参与社区建设活动。

3. 团队合作能力

团队合作能力包括在团队中开创某种观点，或是使团队成员互相合作、彼此协商。有效的团队合作行为是指承担与他人一起达到目标（合作）的责任，还包括认识自己和他人的优劣势，鼓励团队利用优势，最小化弱点等。

4. 科学技能

科学技能与社会科学、生物学和物理科学等领域的经验有关。当前常见的科学技能运用是计算机的应用。

5. 研究技能

研究技能包括为解决问题，发现和使用信息的技能及决策技能。在对某个问题进行研究时，个体阅读并评估先前的工作报告，收集新数据并在书面或口头报告中进行总结，以提供新的信息。除研究问题外，个体还为项目提出包含消除问题在内的一系列合理行动措施的计划，还包括关于项目方向及项目协调配合的计划，以确保在预算内以讲求成本效益的途径达到目标。

6. 沟通技能

沟通技能包括阅读、书写、编辑、倾听、陈述和人际关系等方面的能力。这些技能在工作中至关重要，因为它们涉及人们之间的信息传递。

7. 创造能力

创造能力包括许多不同领域的技能，如艺术、文学、科技和社会科学领域等。

8. 批判性思维

批判性思维包括在某种情境或组织中找出问题，全面思考问题，通过研究搜集证据，评估解决问题的各种方法，最终得出结论，找到解决方法。在寻找解决问题的各种方法时，你需要同时考虑它们的可能性和恰当性。在比较这些途径时，需要一些类型的衡量标准，这些标准可能来源不同。站好位置，摆明立场，提出解决问题之道，是批判性思维的最高宗旨。

9. 领导能力

领导能力是指为团体制订目标并指明方向的能力。当你提出某种计划或方法来达成团体目标时，你已经是一个"正式"的领导者。这可能包括在某事件上"提出动议"以使团体采取行动，还包括为其他人委派任务或权力的能力，以及激励他人的能力。例如，作为解决某个特定问题的团体之一员，为阐明团体目标提出问题或是向团体展示说明自己的提议都是领导力。

（二）自我技能的探索方法

1. 编写自己的成长故事

回忆并记录自己所做的有成就感的事件，其中应包含以下要素：想达到的目标，面临的障碍、限制、困难，具体行动步骤，对结果的描述，对结果的量化评估。

2. 探索属于自己的职业技能

这是探索职业技能的一种非正式评估方式。由被测评者在一定数量的职业技能卡片中选出自己最擅长使用的技能，以便在日常工作中进行加强和提升。

3. 总结过往，进行合理的自我评价

这包括总结自己日常的行为方式和过往经验，还要对自我技能进行总结和归类。

4. 通过他人的反馈了解自己的能力

通过身边熟悉的人，如老师、同学、家人、朋友等对自己的评价，全面了解自己的技能。

第六节　积极的自我管理

大学时期是一个特殊的转型期（社会角色转型期），在此期间，大学生要从依靠父母、老师转化到独立自主地在社会上生活，将由学生角色向社会人角色、工作者角色转变。大学生在这期间具有很明显的转型期特征，会表现出不安定、行为复杂、变化迅速等特点。因此，大学生很有必要对自己进行科学的自我管理。大学生自我管理具有提高大学生的自我约束力、适应高等教育改革、实现终身教育等的重要意义，也是大学生成长、成才所必须具备的能力之一。

"学会如何治理世界，必须学会如何管理自己。"大学阶段，大学生必须明白自己上大学的目的，同时学会学习、学会生活、学会面对困难和挫折，为今后的职业生涯做好准备。

一、大学生的时间管理

时间是人类最重要且有限的资源，每个人都是时间的消费者，我们每天都必须面对时间有限的压力。虽然我们不能创造时间，但是我们能有效地利用时间，有效的时间管理能将时间压力转化为达到目标的动力。只要运用得当，便可让我们的理想一一实现。相反，如果时间不能得到适当的运用，不但会使理想无法实现，还会给我们造成生活上的压力，进而影响学习和工作，甚至会造成个人心理或生理上的不健康。

在进入大学以后，学生的时间不再像高中那样被课程表从早到晚安排得非常紧张，每天有了大量供自己支配的时间。如何合理地支配自己的时间影响着学习效率，甚至是生活质量。因此，要想实现自己的目标和追求，为以后的职业生涯打好基础，就必须学会时间管理。

（一）时间管理的定义

时间管理就是有效地利用时间资源，完成个人的重要目标，是为了提高时间的利用率和有效性而对时间进行的合理计划与控制、有效安排与运用时间的管理过程。时间管理可以使学习和工作系统化、条理化，使之更有效、更有成果。时间管理并不是要把所有的事情做完，而是如何减少时间浪费；时间管理的对象不是时间，而是面对时间如何进行自我管理。

时间管理具有以下几个特征：不可逆转性，即在宏观上具有无限性；不可储存性，即时间是客观存在且无法储存的；公正平等性，即时间对每个人都一视同仁。

(二)了解自己的时间管理缺陷

面对高节奏的现代生活，大学生往往处于一种过度忙碌或者是不知所措的状态，无论是学习还是生活都缺少目标，做事往往喜欢凭感觉，在学习和工作中不愿按计划使用时间，从而导致效率低下，浪费了大量时间。还有部分大学生并不是不愿意计划自己的时间，但是，他们当中很大一部分人对时间规划得不合理，没有对时间进行具体分配。大学生普遍不能把闲散时间集中使用，还有的大学生表面看起来很忙碌，时间安排得很紧，但不知道自己真正做了什么。总之，时间安排缺乏目标性和进取性。

下面是一个简单的测评，可以帮助大家清楚地了解自己的时间利用情况。

时间利用情况测评

问题：下面是关于你学习或工作的问题，如果回答"是"，就在问题的前面打"√"。

(　　)1. 你在约会时经常迟到吗？

(　　)2. 你是否经常对要完成的任务所需要的时间做出错误判断？

(　　)3. 你是否总因为动手太晚而不能在规定的期限内完成工作？

(　　)4. 你是否需要设定最后期限来促使你动手做某事？

(　　)5. 你是否把每件事都拖到最后才做，但通常还是能按时完成任务？

(　　)6. 你喜欢挑战危机吗？

(　　)7. 你是否经常因为感到信息不足而推迟决策？

(　　)8. 在开始一项工作之前，你是否需要时间思考、调研和规划你的工作？

(　　)9. 对令你生气的事，你是否会推迟处理并且希望它们会自行消失？

(　　)10. 你是否在事情开始时盲目着手，然后逐渐泄气，最后发现难以完成？

(　　)11. 你是否喜欢一次性地将一件事情做完？如果不能，你是否会丧失兴趣？

(　　)12. 你是否在一件工作与另一件工作之间跳来跳去，结果毫无进展？

(　　)13. 你的精力是否容易被分散，虽然嘴上埋怨，但实际上喜欢被打断？

(　　)14. 你是否在打电话、给同学发短信或网上聊天上花费时间太多？

(　　)15. 你是否愿意计划好每一天，但如果没能恪守计划就会感到有压力？

(　　)16. 你是否愿意在某一段时间内持续学习？

(　　)17. 你是否有时因为在某个环节投入太多时间而不能按时完成工作？

(　　)18. 你是否有时被卷进不属于你分内的事？

(　　)19. 你是否眉毛胡子一把抓，结果却忙不过来？

(　　)20. 你是否从来没有时间从事计划工作？

总结：对这些问题的回答可以看出你在时间利用方面的效率如何。你可能会发现自己存在不止一个方面的问题。下面的一些分析或许对你有所帮助。

1. 时间观念差(问题1—3)

在以上的问题中，如果对问题1—3打"√"，表示你不善于利用时间，制订计划是你的弱项。改进的办法是仔细考虑工作的内涵是什么，回顾以往的经历，养成留出富余时间的习惯。

2. 需要压力才能行动(问题4—6)

如果对问题4—6打"√"，表明你可能是行动型的人，需要压力来激励自己前进。这种情况本身并没有错，而且能认识到自身这一特点，极有可能会善于处理危机，在面对压力时能保持头脑冷静。

3. 拖拉推延(问题7—9)

如果对问题7—9打"√"说明你总会在无意识的状态下浪费时间，有做事拖拉的习惯。考虑过多的人有做"白日梦"的危险，这很容易演变成拖延的习惯。如果在行动之前确实需要抽时间思考，那么就去思考。

4. 虎头蛇尾(问题10—14)

如果对问题10—14打"√"，说明一般情况下你可能在工作开始时不会遇到困难。问题会出现在后面。慢慢地，你就可能对工作失去兴趣，或感到已经精疲力尽，于是只好停下。导致这种情况的原因可能是计划不周，也可能是自己的雄心和抱负超出本身真正拥有的时间和能力；或者追求尽善尽美，结果被某些细节缠住。

5. 缺乏灵活性(问题15—17)

如果对问题15—17打"√"，说明你的工作计划做得很周全并对其贯彻执行，但发生突发事件时，如果不能及时调整计划，也可能会受到影响。再完美的计划也会发生改变。

6. 过于忙碌(问题18—20)

如果对问题18—20打"√"，说明你可能会使自己的工作或学习陷于忙碌之中。忙碌的原因在于缺乏组织能力或者不能分清轻重缓急。

做完以上测评，你对自己在时间管理上的不良习惯多少有了一些了解，这些不良习惯需要逐步改变，最有效的方式是眼观大局，从细微之处着手，对自己的时间管理方式进行具体有效的改善。

(三)时间管理的方法

时间不可重来、不可储蓄、不可延伸、不可替代，但是可以管理，对时间的不同管理方式，造就不同的人生。人与人之间的差异，在很大程度上就是由于对时间的处理方式不同造成的。

善于利用时间的人，永远有充裕的时间。大学生有的时候会遇到这样的情况：在规定的时间内要完成所有的事情，这时，有人就抱怨怎么事情都凑到了一起。如果你有太多的事情要做，却只有很少的时间，或者你想让自己所做的事情更有条理，却不知道如何入手，那你就应该好好学习时间管理的方法了。

1. 正确看待时间管理

美国心理学家威廉·詹姆士通过对时间行为学的研究，发现有两种对待时间的态度，一种认为：这件工作必须完成，但是它太讨厌，因此我尽量能拖就拖。另外一种认为：这不是一份令人愉快的工作，但是必须完成，我要马上动手，尽早摆脱它。

大学生要积极看待时间管理的作用，这种积极的心态将对我们的大学生活产生深远的影响。虽然找到适合自己的个性化的时间管理方法需要一定的时间，但是，正确的观念、积极的践行是加速这个过程的必备基础。

时间管理受到许多因素的影响，对特定的事情或者某个人而言，能够发挥作用的时间管理方法各有不同，因人而异。有的方法要结合个人特点，灵活处理，不能不假思索地接受可能对你有帮助的任何建议。

2. 学习高效的时间利用方法

（1）正确评价自己的时间利用习惯。大学生可以通过时间日志来了解自己的情况。时间日志要准确地记录每天做的事情，至少连续记录一周。记录的人通常会惊讶地发现，自己在某些活动上花费的时间比自己认为的要多，而某些重要事情占据的时间比自己预想的要少。通过记录和评价，大学生会了解自己的时间利用情况，帮助自己明确下一步努力的方向。

（2）制订工作计划并认真执行。所有成功的时间管理者都是善于利用清单的人，他们不怕麻烦，将自己每年、每季度、每月、每周、每天、每小时要做的事情都写在行动清单上，按时间先后次序列出来。同时，他们利用白纸黑字来思考、强化自己的观念，并且借此达到目标。在选择和制订目标计划时应考虑两个方面。一是目标要符合自己的价值观，只有你所完成的事情和你的价值观相符时，你才会觉得成功。二是要了解自己目前的状况，计划要足够具体。将自己要做的事情列出清单，而且一定要列出书面计划。这个计划可以是月计划、周计划、日计划等。

（3）根据工作效率合理地分配时间。一个人在一天的不同时间里，其精力状况是不一样的。生物学家通过研究表明，人和其他生物的生理活动都有明显的时间规律。人的智力、体力和情感都显现出一种周期性的变化，也就是人体内"生物钟"的作用。人应该找出自己在一天中什么时间的工作效率最高，要充分利用自己效率最佳的工作时间处理最重要和最难办的工作，而把精力稍差的时间用在处理例行的事情上。

①高效率期：主要用以处理智力性的工作，如做决定、解决问题、团队管理等。

②中效率期：主要用以处理思考型和创造性工作，如写作、规划等。

③低效率期：主要用以处理常规性工作。

（4）掌握"事有轻重缓急"的时间管理策略。一个人的精力有限，因此工作要分轻重缓急，决定哪件事情必须先做，哪些事情可以延缓处理，明确任务的等级。大学生在面对若干件事情的时候，可以根据任务的重要程度划分：一级任务，即非常重要的事情；二级任务，即重要的事情；三级任务，即不太重要的事情；四级任务，即不重要的事情。根据任务类型的不同，大学生要采取不同的解决态度。有一条基本法则：将你一天中三分之二的时间用于一级任务，五分之一的时间用于二级任务，六分之一的时间用于三级任务，然后剩下的时间是否用于四级任务由你自己决定。例如，你在筹办一项活动时，考虑哪些可以放一放，然后将 60％ 的时间用于处理较重要及紧迫的事情，20％的时间用于处理一般事务，20％保留作为弹性运用，这样可以确保任务的顺利完成。我们要每次只集中精力解决一件事情，只有把主要时间花在重要的事情上，抓住关键性的工作，才能有效地提高时间利用率。

事情的紧急性和重要性程度可以参照图 3-1 所示的四象限进行划分。

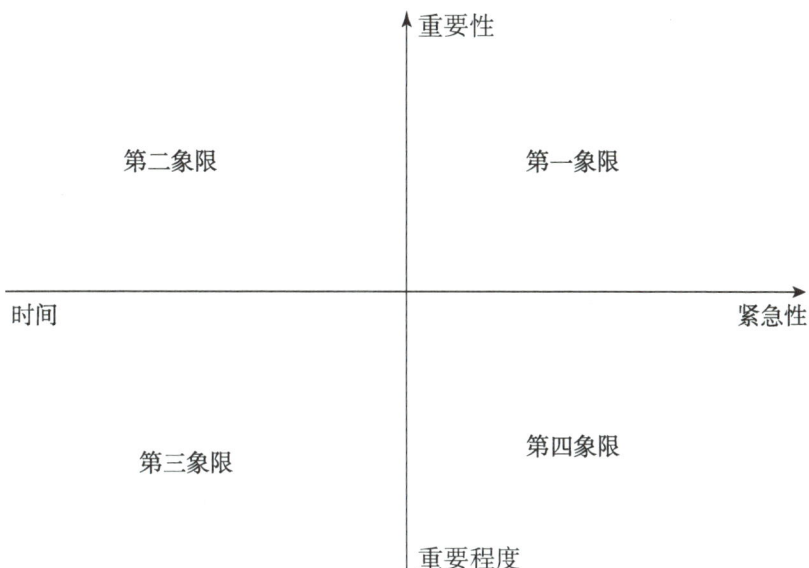

图 3-1　将事件进行划分

第一象限是既紧急又重要的事情，第二象限是重要但不紧急的事情，第三象限是既不紧急也不重要的事情，第四象限是紧急但不重要的事情。大学生可以根据实际情况进行划分，如图 3-2 所示。

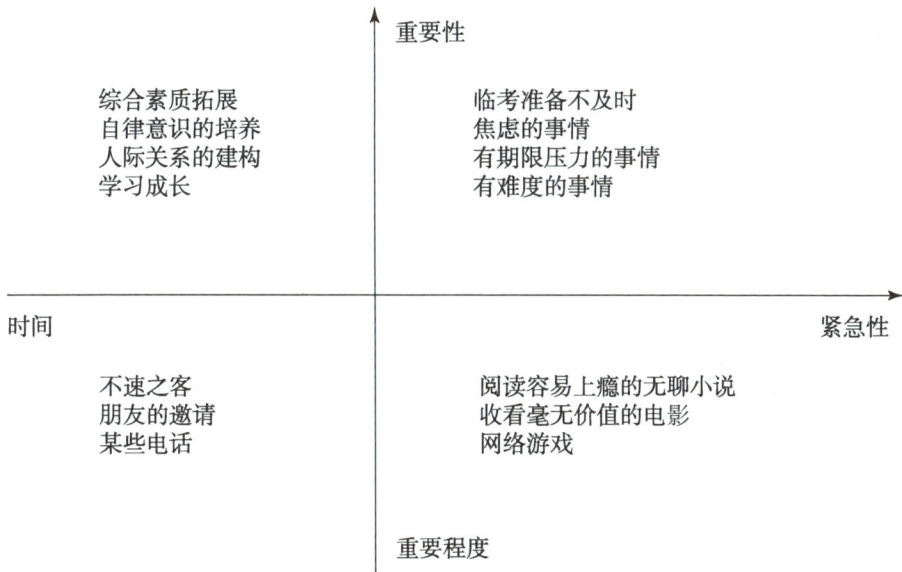

图 3-2　大学生根据实际情况划分事件

时间管理理论的一个重要观念就是应该把主要精力和时间放在重要但不紧急的学习和工作上，但是在大学生的日常生活中，大学生往往关注第一象限的事情。随着时间的推移，第二象限的事情就变成第一象限的事情了。从图 3-2 中可以看出，第一象限和第二象限本来就有相通之处，第二象限的扩大会使第一象限的任务减少。因此，大学生要把主要精力放在处理第二象限这些重要但不紧急的事情上。

(5)用好零碎时间。善用零碎时间的最佳方式，就是做些本来就决定在零碎时间完成的工作。你可以在平日就先写下可在零碎时间处理的事情，列成一份清单，包括"购买本月畅销书""寄出同学会出席回函"等没有必要归档或只会发生一次的事。这样写下来的事情就不会被忘记，因为可视化非常重要。只要事先把零碎清单填满，就不会茫然地浪费突然冒出来的时间。

既然要善用出其不意产生的零碎时间，那么大学生一定要将这份清单记在随身携带的记事本上，这样才能随机应变，轻松地完成琐碎又容易忘记的事情。

(6)克服拖延的心态。拖延是窃取生命的"小偷"，一件事情逐渐变得困难化就是因为拖延。大学生可以应用自我确认来克服拖延，鼓励自己立即行动。另外，大学生还要建立紧急意识，培养快速的节奏感，调整行为习惯，适应周围的节奏，从而更快地完成任务。

时间管理是自我管理中最重要的一环，大学生要先学会控制和约束自己，管理好宝贵的大学时间。上述的这些时间管理方法简单而有效，我们将这些方法变成自己的习惯，自觉遵守，对我们今后的职业生涯必定大有裨益。

二、大学生的人际关系管理

大学生的人际关系分为广义关系和狭义关系。广义的人际关系指大学生与周围一切人所发生的关系，具体地说，有家庭关系、朋友关系、同学关系、师生关系、网络关系、其他一些间接关系等。狭义的人际关系指大学生在校期间同与之有关联的个体和团体之间的相处及交往关系。

人际关系是社会关系的一个侧面，它以情感为纽带，以人们的需要为基础，以相互交往为手段，以自我暴露为标志，是人们为了满足某种需要，通过交往形成的彼此之间比较稳定的心理关系。人际关系的好坏直接反映了人们心理距离的远近。

(一)人际交往的特点

1. 个体性

在人际关系中，角色退居到次要地位，而对方是不是自己所喜欢或愿意亲近的人成为主要问题。

2. 直接性

人际关系是人们在面对面的交往过程中形成的，个体可切实感受到它的存在。没有直接的接触和交往不会产生人际关系，人际关系一经建立，一定会被人们直接体验到。

3. 情感性

人际关系的基础是人们彼此间的情感活动。情感因素是人际关系的主要成分。人与人之间的情感倾向有两类：一类是使彼此接近和相互吸引的情感；另一类是使人们互相排斥分离的情感。人们在心理上的距离趋近，个体会感到心情舒畅；若有矛盾和冲突，则会感到孤立和抑郁。

人际关系是人与人在交往中建立的直接的心理上的关系，这种关系会伴随人的一生，因此了解人际关系的特点，才能更好地把握自己的人际关系。

（二）大学生人际关系中存在的问题

积极的人际交往，良好的人际关系，可以使人精神愉快、情绪饱满。一般来说，具有良好人际关系的大学生，大都具有开朗的性格、热情乐观的品质、积极向上的人生态度，能较好地适应大学生活。如果缺乏积极的人际交往，不能正确地对待自己和别人，就容易形成心理上的巨大压力，难以化解心理矛盾，严重者还可能导致病态心理，严重影响身心健康。部分大学生在父母的过度保护下，缺乏和他人充分交往的能力。大学生的人际交往问题主要表现为自卑、胆小、害羞、内向、孤僻、不善于与人交往、怀疑他人等。常见的表现有以下五种。

1. 自我中心

现在的大学生很多是独生子女，习惯了别人围着自己转，容易以自我为中心，较少考虑别人的想法和感受。到了大学宿舍这个集体环境中，如果仍然以自我为中心，总是只考虑自己而不顾及室友的感受，久而久之就会被室友排斥，甚至会产生摩擦和矛盾，引起争吵。为此，大学生需要纠正自我认知的偏差，不仅要正确认识自我，还要客观认识他人。大学生可以通过拓宽生活范围，增加生活阅历，凭借各种正确的参考系数，全方位、多角度地认识自己和他人。

案例精选 ▶▶▶

蓝某是大三的学生，担任学生干部，学习成绩优秀，但人际关系较紧张，不仅与宿舍同学相处不好，就连和班上的许多同学也无法正常交往。在同学们的心目中，他是一个孤高、傲慢的人，实在不好接近，虽然学习优秀，但其他方面则不敢恭维。蓝某为此也很头疼，只要是他主持的活动项目，同学们似乎都有意不参加，好像故意和他作对，而他本人长期坚持的做人准则就是"我行我素，万事不求人"。他几乎不接受别人的帮助，也认为自己没有帮助别人的义务。他的成绩好，可每当班上同学向他求教时，他要么说不知道，要么就在给别人讲完之后，将别人奚落一顿，有时还要加上一句："拜托你上课时认真听讲，下次不要再来问我这么简单的问题了。"时间一长，同学们都不愿意与他交往，他的人际关系越来越差。

蓝某也对自己的人际关系状况十分不满意，感到孤独，没有归属感，有时孤独感令他窒息。他焦虑，甚至恐惧，但不知道如何改善现状。因为他自己也纳闷：我究竟有什么问题？

蓝某的人际关系不佳的重要原因就在于他是一个不懂得接受，更不知道给予的人。在他的观念里，每个人只要做好自己的事情就足够了，没有给予与接纳的意识。最终他失去了他人的支持，生活在自己孤独的世界里，痛苦不堪。不懂得给予与接受，不仅影响良好人际关系的建立，而且会影响自身的心理健康。

2. 性格内向

内向与外向是性格的两个维度，没有孰优孰劣之分。性格内向的人通常比较敏感，对生活和外界有着敏锐的观察力和丰富的感知力，却很少会表露出来，与别人接触时显得腼腆、害羞，不能有效地表达自己的情感和意愿，在人际交往方面会遇到较多的困难。长此以往，这样的学生会缺乏交往的愿望和兴趣，自我封闭，不愿意和别人交谈，不愿意参加集体活动，出现寡言少语的现象。如果内向的同学想改变这种情况，就要努力让自己融入集体，同时克服自卑或自负的心态，试着主动与他人交往。

3. 猜忌心

猜忌心是对别人不信任的一种情感体验，有这种心理的大学生对别人总是不够信任，不肯讲真话。抱着怀疑的态度与人交往，势必导致大学生产生多疑的心理障碍。多疑心理会表现为自我暗示、缺乏自信等。要克服这种心理，大学生就要加强心理锻炼，做到心胸开阔，如加强自我道德修养、培养豁达乐观的人格、消除对他人的偏见等。

4. 嫉妒心

嫉妒是对条件比自己好的人产生的一种怨恨和愤怒交织的复杂情绪。每个大学生都希望自己优秀，但是，一些大学生对超过自己的人不服气，自己能力确实又赶不上，无能为力，于是产生嫉妒心，甚至报复别人。这种心理会引起他人的不满和厌恶，使人际关系更加紧张。这些大学生要从自身做起，提高自己的修养，将自己的劣势转化为优势，用正当、合法和理智的手段消除这一心理。

5. 认知偏差

大学生的社会阅历不足，交际范围比较窄，在人际交往中往往会因为知识、经验有限而造成认知偏差。认知偏差主要表现为以下两个方面。一是首因效应，即"第一印象"效应。在与他人的交往过程中，人们常常根据第一印象来对他人做出评价和判断，特别是第一印象不好时，这种效应表现得更为明显。然而，第一印象往往带有片面性、肤浅性，很难全面反映一个人的真实情况。二是刻板效应，它是指在人的头脑中存在的关于某一类人的比较固定的看法。例如，很多人认为漂亮女生都很骄傲自负，家庭富裕的学生生活都很奢侈。对此，我们应该纠正自己的看法，对具体的人进行具体的分析，不能一概而论。

（三）培养良好的人际关系

在大学里，每个人都要接触来自不同地方、有不同习俗和不同性格的人，而是否能处理好与这些人的关系，取决于大学生的人际交往能力。面对师生之间、同学之间、同乡之间，以及个人与班级、学校之间如此众多的关系，我们该怎么做呢？

1. 遵循交往原则

（1）充满热情地交往。人际关系是互动的，不要总是消极地等待别人来主动关心自己，而要主动地与周围的人交往和沟通。开放自我是有感染性的，当走出故步自封、自我封闭的"圈子"的时候，你不仅加深了对对方的认识，你的交往能力也会有进一步的提升。

（2）相互理解尊重。每个人都有自己的气质和性格特点、不同的成长背景和生活习惯，因此在与同学交往的过程中，如果能互相理解、互相尊重，同学之间的关系就会比较融洽，可减少很多不必要的摩擦。

（3）对人坦诚相待。人与人的交往最重要的是真诚和善意，这也是做人的根本原则。口是心非、虚伪傲慢的人是很难交到朋友的。

（4）学会宽容谅解。俗话说，"人无完人，金无足赤"。大学生都还处于成长的阶段，处理问题会有较多不妥之处，在许多问题上同学间也会有不同的见解，这就要求我们能够站在对方的角度考虑问题，相互理解。

2. 提高交往技能

大学生要进行良好的人际交往，应该掌握一定的方法和技巧。

（1）认真倾听。在人际交往中，沟通是最重要的一个环节，在日常的沟通中，"倾听"占了较大比例。倾听是我们沟通的第一步，也是我们建立人际关系的开始。积极倾听会向对方证明你是一个值得交谈的人，无形中提高你在对方心目中的形象，加深彼此的感情。

（2）善于赞美和表扬。赞美是一种有效的交往技巧，它能有效地缩短人与人之间的心理距离。适时的赞美可以增进彼此的吸引力。正所谓，"予人玫瑰，手有余香"。真诚地称赞对方，但是不要夸大，会让对方感受到你的真诚。

（3）学会微笑和感谢。微笑也像其他受欢迎的特质一样，是一种习惯和态度。你必须真诚地感激别人，而不是虚情假意。时常怀有感恩之心，你会变得更谦和、可敬且高尚。以微笑的方式表达你的感谢之意，可以使你的人际关系更加和谐。

（4）关注人际交往的小细节。人际交往是一门艺术，有时可能因为一个小小的细节影响彼此的感情，大学生在人际交往中，要注意这些细节：打破别人的喜悦是一件很没礼貌的事；交浅别言深，交深别刻薄；稍一亲近就口无遮拦的毛病一定要改；不要试着用自己的秘密去交换一个朋友；不说狠话，不做软事；生气的时候就一个人待着；不要以貌取人。

3. 化解矛盾、避免冲突的交往技巧

（1）争辩的技巧。避免无谓的争辩，争辩只是手段，不是目的，要保持风度，要有气量。强辩虽然可以逞一时口舌之快，却会在双方之间留下难以逾越的隔阂。

（2）批评的艺术。在批评别人的时候，我们应采取"赞赏—批评—激励"的方式，首先肯定其优点，然后指出其不足，最后进行激励。这样，对方不但容易接受，而且会对你心存感激，增进两人之间的友情。

（3）拒绝的艺术。补偿式拒绝：提出另一个建议，以示诚意；先肯定后拒绝：以示情非得已；爱护性拒绝：站在对方立场谈理由。

（4）适度运用幽默，如"一语双关""巧借反语""巧借谐音"等。

总之，我们每个人的主宰都是自己，关键是我们要有所改变，要有强烈的交际愿望。通过对人际关系的认识与理解，我们要找到合适的方法提高自己的人际交往能力，以积极的态度和行为展开人际交往，为自己建立一个丰富、和谐的校园人际网。

三、大学生的情绪管理

情绪指个体受到某种刺激所产生的身心激动状态，是客观事物是否符合人的需要与愿望、观点而产生的态度体验。这种态度体验反映着客观事物与人的需要之间的关系。

情绪是一个复杂的心理过程，主要包括人的主观体验、生理反应和外部表现三个方面。当一个人考试失败的时候，悲伤的情绪只有自己内心才能意识到，这是主观体验；由于出现这种情绪，他可能会脉搏加快、满脸通红、身体发抖等，这些生理现象都是生理反应；由于考试失败，他可能会痛哭流涕，这是情绪的外部表现。

（一）情绪的功能

情绪表达了人和客观事物之间的感情关系，有正面情绪和负面情绪之分。正面情绪即肯定的情绪，如爱、感恩、好奇心、热情、快乐等。负面情绪是消极负面的情绪，如恨、愤怒、抑郁、自卑等。

正面情绪可以提高一个人的自信，促进他们创造性地学习，养成良好的习惯。积极的正面情绪可以调节人体机能处于最佳状态，有利于促进人的身心健康，促进人的知觉、记忆等心理活动。负面情绪则容易使人意志消沉、兴致低落，阻碍人们的健康

成长和学习生活，对人的成长起到消极作用。负面情绪也会因为持久地刺激人的器官、肌肉等，损害人的身心健康。

适度的情感表达有益个体的身心健康，但是过激的情感表达可能会影响他人的情绪，从而不利于个体对环境的适应。因此，只要我们控制得当，情绪的功能对个体适应环境是大有帮助的。

1. 情绪的信号功能

在人际交往中，人们除借助言语进行交流之外，还通过情绪的流露来传递自己的思想和意图。例如，听朋友叙述不幸遭遇时，会一同落泪或表现出悲伤的情绪，传达自己的同情和理解的情感。情绪的这种功能是通过表情来实现的，如学生上课不注意听讲，老师的一个眼神或者一个手势就会起到提示、警醒的作用。在表情中，面部表情和体态表情更能突破距离和场合的限制，发挥独特的沟通作用。

具体来说，情绪的信号功能表现在个体将自己的愿望、要求、观点、态度通过情感表达的方式传递给别人。它是非言语沟通的重要组成部分，在人际沟通中具有心理指示的意义。在社会交往的许多场合，人们之间的思想、愿望、态度、观点，仅靠言语无法充分表达，有时甚至不能言传，只能意会，这时表情就起到了信息交流的作用。例如，点头微笑、轻抚肩膀表示赞许；摇头皱眉、摆手表示否定；面色严峻表示不满或者问题严重等。

2. 情绪的组织功能

情绪作为人体的一个检测系统，对其他心理活动具有组织的作用。这种作用表现为积极情绪的协调作用和消极情绪的破坏、瓦解作用。其组织作用还表现在人的行为上。当人处在积极、乐观的情绪状态时，容易注意事物的美好方面，其行为比较开放，愿意接纳外界的事物；当人处于消极的情绪状态时，容易失望、悲观，放弃自己的愿望，甚至产生攻击性行为。

许多研究证明，通过各种不同的信息加工方式，情绪对认知起着驱动和组织的作用。许多研究证明情绪对认知产生多方面的效应，其影响不仅在加工的速度和准确程度方面，还可以在类别和等级层次上改变认知的功能，或在信息加工中引起阻断或干扰的质量变化。

3. 情绪的调节功能

情绪具有调节功能，指情绪对人的活动起发动、促进和调控的作用，它能够以一种与生理性动机或社会性动机相交的方式激发和引导行为。适度的情绪兴奋，可以使身心处于活动的最佳状态，进而推动人们有效地完成任务。有时我们会努力去做某件事，只因为这件事能够给我们带来愉快与喜悦。

从情绪的动力性特征看，情绪分为积极增力的情绪和消极减力的情绪。快乐、热爱、自信等积极增力的情绪会提高人们的活动能力，而恐惧、痛苦、自卑等消极减力的情绪则会降低人们活动的积极性。

4. 情绪的健康功能

人对社会的适应是通过调节情绪来进行的，情绪调控的程度会直接影响到身心健康。作为心理因素的一个重要方面，情绪同身体健康的关系早已受到人们的关注。

积极的情绪有助于身心健康，消极的情绪会引起人的各种疾病。我国古代医书《黄帝内经》中就有"怒伤肝，喜伤心，思伤脾，忧伤肺，恐伤肾"的记载。有许多心因性疾病与人的情绪失调有关，如溃疡、偏头痛、高血压、哮喘等。

(二)大学生情绪的特点

1. 不稳定性

由于大学生处于青年早期，虽然生理发育已经基本成熟，但是心理发育还不成熟，世界观、知识水平和人格等都在成熟和不成熟之间，思维的判断力、认知能力和认知方式还有很大的局限性，这些都会影响大学生的情绪反应。

大学生往往情绪体验快而强烈，喜怒哀乐常常一触即发，表现出热情奔放的冲动性特点，心理学家常用"疾风暴雨"来比喻这种激情性的情绪特征。这种冲动性的情绪在群体中往往会变得更激烈。大学生有较强的群体认同感，喜欢模仿，易受暗示，容易受当时情境气氛的感染、鼓动，表现出比单个人时更大胆的举止；一些人对任何事都比较敏感，有时一旦情绪爆发，自己则难以控制，甚至表现为一定的盲目狂热和冲动，在处理同学关系、师生关系的矛盾时，在对待学业和生活中的挫折时，容易走极端，陷入情绪困扰。

2. 内隐与掩饰性

大学生的情绪表现虽然有时也会形于色，但已经不像青少年时期那样坦率直露。不少大学生常将自己的情绪隐藏和掩饰，体现为外在表现与内在体验并不一致。这一特点无形中也给大学生之间的相互交流带来障碍，使一些学生出现孤独和苦闷的情感困惑。

3. 阶段性

经历了从大一到大四的过程，大学生的情绪发展也有一个从不稳定到逐渐稳定的发展过程。在大一时，大学生由于适应困难，容易出现孤独、失落等情绪。在大二时，大学生由于已经适应了大学生活，情绪趋于稳定。在大三或大四时，大学生由于面临毕业和就业，开始考虑人生和未来，容易出现矛盾和复杂的情绪，甚至变得焦虑。

(三)情绪对大学生发展的影响

在日常生活中，由于自身原因和外界综合因素造成的心理和情感上的波动，不但会影响大学生正常的学习与生活，而且对大学生的人生观、世界观和价值取向的形成与塑造都有着不可忽视的作用。

1. 情绪对大学生学习的影响

精神愉快、心情舒畅是学习中思考和创造的最佳状态。研究表明，只有焦虑水平适度的时候，大学生才有较好的学习效率，焦虑水平太高或太低都不利于学习。

2. 情绪对大学生人际关系的影响

情绪具有感染性，乐观、热情、自信的人更受欢迎，更容易形成良好的人际关系。情绪压抑、爱发怒的人，与别人很难沟通，较难与他人良好相处。大学生要适度控制自己的情绪，做情绪的主人，这样才能拥有良好的人际关系。

3. 情绪对大学生身心健康的影响

良好的情绪不仅使大学生对生活充满希望，对自己充满信心，而且能使他们的求知欲增强，并因此建立良好的人际关系，促进大学生的全面发展。消极的情绪则起到相反的作用，甚至还会影响身体健康，如很多大学生出现的耳鸣、偏头痛、神经性皮炎等，都与消极情绪有关。

（四）大学生如何管理情绪

情绪管理，即善于把握自我，善于调节情绪，对生活中的矛盾事件引起的反应能适可而止地排解，能以乐观的态度及时缓解紧张的心理状态。情绪管理主要包括两个方面：一是对自己情绪的体察，辨识自己的情绪；二是调整自己的情绪，这也是情绪管理的目标。

日常生活中，大学生经常采用忍耐、逃避和爆发的方式进行情绪管理，虽然这些方式可以在一定程度上缓解不良情绪的负面作用，但是无法根治情绪问题，有的甚至会造成不良的后果。为了更加有效地帮助大学生提高情绪的感知能力和管理能力，本书介绍以下几种常用的方式和方法。

1. 改变认知

美国心理学家艾利斯认为，人的情绪困扰并不是诱发事件本身引起的，而是由对诱发事件的非理性的解释与评价引起的，如果改变了非理性观念，调整了对诱发事件的认知，消极情绪就会改变。因而，应分析自己不良情绪产生的动因，有意识地调整对诱因的认识，缓解自己的不良情绪。

对此，艾利斯曾提出了著名的 ABC 理论，又叫合理情绪疗法。在这个理论中，A 指诱发性事件（Activating events）；B 指个体遇到诱发性事件之后产生的信念（Beliefs），即对这一事件的看法、解释和评价；C 指在诱发性事件和相应理念的作用下，个体情绪和行为的最终结果（Consequences）。

该理论认为，人的情绪和反应不是由某一事件引起的，而是由人们对这一事件的看法和评价引起的。由于人们对同一事件的看法和评价不同，得出的结论就不同。

其实，很多大学生的情绪困扰来自认知偏差，因此大学生树立正确的认知观点是保持情绪健康的关键。大学生要积极参加能提高人生观和价值观的教学活动，充分认识 ABC 理论，用合理的想法代替原来不合理的、片面的或极端的想法，从而消除不良情绪。

2. 合理宣泄

情绪有时就像奔腾的江水，如果打开闸门，让江水顺流而下，情绪问题自然就能得到缓解。例如，有的单位设置了情绪宣泄室，在宣泄室内放置了各种充气玩具，用来帮助进入宣泄室的人宣泄心中的愤怒等情绪。

案 例 精 选 ▶▶▶

> 我有一个朋友在公司里的人缘很好，他性情很好、待人和善，几乎没人看到他生气过。有一次我经过他家，顺道去看他，却发现他正在顶楼上对着天上飞过来的飞机吼叫，我好奇地问他原因。
>
> 他说："我住的地方靠近机场，每当飞机起落时我都会听到巨大的噪声。后来，当我心情不好或是受了委屈、遇到挫折，想要发脾气时，我就会跑上顶楼，等待飞机飞过，然后对着飞机放声大吼。等飞机飞走了，我的不快、怒气也被飞机一并带走了！"

大学生遇到不愉快的事情及委屈，不要埋在心里，可以向知心朋友或亲人诉说或大哭一场。这种发泄可以释放内心郁积的不良情绪，有益于保持身心健康，但发泄的对象、地点、场合和方法要适当，避免伤害别人。

3. 转移控制

注意力转移是控制情绪的基本方法之一，可以有意识地将注意力从当前对象转至其他对象，从而使情绪得到调节。例如，当你遇到不愉快的事时，可以听听音乐、与朋友散步、去游乐场玩耍或做些其他感兴趣的事情，让情绪恢复平静。

4. 发展情绪智力

情绪智力指个体监控自己和他人的情绪及情感，并识别和利用这些信息指导自己思想和行为的能力。

情绪智力主要体现在以下五个方面：一是认识自身情绪的能力，就是能认识自己的感觉、情绪、情感、动机、性格、欲望和基本的价值取向等，并以此作为行动的依据；二是妥善管理自身情绪的能力，指对自己的快乐、愤怒、恐惧、爱、惊讶、厌恶、悲伤、焦虑等体验能够自我认知、自我协调，主动摆脱焦虑和不安情绪；三是自我激励，指面对自己想实现的目标，随时进行自我鞭策、自我说服，始终保持高度热忱、专注和自制，使自己有高度的办事效率；四是认识他人的情绪，即对他人的各种感受，能设身处地、快速地进行直觉判断，了解他人的情绪、性情、动机、欲望等，并能做出适当的反应；五是管理人际关系，指管理他人情绪的能力，一个人的人缘、人际和谐程度都与这项能力有关。

冷静与反思，是当代大学生身上普遍缺乏的个人品质。冷静指沉着而不感情用事；反思指思考过去的事情，从中总结经验教训。大学生在每天的学习和生活中不可避免地会犯这样或那样的错误，只有通过及时反省和调整状态，才能切实意识到问题的客观存在，寻求解决途径，使自我管理理性化。

四、大学生的压力管理

压力是指个体体察到的需求和满足需求的能力不平衡时所表现出来的身心紧张状态。对大学生来说，压力既可能是威胁，也可能是机遇。若我们管理得好，压力可以起到积极的作用，成为激励我们的动力；但若管理得不好，它将成为一个阻碍我们前进的"杀手"。将消极性的压力转变为我们前进动力的方法是不同的，每个人需根据自身的特点选择不同的压力管理策略。

具备良好压力管理能力的人能够不断调节自己的情绪和行为，克服外在和内在的压力，最终达到自己的目标。大学生要充分发挥自身在压力管理中的主观能动性，不断完善自己的人格，实现自身价值。因此，对大学生来说，压力的好坏取决于个人如何对它进行管理。研究表明，压力的主要来源是个体适应能力与个体要求之间的不平衡。

（一）大学生的压力源

随着高校的扩招，就业形势的严峻，当今大学生面对的压力越来越大。大学生的压力主要分为以下几类。

1. 人际关系的压力

大学生来自不同的地方，他们的经历、习惯、个人喜好和性格都不相同，再加上他们在人际交往的知识和技能上又存在着较大的差异，因此造成了许多大学生渴望交往又害怕交往的矛盾心理，并由此产生压力。

2. 学业的压力

学业的压力是大学生主要的压力来源之一，它不仅影响着他们学习的效率和成绩，还严重影响着他们的心理健康水平。一方面，大学生要通过学校各门课程的期末考试，通过考试才能拿到相应的学分，如果能拿到高分，该门课程的学分绩点就高，这关系到他们的综合排名。为此，大学生不得不天天忙于学习。另一方面，大学生为了给自己今后的择业增加砝码，还要参加一些社会职业性质的考试，如注册会计师考试、司法考试、人力资源师考试、心理咨询师考试等。如此较重的学业负担，使学生感受到了学业压力。

3. 经济的压力

来自经济欠发达的地区，特别是农村的大学生，不得不承受同学间经济差距带来的压力。他们害怕其他同学瞧不起自己，日常生活中的某些小小的玩笑都有可能会刺伤他们的心灵。他们承受着经济上的巨大压力，这也影响着他们的学习、生活和心理健康水平。

4. 情感和环境的冲突

面对来自各地的同学，大学生产生了强烈的交往愿望，但是由于平时生活范围较小，造成交际面也比较小的现状，一些同学的沟通交流渠道很窄。到了大学，随着大学生身心的成熟，恋爱问题成为大学生人际交往中一个比较重要的方面。由于大学生经济没有独立，他们的交往受到限制，大学生的渴望和现实条件的冲突也会对他们造成一定的压力。

5. 就业的压力

当今社会快速发展，对人才的质量提出了更高的要求，面对越来越严峻的就业形势，大学生必须多方面联系用人单位。人才的竞争、现实的压力等诸多影响，容易使大学生在心理上产生焦虑情绪。

资 料 链 接 ▶▶▶

压力状况自测

根据你最近的实际情况快速回答下列问题。

1. 你最近常感到有很不舒服的紧张吗？
2. 你常与自己周围的人争辩吗？
3. 你的睡眠有困难吗？
4. 你对生活充满无力感吗？
5. 有很多人干扰你或激怒你吗？
6. 你常想吃糖或甜食吗？
7. 你抽烟的花费有增加吗？
8. 你渐渐对烟或咖啡上瘾吗？
9. 你发现要集中精神工作有困难吗？
10. 你渐渐对一些小事容易忘记吗？
11. 你渐渐对一些重要的事(如约会、缴税)也变得健忘吗？
12. 你上洗手间的次数增多了吗？
13. 有人说你最近气色不大好吗？
14. 你常和其他人有语言上的冲突吗？
15. 你最近是否不止一次生病？
16. 你最近是否曾有因紧张而头痛的现象？
17. 你最近是否有经常作呕的感觉？
18. 你最近是否每天都有轻微的头痛、眩晕？

资 料 链 接 ▶▶▶▶

19. 你经常有胃部翻搅的感觉吗？

20. 你总是匆匆忙忙地赶时间吗？

0—5 个"是"：恭喜你，你所感受到的压力很正常。

6—14 个"是"：你所感受到的压力有些高，请参考合适的压力管理方式来予以控制。

15—20 个"是"：高压危险！请赶快进行解压活动。

（二）大学生的压力管理策略

压力是我们日常生活的一部分，无论处于人生的哪个阶段，我们都会面临不同的压力，因此压力的管理将伴随我们一生。压力管理的目标应该是控制压力，而不是消除压力，因为压力是我们无法消除的。世界上没有包治百病的良药，大学生的压力管理也是一样，没有一种方式适合所有的人。每个大学生都有自己独特的人格特征和外在环境，需要找到适合自己的压力管理方式。

1. 调整心态，改变不良认知

面对压力，要对其有明确的、积极的、辩证的认识，要保持一种积极而又平和的心态。在思想上要承认压力的存在，压力是人人都常经历的正常现象，我们的生活本身就处于压力之中。大学生要在思想上接纳压力，当某事构成压力时，用积极的心态去对待，坚信事情总有解决方法。压力并不总是坏事，它虽然会使人产生痛苦，但研究表明，在一定的压力之下，人们才能充分有效地调动体内的积极因素。有了压力才会有动力，这种动力会促使人适应社会的能力得到提高。另外，不要对自己太苛刻，完美只是一个目标，不要追求凡事尽善尽美，适当放低标准，放松自己的心情，或许在客观上也减轻了压力。

从心理学原理来看，期望值越高，人的心理承受力就会越差。当现实无法达到期望时人就会产生较大的心理落差。因此，在确定奋斗目标时要清晰、具体，这样我们就会更容易地达成一个又一个小的目标，体会日益抵达成功的成就感。当然有时还要适度学会"平庸"和"无为"，以缓解自身的心理压力。

2. 增强自身的抗压力

首先，大学生要培养自己健全的人格，树立正确的人生观、价值观、事业观，这些直接关系到大学生管理压力的态度和方式。其次，要培养自己独立分析问题和解决问题的能力，只有不断提高自己的知识和技能水平，才能使自己立于生活的主动地位。最后，要培养自己的自信心，相信自己能够战胜挫折和挑战。

3. 寻求心理帮助

大学生遇到自己无法解决的心理困惑或心理问题时可以寻求心理帮助。每个大学都设置了心理健康教育部门，在这个部门工作的教师都具有相关专业资格，他们可以为大学生提供心理健康服务，帮助大学生了解自己，引导大学生进行压力管理。

>>> 练习与思考

1. 你是如何进行自我认知的？

2. 论述自我探索对职业选择的重大意义。

3. 影响职业能力的因素有哪些？

4. 根据职业能力的构成，谈谈大学生应该如何培养自己的职业能力。

5. 试分析教师职业能力的构成。

6. 你采取过哪些有效管理时间的方法或措施？通过学习，你认为自己在时间管理上还有哪些改善空间？

第四章
职业探索

1. 了解职业的含义、分类及职业标准。
2. 学会分析职业环境。
3. 掌握现代社会对人才的职业要求。

第一节　职业的分类

作为一名大学生，肯定对外面的工作世界充满了好奇。很多人都说大学就是一个小型的社会，但当我们真正步入社会以后，就会发现大学和社会的差别还是非常大的。为了让自己更加准确地认识外面的工作世界，减少日后就业过程中的阻碍，我们必须了解真实的职业环境，对以后的职业生涯有一个更快和更好的把握。

一、职业分类的依据

职业分类指以工作性质的同一性为基本原则，对社会职业进行的系统划分与归类。工作性质，即一种职业区别于另一种职业的根本属性，一般通过职业活动的对象、从业方式等的不同予以体现，一方面是根据职业活动工作特征的相异程度进行职业划分，另一方面是根据职业活动工作特征的相同程度进行职业的划分。

职业分类作为国家经济发展的一项重要基础性工作，涉及社会生活的各个领域，特别是对劳动力的管理具有直接的影响。职业分类的发展也是职业自身发展的需要。

一个国家职业体系结构的形成，为人们了解社会职业领域的总体状况奠定了基础，同时职业分类的形成也增加了人们的职业意识，促使从业者不断提高职业素质。社会经济的发展促使那些与现有职业相比更具有竞争力或更能满足社会需要的新的职业类别或领域产生，形成新的职业群。

任何一个国家的职业分类都是建立在一个分类结构体系之上的，针对体系中的每个层次，根据不同的原则和方法，才能实现总体结构的职业划分与归类。根据国际职业分类的通行做法，职业分类一般划分为大类、中类、小类和细类四个层次。大类，是依据工作性质的同一性并考虑相应的能力水平进行的分类；中类，在大类范围内，根据工作的任务与分工的同一性进行分类；小类，在中类的范围内，按照工作的环境、功能及其相互关系的同一性进行分类；细类，即职业的划分和归类，是在小类的基础上，按照工作分析法，根据工艺技术、对象、操作流程和方法的同一性进行分类。

职业分类的基本方法是工作分析法。工作分析法是将职业活动依据其工作的基本属性进行分析，按照工作特征的相异与相同程度进行职业的划分与归类。

二、我国的职业分类

根据不同标准，我国的职业有不同的分类方法。例如，从行业上划分，可分为第一、第二、第三产业；从工作特点上划分，可分为务实（使用机器、工具和设备的工种）、社会服务、文教、科研、艺术及创造、计算及数学（钱财管理、资料统计）、自然界职业、管理、一般服务性职业等十多种类型的职业。每一种分类方法对其职业的特定性都有明确的解释，这对更好地掌握某一职业的特点、选择适合自身的职业有指导作用。

国家统计局、国家标准总局、国务院人口普查办公室在 1982 年 3 月公布的供第三次全国人口普查使用的《职业分类标准》，把我国范围内的职业划分为大类、中类、小类三层，包括 8 大类、64 中类、301 小类。

1999 年，我国劳动和社会保障部发布了《中华人民共和国职业分类大典》，把我国的职业由大到小、由粗到细地分为四个层次：大类（8 个）、中类（66 个）、小类（413 个）、细类（1838 个）。细类为最小类别，亦即职业。

第一大类是国家机关、党群组织、企业、事业单位负责人，其中包括 5 个中类、16 个小类、25 个细类；第二大类是专业技术人员，其中包括 14 个中类、115 个小类、379 个细类；第三大类是办事人员和有关人员，其中包括 4 个中类、12 个小类、45 个细类；第四大类是商业、服务业人员，其中包括 8 个中类、43 个小类、147 个细类；第五大类是农、林、牧、渔、水利业生产人员，其中包括 6 个中类、30 个小类、121 个细类；第六大类是生产、运输设备操作人员及有关人员，其中包括 27 个中类、195 个小类、1119 个细类；第七大类是军人，其中包括 1 个中类、1 个小类、1 个细类；第八大类是不便分类的其他从业人员，其中包括 1 个中类、1 个小类、1 个细类。

2015 年，国家职业分类大典修订工作委员会召开全体会议审议、表决通过并颁布了 2015 年版《中华人民共和国职业分类大典》，延续职业分类的大类、中类、小类和细类结构。调整后的职业分类结构为 8 个大类、75 个中类、434 个小类、1481 个职业。与 1999 年版相比，2015 年版《中华人民共和国职业分类大典》维持 8 个大类不变，增加 9 个中类、21 个小类，减少 547 个职业（新增 347 个职业，取消 894 个职业）。新增职业包括"网络与信息安全管理员""快递员""文化经纪人""动车组制修师""风电机组制造工"等，取消的职业包括"收购员""平炉炼钢工""凸版和凹版制版工"等。

2022 年，人力资源和社会保障部公布了最新修订的《中华人民共和国职业分类大典》，围绕数字经济、绿色经济、制造强国和依法治国等要求，专门增设或调整了相关中类、小类和职业，以充分反映经济社会和科技发展带来的实际业态变化。新版大典包括 8 个大类、79 个中类、449 个小类、1636 个职业。与 2015 年版大典相比，增加了"法律事务及辅助人员"等 4 个中类，"数字技术工程技术人员"等 15 个小类，"碳汇计量评估师"等 155 个职业。新版大典首次标注了数字职业。标注数字职业是我国职业分类的重大创新，对推动数字经济、数字技术发展以及提升全民数字素养，具有重要意义。

经过改革开放后的逐步发展，现在我国职业的分类已经走向了标准体系层次化、标准结构模块化的模式。

1. 标准体系层次化

职业标准体系的层次化已经成为一个国际趋势。通过对职业标准结构的改造，人们可以发现，尽管现代社会发展和分工细化正在创造出越来越多的职业、工种和岗位，然而它们实质上具有许多相通的或共同的职业功能模块和职业技能模块。

每一个具体的职业、工种和岗位，都需要一定数量的职业特定技能。从总量上看，它们是最大的，而从适用范围看，它们是最狭窄的。对每一个行业来说，又存在着一定数量的共同适用的技能，可以叫行业通用技能。从数量上看，它们比职业特定技能显然少得多，但是它们的适用范围涵盖整个行业领域。就更大范围而言，必定存在着一些从事任何职业或行业工作都需要的、具有普遍适用性的技能，这就是核心技能。在制定国家职业标准体系时，分层次地确定和制定职业特定技能标准、行业通用技能标准和核心技能标准，是满足全社会职业教育培训和考核的不同需要，提高职业标准的适用性和开放性的重要方法。

（1）职业特定技能。

职业特定技能的范围，我们可以理解为国家职业分类大典划分的范围，如我国划分了 1636 个职业。目前国家职业标准的制定，以及相应的职业资格认证考核活动均以此为限进行。在实际操作中，可以做出适应生产和技术发展变化的调整。

（2）行业通用技能。

行业通用技能的范围要宽于职业特定技能。可以把它们理解为在一组特征和属性相同或者相近的职业群中体现出来的共性的技能和知识要求。从现实的操作需要来看，可以确定在国家职业教育培训科目的范围内。

（3）核心技能。

核心技能是范围最窄、通用性最强的技能，是人们在职业生涯甚至日常生活中必需的，并能体现在具体职业活动中的最基本的技能，它们具有普遍的适用性和广泛的可迁移性，其影响辐射整个行业通用技能和职业特定技能领域，对人的终身发展和终身成就影响极其深远。开发和培育后备劳动者和在职劳动者的核心技能，能为他们提供广泛的从业能力和终身发展基础。显然，核心技能数量更少，但是具有更广泛的适应性。事实上，它们是行业通用技能和职业特定技能的基础。在国家人力资源开发中，核心技能的确立和开发具有重大战略意义。

近年来，在管理理论和实践中，企业核心能力的概念越来越受到重视。企业核心能力指企业的独特技术能力、组织协调能力、对外影响能力和环境应变能力。它可能表现为新颖的产品开发、融洽的内部团队关系、和谐的外部客户关系，以及企业持续稳定的发展等。和企业的其他条件或者能力不同，它们是企业内在的、独特的、最不易改变和最难被模仿的能力。一个企业真正的力量，不是厂房的宏伟、场地的宽阔，也不是资本的雄厚、设备的先进，而是它的核心能力。这种核心能力集中表现为企业中人的因素的力量，表现为个体的活跃和团队的凝聚力。不难看出，企业的核心竞争能力和员工的核心技能之间有十分密切的关系。一个企业的核心竞争能力的高低，最终取决于企业内多数员工的核心技能的高低。开发核心技能的意义也就在此。

2. 标准结构模块化

标准结构应当摆脱传统的、学科导向性的"基础知识—专业基础知识—专业知识—相关知识"模式，采用职业功能分析法指导下的职业功能模块结构。这一改革方向不仅有利于教育培训和考核工作，有利于生产和就业的紧密结合，也有利于建立动态和开放的标准体系。

根据职业功能分析法，新型职业标准的基本理论框架设计如下。

（1）职业名称：职业的定义和社会特征。

（2）职业功能模块：构成职业活动的基本功能单元，在许多情况下是可分离出来、具有相对独立意义的功能。职业功能模块分为基本模块和可选模块两大类。在必要时，职业功能模块甚至可以单独考核并授予相对独立的证书。

（3）职业技能模块：实现上述功能必须掌握的最小技能类别要素，它也是完成一个功能模块单元工作时的实际工作步骤。

（4）操作规范：完成技能模块的操作的具体要求。

（5）活动领域：完成技能模块的主要工作范围，包括对具体条件、环境和状况的要求。

（6）知识内容：完成技能操作的基本知识要求，其特点是与操作规范中的技能要求相互配套。

（7）证明方式：完全掌握技能模块的证明方法和材料，包括实际进行鉴定考核时需要提出的工作过程或成果的证明，以及对获得这些证明的方式方法的要求。

（8）考评指导：对技能模块实施鉴定考评的基本要求。

第二节　职业的环境分析

每个人都处在一定的社会环境中，若离开社会环境，便无法生存与成长。社会环境中流行的工作价值观、政治经济形势、产业结构的变动等因素，无疑都在个人职业选择上留下了深深的烙印。

为了更好地进行职业生涯规划，我们必须对外部环境进行分析，通过分析外部环境弄清楚环境对职业发展的要求、影响及作用，在此基础上对各种影响因素加以衡量和评估，并做出积极的反应。

一、影响职业生涯的环境因素

（一）社会环境

在现实生活中，社会环境对职业生涯的影响是多方面的，这是由社会环境的多种因素构成决定的。影响职业生涯的社会环境因素主要包括以下几个方面。

1. 文化环境

文化环境是影响人们行为、欲望的重要因素，主要包括教育水平、教育条件和社会文化设施等。一般来说，在良好的社会文化环境中，个人能力通过良好的教育和感染得以提升，为职业生涯打下良好的基础。

社会文化反映着个人的基本信念、价值观和规范的变动。如果一个地区的人们崇尚职业的新奇性和变化性，那么该地区的人在各个单位之间的流动频度就高；如果人们追求工作的安全感和稳定性，流动频度就低。

我国是一个大国，社会文化的复杂性，决定了个人职业选择与职业发展要考虑单位所在地的文化因素。

2. 技术环境

技术环境包括产业结构的调整、高新技术的影响、现代化技术与管理的发展等。科学技术对职业发展的影响是全面的，它的具体影响体现在以下两个方面。

（1）工业自动化的普及与提高，对工业科学化、技术化的发展起到了促进作用，给就业市场也带来了一定的影响。一方面，自动化增加了新的工作岗位；另一方面，自动化又淘汰了一些旧的工作岗位。

(2)从劳动密集型产业转化到资金密集型产业再转化到知识密集型产业,对职业的发展提出了新的挑战。这要求我们根据环境变化不断更新自己的知识结构,顺应产业结构的调整和社会的发展。

3. 经济环境

经济环境是影响职业选择和职业发展的重要因素,具体来说,经济环境因素主要包括以下几个方面。

(1)经济形势。经济形势的变化对职业的影响是最为明显又最为复杂的。当经济处于萧条时期,人力资源的获得成本和人工成本低,但企业由于受到经济形势的影响,对人力资源的需求也会减少;当经济处于膨胀阶段,劳动力成本高,但企业处于扩张阶段,对人力资源的需求量也将增加。

(2)收入水平。当人们的收入水平提高时,对商品消费的需求会增加,企业扩大生产,从而增加对人力资源的需求,职业选择和职业发展的机会增多;收入水平低时,职业选择和职业发展的机会减少。

(3)经济发展水平。在经济发展水平高的地区,企业相对集中,优秀企业也比较多,个人职业选择的机会就比较多,因而有利于个人的职业发展;反之,在经济落后地区,个人的职业发展也会受到一定限制。

(4)劳动力市场供求状况。劳动力市场供求状况对职业选择和职业发展具有重要影响。如果某类职业的人才供不应求,则职业选择和职业发展的机会增多;相反,某类人才供过于求,职业选择和职业发展的机会就会减少。

4. 人口环境

人口环境,尤其是个人所在地区的人文因素对职业选择与职业发展有重要影响,其影响主要包括以下几个方面。

(1)年龄结构。不同年龄段的人有不同的追求,在收入、生理需求、价值观念、生活方式等方面存在着差异,这就决定了他们的职业价值观不同。不同年龄段的人数影响职业选择和职业发展。

(2)劳动力质量和专业结构。社会劳动力质量和专业结构影响职业选择和职业发展的机会。例如,在某些地区,未经培训的普通劳动力可能很充裕,而受过高级培训的劳动力可能不足;某些地区可能某方面人才比较充裕,但其他方面的人才相对欠缺。这些因素都会影响职业选择和职业发展。

(3)人口规模。社会总人口的多少影响社会人力资源的供给,从而影响着职业选择和职业发展的机会。

(4)人口的流动。大量的统计数据表明,我国人口正在由内陆地区流向沿海地区,由经济不发达地区流向发达地区,这种人口的流动将导致沿海大城市的不断扩张。当然,近几年国家开发中西部地区的战略对人口的流动会有一定的引导作用。不过近期来看，就业和职业发展的机会主要还是集中于发达城市、沿海地区。

5. 政治和法律环境

(1)政治环境因素，主要涉及国家的方针、政策。影响职业的政治因素包括教育制度、经济管理体制、人才流动的政策等。政治不仅影响一国的经济体制，而且影响企业的组织体制，从而直接影响个人的职业发展。政治制度和氛围还会潜移默化地影响个人的追求，从而对职业发展产生影响。

(2)法律环境因素，主要是指中央和地方的有关法规和规定，如政府有关人员招聘、工时制、最低工资的强制性规定，现行的户籍制度、住房制度、人事制度和社会保障制度等。这些因素都会对职业的选择和发展产生重要的影响。

6. 信息环境

信息环境包括产业结构的调整、高新技术的影响、现代化技术与管理的发展等。

(二)行业环境和行业状况

在现代社会环境下，虽然人们的职业选择不再像传统社会那么局限，但是在社会现实中，行业的整体发展状况和环境总是会直接影响企业的发展状况，进而也会影响大学生的职业生涯发展。

通过分析和了解影响职业生涯的行业因素，有利于个人选择有发展前途的行业和职业，有助于更好地实现个人的职业目标。行业环境分析的主要内容包括以下两个方面。

1. 行业发展状况

一般来说，有些大学生学的专业本身已经决定了其以后从事的行业，如服装设计、土木工程等。更多的专业是没有行业限制的，如会计、秘书、翻译等。因此，对目标行业发展现状的分析主要需要了解以下问题。

(1)目标行业处于生命周期的哪个阶段。行业的生命周期包括引入期、成长期、成熟期、衰退期。在引入期产品能否被市场接受和行业的经营策略均不明朗，这一时期行业的风险大，失败的可能性也大；成长期的特征是产品被市场接受，销售收入和利润快速增长；成熟期则是产品已被大多数潜在购买者接受，行业的增长趋于平缓；衰退期指市场及技术的变化使行业的产品逐渐被取代，市场对产品的需求逐渐减少。

(2)国际、国内重大事件对该行业的影响。行业的发展会受到国际、国内重大事件的影响，进而影响该行业能否提供较多的就业机会。例如，北京申办 2008 年奥运会的成功给北京的建筑业、旅游业都提供了较大的发展空间和较多的就业机会。

(3)行业发展前景预测。行业发展前景可以从两个方面进行预测，一方面是行业自身的竞争力，是否有技术、资金支持等；另一方面也要考虑和研究国家对相关行业的政策。政府会根据经济与社会发展状况对一些行业发布法规政策，如对一些行业实施鼓励和扶持；对一些行业则限制发展，缩小其规模。总之，通过分析和了解影响职业生涯的行业因素，有利于个人选择有发展前途的行业和职业，有助于个人更快实现职业目标。

2. 行业的优缺点

社会的发展变化，总是影响着各个行业的发展变化。因此，行业的优劣势其实都是相对而言的。在某一时期成为优势的地方，在变化后的下一时期有可能成为行业发展的劣势。因此，要特别关注行业目前的特征与问题。例如，该行业的哪些问题是可以改进或避免的，哪些问题是无法消除的；该行业是否具有优势和竞争力，这种优势体现在哪些地方，会持续多久等。

（三）企业环境

进行职业生涯规划的时候，除了要分析整个社会以及所在行业的外部环境外，还需要分析和了解一个企业的内部环境。

1. 企业的基本状况

（1）企业实力。企业的社会地位、社会声望、产品市场、发展领域、发展前景、战略目标、生命力等都是一个企业实力的具体体现。

（2）领导人。一个企业领导人的能力、眼光、价值观念等，是选择一个企业必须了解的内容。

（3）企业文化。企业文化是全体员工在长期的生产经营活动中形成，并共同遵循的最高目标、价值标准、基本信念和行为规范，也可以说是一家企业的性格所在。从业者选择一个适合自己的企业环境，就好像选择一位志趣相投的朋友。

（4）企业制度。选择自己满意的企业制度，需要考虑企业的福利制度、工作制度、管理制度、用人制度、培训制度、升迁制度等。

企业环境分析中还应包括行业环境分析。结合社会环境分析一个行业的发展状况、抵御风险的能力、优势与问题、发展趋势等，这是具体了解一个企业的前提和重要保证。

2. 企业的人力资源

在现代企业制度下，一个有前途的企业一定是一个有团队合作基础的组织。团队中，人员的年龄、专业和能力结构是什么样的，组织中的人力资源发展政策是怎样的，组织会采取哪些员工发展的行动等，都将直接关系到企业组织的前景和每个员工的职业发展。

企业人力资源管理包括以下几个方面。

（1）人力资源规划。大型的、比较正规的企业一般会有人力资源规划。通过人力资源规划，可预测企业未来的人力资源需求总量和人力资源供给总量，从而确定企业未来的人力资源净需求量，这包括企业未来需要什么类型的人才以及需求量。了解企业的人力资源规划，了解企业对人力资源的需求量，就能知道自己在该企业里的职业发展机会的大小，进而把自己的职业发展目标和企业的人力资源需求结合起来，形成更加适合自己的职业生涯规划。

(2)人力资源政策运用。员工的职业发展，归根到底是靠人力资源管理政策来保障的，包括合理的培训制度、晋升制度、考核制度、奖罚制度等。企业的经营管理也只有渗透到制度中，才能得到切实的贯彻执行。没有制度或者制度制定得不合理，执行不到位，员工的职业发展就会变得难以实现。

(3)人力资源结构因素。企业自身的人力资源结构对个人职业的发展有着重要的影响。例如，企业年老的管理人员比较多，意味着员工晋升的可能性比较大，发展的机会比较多。当然，企业的各种制度都会对员工个人的职业发展产生重要影响，这是我们进行职业生涯规划时应该着重考虑的事情。

二、职业环境认知的常规方法

就业的成功，不仅取决于整个社会的政治、经济状况和个人自身的能力，还取决于一系列职业认知的操作过程。

(一)收集职业信息的方法

一般来说，就业的过程应包括以下几个方面：首先，要尽可能多地获取职业信息，包括当年的职业政策、用人单位需求信息等，对搜集到的信息进行筛选，根据自己的客观情况选择适合自己的职业方向；其次，向用人单位发出自荐信或委托别人推荐；最后，参加用人单位组织的笔试、面试，或主动拜访用人单位。

会选择职业的人，首先是会收集信息的人。职业竞争在一定程度上就是信息的竞争，谁掌握的信息多，谁的职业视野就开阔，就能在竞争中争得主动权，不失时机地选择自己的位置。

1. 职业信息的概念

(1)职业信息与职业信息的发展。我们这里所说的职业信息是指择业者事先不知道，然而经过加工整理，能被择业者所接收并对其选择所从事的职业或职位有价值的消息、资料和情报。

职业信息作为人类社会信息的一个组成部分，随着社会信息的发展而不断地发展。新中国成立以后，我国曾有"统包统配"的高校毕业生职业分配制度。在这种由国家统一下达职业指标，学校、个人无条件地服从国家安排的情形下，人才的供应与需求关系比较简单，人才市场尚未形成，职业信息的内容仅限于单位的名称和所需人才的数量，传递职业信息的工具也多半是文字、语言。随着经济和社会的发展，这种大学生毕业后由国家指令性计划分配到全民所有制单位的分配制度越来越显示出其弊端。随着人事制度、劳动制度的改革和人才市场的建立，职业信息内容日益丰富、多样，传递的工具和渠道也大大超出了语言、文字界限，图表、广播、计算机网络等都成了信息传递工具。从职业信息内容来看，除了一般用人单位的需求信息外，与职业市场相关的政治、经济、政策、法规等情况都可以成为职业信息内容。

(2)职业信息的内容。职业信息的内容非常广泛，主要包括以下内容。

①反映整个职业市场状况的社会信息。

第一，择业有关政策。政府是对社会进行统一管理的权力机构，任何组织、个人都必须服从政府依据法律和法规对整个社会的统一管理。政府的方针、政策和人民代表大会通过的法律等直接关系到组织及个人的发展。如果能了解政策、遵循政策，利用政策提供的条件，那么就能使个人受益匪浅。因此个人必须收集和研究政府的方针和政策。例如，随着教育改革的日益深入，以及国家公务员制度、干部聘任制度、人才招聘制度的不断完善，大学毕业生求职实行"双向选择"是势在必行的。因而必须树立"择业全靠自己"的新观念，靠坐等是得不到机遇的，只有靠自己去竞争才有机会获得成功。再如，国家对国家计划统招生、国家计划自费生、地方单位委托代培生都有不同的政策规定，毕业生必须充分了解政府部门，以及自己所在院校制定的有关政策和措施。

第二，职业法律法规。国家通过法律法规来管理调节和规范组织的活动及个人的活动，排除组织之间的纠纷，制裁违法行为。法律法规既赋予组织和个人进行各项活动的权利，又赋予组织和个人同一切侵犯自己合法权益的活动做斗争的有效手段。如果依法办事，不仅可以取得合法效益，而且可以捍卫自己的正当权利，减少损失。大学毕业生必须清楚地了解职业法律法规，学会用法律保护自己。目前，国家已出台和执行的职业法律法规有《中华人民共和国劳动法》《中华人民共和国反不正当竞争法》《中华人民共和国劳动合同法》等。

第三，社会职业状况。社会职业状况反映了一个国家或社会的产业结构、行业结构、职业结构，以及职业制度与职业政策的基本情况。从整体上了解社会职业状况，无论对个人职业选择还是对职业指导都有着重要作用。例如，这些年人们将职业目标投向经济领域，"经商热""公司热"一浪高过一浪，但许多人其实对商业领域的职业知之甚少，不了解这些职业的特点和具体要求。这种盲目择业现象对个人、国家都会造成损失。造成这种盲目择业现象的原因是多方面的，但对当前社会职业状况不了解、对职业信息了解不全面是最主要的。因此我们应该了解产业的分类与结构，以及随着社会发展，产业结构的调整和变化趋势；应该了解职业的分类与结构，以及该职业发展的趋势。

②供求信息。

我国正逐步由计划经济向市场经济发展，职业方式由过去的统一计划安排也逐步转向求职方与供职方的双向选择。在这种情况下，对供与求两个方面信息的掌握就显得尤为重要。

供方信息，即生源情况，主要指当年各高校应届毕业生人数、专业分布情况、地区分布状况、专业设置、教学特色等。各高校均会把自己学校的生源信息向社会公布。对需求单位来讲，了解生源情况，有助于他们确定招聘方案。对广大毕业生来讲，了解生源情况，能够帮助其了解和预测当年的求职状况，调整好求职心态。

需求信息，即用人单位的信息。在大学生选择单位时，往往会出现这样一些错误：对用人单位情况不甚了解，又没有一定的对比，于是择业时带有很大的随意性和盲目性，如只挑选大城市而不关心用人单位的性质、业务范围。那么，如何才能避免一些假象，做到对用人单位有一个客观的评价呢？这关键取决于掌握用人单位的信息。

一般来说，应该掌握以下几个方面的情况：

用人单位的准确名称；

用人单位的隶属关系，它的上级主管部门(指人事管理权限)；

用人单位的联系办法，如人事部门联系人、电话、通信地址、邮政编码等；

用人单位的所有制性质；

用人单位需要的专业、使用意图、具体工作岗位；

用人单位对所需人才的具体要求；

用人单位的规模、发展前景、地理环境、经营范围和种类等；

用人单位的福利待遇(包括工资、福利、奖金、住房等)。

为了掌握这些信息，大学生可以向学校职业指导机构寻求帮助，除此以外，还可以从该单位的介绍资料中获得一部分。另外，也可通过社会关系网，动员家长亲友、教师、校友等介绍一些已在该单位就职的人员，从他们那里能获得更多、更有价值的信息。

如果通过以上途径，有些重要的信息仍然没有掌握，毕业生就要精心准备应聘时向招聘人员提出的问题，并告诫自己：在这些问题没有得到明确的答复之前，我不做盲目决定。

对用人单位的信息多掌握一点，求职的选择机会就多一点；对招聘单位多了解一点，求职成功的希望就会多一点。掌握和了解用人单位的信息量越大，判断准确率越高；反之，则越低。因此，能否很好地收集、分析和活用用人单位信息，是对大学生在大学所学知识和能力的一次检验。

(3)职业信息的特性。职业信息作为信息的一种，具有信息的各种特性，如具有广泛的社会性、变动性、时效性、传递性、寄载性、共享性，以及可积累、可识别、可处理等特性。

大学毕业生最应该了解职业信息的两大特性，即变动性和时效性。

职业信息具有变动性，是指职业信息不仅受到整个国家政治、经济形势的影响，而且也受到所在地区、所在行业形势变化的影响，因此职业信息是不断变化的。例如，前些年，金融、财贸系统人才紧缺，如果选择这些部门就可能轻而易举地取得职位；而近几年这些部门人才饱和，用人需求量下降，获得职位的机会相对较小。

正因为职业信息是不断变化的，所以每一条职业信息的效用都有一定的期限，即信息具有时效性。过了期限，效用就会减少，甚至丧失。随着人才市场的开放，各类需求信息的传递渠道十分通畅，一些用人单位为了吸引更多的人来应聘，一条招聘消息可能通过各种传播媒介向社会发放，在高校范围也是如此。而部分大学生面对各种职业信息，却常常抱着"等一等，再看一看"的心态，结果错过时机，反过来再去寻找这些用人单位，得到的回答往往是"我们已在其他学校招到员工了"。

2. 职业信息的获取

会选择职业的人，首先是会收集信息的人。职业竞争在一定程度上就是信息的竞争，因此我们必须利用各种渠道、各种手段，广泛地、全面地、准确地收集与择业有关的各种信息，为择业做好充分的准备。

（1）收集职业信息的原则。

①准确性、真实性原则。准确性、真实性原则要求信息反映的情况必须真实、可信。职业信息是否准确，是择业人员做出决断的关键环节。信息不准，会给择业工作带来决策上的失误。

②适用性、针对性原则。随着人才市场的发展，职业信息愈益丰富，如果在信息收集中不注意适用性和针对性，那么就可能在众多的职业信息中无法把握方向，从而捕捉不到真实的、有价值的信息。这就要求大学毕业生在收集职业信息的时候，必须对自己有一个充分的认识，然后根据自己的专业、特长、能力、性格、气质等各方面因素去收集有关的职业信息，从而避免收集范围过大，浪费不必要的人力和时间。

③系统性、连续性原则。职业信息的收集要求具有系统性、连续性。因为许多时候职业信息是零碎的，这就要求大学生善于将各种相关的信息积累起来，然后经过加工、提炼，形成能客观、系统地反映当前职业市场、职业政策、职业动向的职业信息，从而为自己的择业提供更可靠的依据。

④计划性、条理性原则。作为信息收集者，大学生首先必须制订信息收集计划，明确信息收集的目的，只有明确了目的，职业信息收集才有方向，才能发挥信息收集的主动性。其次，明确自己所需职业信息的内容范畴，是有关职业政策、职业动向的，还是有关用人单位需求信息的，要做到有的放矢。最后，选择信息收集的方法和渠道。方法是达到目的的手段，方法正确，就可以在信息收集过程中少走弯路，收到事半功倍的效果。在方法选择上，要注意与职业信息内容相一致，有些信息是必须通过亲自调查获得的，有的信息需要通过查阅资料和文献获得。总之，力求方法与内容相衔接。

（2）收集职业信息的主要渠道。

①通过学校职业指导机构获得信息。现在各高校都成立了毕业生职业指导部门，

它是高校学生毕业求职的行政管理部门。学校职业指导部门每年会及时地、有针对性地向部委、地方主管部门和用人单位征求用人信息，因此在那里大学生可以得到许多用人单位的需求信息。通过学校职业指导部门获得的信息有以下几个特点。

针对性强。一般用人单位是在掌握了该校的专业设置、生源情况、教学质量等信息后，才向学校发出需求信息的，这些信息是完全针对该校应届毕业生的。

可靠性高。为了对广大毕业生负责，在把用人单位给学校的需求信息公布给学生之前，学校职业指导部门要先审核，保证信息的可靠性。

成功率大。学校提供用人单位信息和召开供需见面会的时间一般在每年毕业生实习离校之前，这段时间学校的用人单位需求信息最集中、量最大，一般只要符合条件并善于把握机会，在学校召开供需见面会时，供需双方面谈合适，学生很快就能签下就业协议书。

②通过社会各级人才市场获得信息。随着社会主义市场经济建设的发展，我国人才市场中介机构也应运而生了。在那里大学生不仅可以了解到各类机构和职位，还能得到一次极好的锻炼面试技能和增加面试信心的机会。

人才市场中介机构职业信息的特点，一是量大，如各省市人才市场几乎每周都有大量的人才招聘信息，大型招聘活动往往会吸引更多的招聘机构；二是直接，在人才市场上，毕业生将直接面对招聘单位，通过彼此的交流可以获得远较报刊等渠道更为丰富和全面的信息，更有利于毕业生正确地做好职业决策。

③通过多种传播媒介获得信息。在传媒业高速发展的今天，广播、电视、报刊、网络等传播媒介受到了招聘机构和求职者的共同青睐。

④通过社会关系获得信息。在寻找职业信息的时候大学生千万不要忘了自己周围的亲戚、朋友，也许他们会给你提供一些机会。实际上很多用人单位更愿意录用经人介绍和推荐的求职者，他们认为这样录用进来的人比较可靠。如果有这种机会最好不要放过。当然，请人介绍推荐的途径应正当，切不可不择手段。

一般可以为你提供信息的主要有以下几类人。

家长和亲友。家长、亲友提供的职业信息主要来源于其个人的社会关系，相对固定，但有相当大的局限性，一般不反映职业市场的实际供求状况，也往往不太适合那些专业比较特殊、学生本人职业个性比较强或具有某些竞争优势的毕业生。这是家长、亲友提供职业信息的特点之一。

家长和亲友提供职业信息的特点之二，是这类信息的传递方式是向内收缩的。也就是说，家长和亲友的职业信息源是"一次性"的，除非有了新的社会关系，原来的信息一般不会再派生出更多的职业信息。

家长和亲友提供职业信息的第三个特点是可靠性比较强。大学生求职事关重大，家长、亲友出于对子女、亲友的责任心，往往对自己提供的职业信息会先经过一番推敲、筛选。

另外，家长、亲友是提供职业信息的非正式渠道，它与家长、亲友的职业、经历、社会关系、社会地位等有很大的关系。因此，家长和亲友提供的职业信息有很大的个人差异。对有些毕业生来说，家长、亲友提供的职业信息是其重要选择；对有些毕业生而言，则可能无用。

学校的教师。学校里有不少教师与校外的单位有业务或私人往来，大学生也可以通过专业教师获得有关这些单位的用人信息，从而不断补充自己的信息库。

学校的教师作为非正式的职业信息渠道，提供的职业信息也具有来源有限、传递方式收敛和内容可靠等与家长、亲友提供的职业信息相似的特点，他们提供的职业信息往往专业针对性强，比较看重毕业生的学业成绩、在校表现及其资质、能力、特长。他们提供的职业信息也是经过筛选后再传递给毕业生的，可靠性比较强。教师在给学生提供信息时，更多地考虑毕业生的职业意向与专业的匹配。

自己的校友。校友（指已经毕业，有工作经历的校友）是近似于教师的非正式职业信息提供者。大学生可以尽可能多地认识一些这样的校友，问问他们是否愿意透露一些有关单位内部工作机会的情况，也许它并不意味着你肯定能找到一份工作，但至少能使你得到一些有关该单位的信息，从而对其有更深的了解。

校友提供的职业信息的最大特点是比较接近本校，尤其是本专业的毕业生在人才市场上的供求状况，以及其在具体行业中的实际工作、发展状况。近几年毕业的校友更有着对职业信息的获取、比较、选择、处理的经验和竞争择业的亲身体会，这比一般纯粹的职业信息更有参考和利用价值。

⑤通过社会实践（或实习）过程获得信息。社会实践是大学生自我开发职业信息的重要途径。在社会实践的过程中，通过自己的努力赢得用人单位的好感、信任，取得职业信息，甚至直接谋得职业的大学生不乏其人。因此，大学生在各种社会实践活动中，在了解社会、提高思想觉悟、培养社会能力的同时，要做一个收集职业信息的有心人。例如，在社会考察活动中，应有意识地提出一些关于行业发展趋势、人才需求状况、具体单位、岗位用人的要求、途径等与大学生求职有关的问题；在社会服务活动中，应注意观察、思考，努力去发现自己原来没有想到的、潜在的职业或岗位，一旦有所发现，应及时追踪求索；在勤工助学、挂职锻炼等直接在用人单位进行的社会实践中，更应多看、多问，要"淡化"自己的学生身份，多了解和关心该单位的发展，了解和关心自身及周围岗位上在职人员的工作状况，尤其是在与自己的职业意向相合的单位或岗位实践时，要充分展现自己的才华和能力。

另外，还有一个很重要的实践环节是毕业实习。毕业实习是学生踏入社会的前奏，是参加工作的预演，所以每个人必须充分认识到这是一份非常难得且有价值的经历。实习一方面使用人单位对你有所认识、了解，另一方面也使你对择业领域有更深的了解。因此要充分重视毕业实习这一教学环节，尽力建立好的、有意义的实习关系。

⑥通过互联网获得信息。随着信息时代的到来，互联网的应用已经越来越普遍。互联网作为一个庞大的信息和服务资源基地，已在商业应用、科研、教育、娱乐、生活、新闻等各种领域发挥了巨大的作用，大多数公司也选择在网上招募员工。人们不仅可以自由地从网络上取得各种职业信息，还能把自己的履历放入网络中。

现在有些院校在为广大学生提供上网机会以外，已经开辟了为毕业生制作个人网页的服务项目，可把个人履历、特长以及照片等输入个人网页中。网上求职和招聘将会成为个人择业的重要途径。

除了以上提到的几种信息获得的渠道外，大学生还可以通过有关专业报刊上刊登的广告，或者直接向用人单位投递求职信件和个人简历，或者电话联系用人单位和亲自拜访等方法取得有用的职业信息。但对大学毕业生来讲，一般不提倡这几种方法，因为要花的精力太大，而且收效甚微。

3. 异地求职的毕业生职业信息的获得

自从改革开放以来，我国一些大中型城市和东南沿海开放地区经济蓬勃发展，令人瞩目。例如，北京、上海、广州、深圳等城市，因其经济高速发展、职业机会多、发展机会大而成为毕业生纷纷向往的地区。有很多非本地区的毕业生希望能在这些地区工作和生活。与本地区的毕业生相比，异地求职的毕业生在求职过程中可能会遇到更大的困难，因此在下定决心准备在异地应聘职位前，提早关注当年的职业政策，特别是异地职业政策，做好充分的思想准备，收集足够多的职业信息是很有必要的。

大学生可以通过学校的职业指导中心、国家有关部门的官方网站获得这类信息。在了解了这些信息后，如果自身已符合进入目标地区的条件，就要提早利用各种途径了解可以接收外地毕业生的用人单位，并以自我推荐的方式尽早联系这些单位。

4. 职业信息的选择

毕业生在择业以前，必须对自己做出一个全面的认识和正确的评价，不但要清楚自己想干什么，更要弄明白自己能够干些什么，要清楚自己的兴趣爱好、气质特点、性格特征、基本素质、专业知识、技术能力等。在此基础上，大学生可以从以下几个方面入手来判断这条职业信息是否适合自己。

(1)专业性。专业知识是毕业生在择业中比其他非专业人员更具有竞争力的一个重要因素。大部分毕业生在通过几年的专业学习后，希望能从事与专业对口的工作。另外，由于毕业生没有任何工作经验，对专业以外的工作往往没有十足的把握。因此专业是否对口，往往是用人单位和毕业生双向选择中的一个共同标准。

(2)兴趣爱好。近几年来，在毕业生求职中专业不对口现象越来越多。例如，许多计算机专业的毕业生去搞经营，汽车专业毕业生去干管理等。放弃专业固然可惜，但兴趣爱好是一个人事业良好发展的重要条件。对自己所从事的工作有兴趣，就能充分发挥才能，并能长时间保持高效率而不感到疲劳。但是，大学生在选择爱好的职业前，应该了解自己的能力。这里讲的能力是专业知识以外的，如计算机应用能力、外语能力、动手能力、实践能力、协调能力等。放弃了专业对口的工作后，你面临的将是能力的竞争。

（3）性格特征。性格特征也与职业信息的选择有关。如果你是一个性格内向、好静不好动的人，面对办公室文员和营销代表两条职业信息时，前者是你的选择。不同性格的人适合从事不同类型的职业，毕业生应该根据自己的性格特征选择自己适合的职业。

另外，毕业生还可以根据个人的要求，如对用人单位性质的要求、对用人单位规模的要求、对用人单位地理位置的要求等，在各种职业信息中挑选出有利用价值的、适合自己的信息。

5. 职业信息的处理

由于职业信息时效快、数量大、品种多、范围广，因此在对其进行处理时必须做到以下几点。

（1）做出正确的选择。择业的成败很大程度上取决于对职业信息如何进行选择。要选择得好，首先必须能在较短的时间内查阅大量的信息，以便从中迅速发现最有用、最重要的信息；其次，要鉴别、判断、善于识别信息的准确性、有效性和可行性。信息在传递过程中由于多种因素，会有一些信息失真，这是在所难免的。这就要求我们必须通过查询、核实来加以修正、充实，使信息具有有效性。同时必须依据各自的实际情况和有关方针政策找到与自己最合适的信息，使信息具有可行性。

（2）善于开拓。许多信息的价值往往不是直观的，必须经过使用者的深入思考，加以引证才能发现。当大学生获得一定量的职业信息时，必须善于利用，否则仍将一无所获。

（3）迅速反馈。信息有很强的时效性，当你收集到广泛的信息并加以分析处理后，应尽早决断，并向用人单位反馈信息。一是因为应聘都是有一定时限的；二是因为条件较好的职业很多人都会被吸引，而录用指标是有限的，所以犹豫不决会使你痛失良机。

（二）鉴别职业信息

在广泛搜集信息的基础上，结合自己的实际情况，依据国家有关的政策、法规对信息去伪存真、去粗取精，有目的、有针对性地进行排列、整理和分析，这是非常必要的。只有当信息具有准确性、全面性和有效性后，信息才能更好地为自己的择业服务。

1. 学会对职业信息进行鉴别

案 例 精 选 ▶▶▶

招聘启事：××给水工程有限公司高薪诚聘

本公司是专业从事泵类产品及给排水设备的生产经营企业，在国内已有相当的知名度。公司下属的分公司、办事处遍及十几个大城市。为进一步拓展国内市场，将公司发展成为中国制泵行业的巨人，经××市人事局同意，诚聘以下优秀人才。

分公司(部)经理5名：40周岁以下，大专以上学历，五年以上销售经验，两年以上销售管理经验，有管理才能，身体健康。

高级业务代表30名：35周岁以下，大专以上学历，两年销售经验、熟悉给排水专业知识者优先。

广告策划1名：40周岁以下，美专毕业，五年以上工作经验，具有平面设计、CI策划经验，有创意制作能力，身体健康。

以上人员需具有敬业、创业精神，勤奋踏实，有强烈的责任心、事业心和开拓精神，吃苦耐劳、刚毅顽强。应聘者经过公司培训考核后，一经录用，待遇从优。分公司(部)经理待遇：底薪8000元＋佣金＋良好的晋升机会。高级业务代表待遇：底薪6200元＋佣金＋良好的晋升机会。广告策划待遇：底薪7500元＋佣金＋良好的晋升机会。凡有意向者，请将个人资料(学历证明复印件、身份证复印件、简历、工作业绩、一寸近照一张、联系电话等)寄至本公司行政人事部。初选合格者即通知面试，未接到通知者的应聘材料恕不退还。欢迎全国精英来信应聘。××给水工程有限公司将为您提供事业沃土，共图公司大业。

地址：××市×××路×××号　邮编：××××××

电话：××××××××

从这一招聘启事中我们可以看到以下几点。

(1)企业拥有一定的知名度和实力，公司下属的分公司和办事处遍及全国十几个大城市。

(2)有明确的企业奋斗目标：成为中国制泵业的巨人。

(3)应聘条件强调实际能力的同时，也对有经验者给予一定的优惠政策。

(4)招聘对象与企业发展所需要的人才是对应的、一致的，招聘内容是严密的。

(5)公司精神是奋发向上的，对应聘者提出了需具有敬业、创业、开拓精神等的要求，说明该公司注重人才的内在质量，企业有良好的工作氛围。

(6)应聘个人资料要求齐全，包括学历证明、身份证、简历、工作业绩、近照、联系电话等。

（7）此次招聘行为是合法有效的，写明了"经××市人事局同意"字样。

（8）公司所在地址、联系电话明白无误，便于应聘者对其有更深入的了解。

总之，这是一份较为理想的招聘启事。

2. 鉴别用人单位资质和信誉

目前大学毕业生就业形势严峻，很多学生为了找工作而焦头烂额，而各种招聘单位形形色色、良莠不齐，除了一些简单的信息外，人们对这些招聘单位的情况一无所知。如何保护自己的利益不被非法用人单位侵害，这给大学生求职带来了更多的考验。

招聘单位发布招聘信息的渠道主要有三个，一是通过学校，二是通过人才市场，三是通过媒体。而这三个渠道又是怎样核查招聘单位的情况的呢？

学校为保证学生的求职安全，一般选择把一些事业单位或经常到学校来招聘、信誉良好的企业推荐给学生，对其他不熟悉的企业的招聘都很慎重。

人才市场只对招聘单位资质进行书面审核，招聘单位只要具备发布信息的条件，便可到人才市场招聘手续窗口，约定采取何种方式招聘并缴纳费用后，招聘手续即告完成。

客观地说，目前各个院校和各地人才市场对用人单位的资质和信誉鉴别都没有一套万无一失的办法，这将是一个有待解决的难题。

第三节　职业的发展现状、趋势和预测

高等教育大众化的实现，使全国高校毕业生人数逐年增加，这给大学生的就业造成了极大的压力。大学生与社会需求之间的关系由供不应求转为供需平衡，直至供大于求，大学生就业基本趋于市场化。在社会需求总量增加不大的前提下，在相当长的一段时间里，大学生就业将面临较大压力，这就要求我们对职业发展现状有一个更明确的认识，同时怀着一个普通劳动者的心态去参加就业选择和就业竞争，让职业生涯得以顺利展开。

一、市场经济与职业发展

目前，中国正处于由计划经济向市场经济发展的阶段，也就是社会转型期。中国社会的转型推动了社会经济的巨大变化，必然要求人们的思想观念也变化。党的二十大报告中指出："我们提出并贯彻新发展理念，着力推进高质量发展，推动构建新发展格局，实施供给侧结构性改革，制定一系列具有全局性意义的区域重大战略，我国经济实力实现历史性跃升。"职业是人的生活方式，也是人的社会角色的体现，因此，社会转型对人们的就业观念乃至职业生涯都造成了巨大影响。例如，自由职业正在成为现代都市就业的重要方式。与传统的职业观念相比，转型后的个人职业生涯有以下几个特点。

(一)职业生涯成功的标准发生了变化

传统的职业生涯成功标准是沿着金字塔式的组织结构向上升的，这种职业生涯目标不仅受员工自身努力的影响，还受单位组织结构的影响。而转型社会中职业生涯的目标越来越突出心理成就感。与传统职业生涯目标相比，心理成就感更大程度上是指自我主观感觉，而不仅仅指企业对员工的认可（如晋升、加薪等）。

(二)强调个人的需要

从传统角度看，职业生涯可以被认为是员工与一个组织保持的一种长期的雇佣关系，在这个组织中，员工按照事先设计好的连续职务序列阶梯向上发展。例如，在企业里，个人可以走管理序列，如担任专员、主管、经理、总经理；也可以走专业技术序列，如担任助理工程师、工程师、高级工程师等。在社会转型期，由于商业环境的变化和知识技术的革新，企业越来越无力保证为员工提供持续稳定的工作和职业发展机会，员工也越来越意识到自己随时可能面临失业危机。在这种情况下，职业生涯越来越强调个人的驱动性，强调个人的需要比组织的需要更重要，这样员工就不会放弃自己的目标。这种目标就是获得一种心理成就感，在很大程度上由员工自己掌握和控制，他们往往对地位不太看重，但希望工作富有灵活性，并渴望从工作中取得乐趣。

(三)跨专业和跨组织的职业流动

在转型社会的职业门类中，一个人可以在不同的生命阶段尝试从事多个工作岗位和涉足多个工作领域，员工可能会不断地寻找新的工作机会和新的职业机会，直至找到最适合自己的职业发展领域。兼职、跳槽等情况司空见惯。另外，这种流动可能产生许多新的可能性。例如，一个学习中国古典绘画的人，可以在蛋糕包装设计方面发展自己。将不同领域结合起来，许多新的职业就是这样诞生的。

(四)强调学习的重要性

与传统职业生涯不同，社会转型时期，个人的发展和终身学习是新式职业生涯发展的中心，这使自我学习能力变得越来越重要。在传统的职业生涯中，员工"知道怎样做"（即具备提供产品和服务的适当技能）至关重要，而转型时期的企业对员工的知识和技能要求更高了，员工不仅要"知道怎样做"，而且要"知道为什么"并"知道为谁做"。要达到这一点，单靠正式的课堂培训是不够的，还需要人际互助和在职体验，需要人的自我学习和自我感悟。

二、当前我国职业发展的趋势

职业是社会分工的结果，是人类社会生产和社会生活进步的标志。随着经济和社会的不断发展，科学技术的突飞猛进，社会职业的数量、种类、结构、要求都在不停地发生着变化。

随着我国经济、社会文化和科学技术的发展，我国的产业结构将发生根本变化，而随着我国产业结构的变化，当代职业发展变化将出现向发达方向发展的趋势。

(一)职业种类越来越多，分工不断趋于精细，职业间的差异不断加大，许多新兴职业应运而生

经济领域是集中职业种类和职位数量最多的社会领域。改革开放以来，我国经济飞速发展，在经济发展的过程中产生了对各个行业人才的需求，因此目前职业已远远超过"三百六十行"。

职业种类的增多还要归因于现代科学技术的新发展、社会经济发展、一些边缘科学的开发、社会服务的变化、社会政治体制及管理的变化等。

(二)职业的专业性、技术性、功能性特点越来越强

知识是人类实践活动和思维成果的结晶，是人类文明得以发展和延续的基础，是人类改造自然和社会的强有力的工具。对求职者而言，知识的积累是成才的基础和必要条件。然而，知识数量的多少并不能完全代表一个人真正的智能水平，因此，求职者应把知识转化为专业技术。

随着社会主义市场经济体制的建立和不断完善，社会人才观及人才模式也发生了巨大变化，社会对未来人才知识的综合性结构提出了更高的要求，求职者不仅要成为该领域具有专业知识和技能的专门化职员，而且要突破专业限制，成为掌握多种知识和技能的高素质复合型人才。技能短缺确实阻碍经济增长、生产力发展和技能革新，低技能约束技术革新速度，而且约束采用更有生产力的劳动组织，因此，未来职业的专业性、技能性和功能性特点会越来越强。

(三)体力劳动类职业与各种职业中的体力成分大大降低

科技进步给职业发展带来巨大冲击，现代科技的发展带来了许多新技术、新产品和新工艺，这些新技术、新工艺的研究开发和应用必然导致部分职业的新旧更替。例如，电子计算机技术的发展，使诸如电报发报、电话接线、机械打字等传统职业逐渐走入末路，但随之而来的电子通信网络服务、数字化开发等新职业领域却涌现出来。因此，科技发展使职业发展呈现出这样的特点，即脑力劳动职业发展速度越来越快，体力劳动职业将越来越少。信息时代社会产业结构的变化将不断加剧，这使一部分职业兴旺，而另一部分职业被淘汰的现象大大增加，也使人们在职业间的流动大大增加，结构性失业问题会越来越多。

信息对人们的职业发展具有不可估量的价值，它是现代社会个人或组织赖以生存的基础性资源，信息不仅是知识的载体，也是机遇的化身。信息中隐含着许多机遇信号，人们要想谋取理想的职业岗位，充分发挥职业才能，不仅取决于自身的学识技术

能力和社会的经济需求等因素，也取决于求职者能否掌握足够的职业信息。

现代信息科学技术不仅极大地推动着社会生产力和经济的迅猛发展，也为信息传播创造了优越的条件。人们每天都在通过各种渠道接收巨大的信息流，现实存在的职业信息告诉我们社会经济生活和职业发展的真实面貌。通过职业信息，人们可以从实际出发看待个人的发展方向，调整个人的专业学习内容，从而合理地调整职业方向，避免因信息时代职业变化过快而发生的结构性失业。

（四）越来越注重发挥人的智力和潜能

现在的企业要想保持竞争力并占有市场，必须不断改进产品，提供更全面、周到的服务。21世纪，劳动力市场需要的不再是只懂得遵守纪律的生产线工人，而是有思想、有主见，个性独立，能承担风险，并且在技术进步的背景下能不断掌握新出现的专业技能的技术人才。在对技能的需求方面，劳动力市场对常规动手能力、常规认知能力的需求降低，而对非常规分析和交往能力的需求增加，并且还需要求职者具备创造力和创新技能、批判性思维、信息和通信技术、交流与工作能力、伦理和社会责任感等能力。

三、未来职业发展预测

（一）未来职业的特点

1. 职业的教育含量增大

各种就业岗位需要更多的受过良好教育、掌握最新技术的技术工人，单纯的体力劳动或机械操作职业将明显减少。

2. 职业要求不断更新

一些职业因新的工作设备和条件变化，对职业内容有了新的要求。例如，对行政工作人员，以前只要求具备较好的组织协调能力、分析问题和解决问题的能力、文字能力、口头表达能力等。现在除了要求他们具备上述能力以外，还要求他们具备社会交往及计算机辅助管理、办公自动化操作能力等。

3. 永久性职业减少

只有少数人能拥有"永久性"的工作，而从事计时、计件或临时性职业的人会越来越多。

（二）未来的主导职业

我国的人事管理机构根据全国各类专业协会的有关统计资料，对我国未来急需人才进行了分析和预测。分析结果认为，我国未来十年的主导职业包括以下16类。

1. 市场营销类

市场营销对企业产品销售公关是非常重要的一个环节，在当今和未来社会发展中，产品的独立承销商和销售网络的建立将成为企业运作的主要形式。这些承销商和销售网络同时负责为公司进行广告宣传和相应的技术或销售服务。

2. 生物化学和生物技术类

生物化学和生物技术是近些年科学研究与生物技术开发的一个热门领域，该领域在生物制药、保健品开发、治疗疑难病症的药品的研制等方面有巨大的发展潜力。

3. 心理学类

我国已经将心理学列为 21 世纪重点发展的学科之一。自 1997 年起，教育部在北京师范大学、浙江大学、华东师范大学等重点院校建立了心理学理科基础研究人才培养基地。此后，国家在心理学领域的投入力度逐年加大，心理科学也逐渐成为一个受国家和社会关注的专业。

4. 旅游类

随着人们收入和生活质量的提高，人们对户外娱乐、休闲和旅游活动的经济和时间上的投入也逐渐增加。在 21 世纪，旅游业将迅速发展。

5. 人力资源类

未来社会的竞争是人才的竞争，谁拥有人才谁就将在激烈的竞争中拥有立足之地。在近几年的发展中，无论是政府机构还是企业，都建立了专门负责招聘人才的人事机构或人力资源部。其主要职能已不再是传统的人才档案管理，而是招聘和培训员工，最大限度地开发人力资源的潜力，创造最大的经济效益和社会效益。

6. 会计类

随着社会经济的逐渐发展和财务管理的规范化，各类企事业单位对会计的需求都大大提高。

7. 计算机技术类

随着计算机技术的发展和广泛应用，计算机硬件、软件的开发、应用和维护成为社会各行业工作的重要组成部分，需要配置计算机技术人员从事计算机软、硬件方面的安装、调试和维护工作。因此，各行业(如银行、医院、政府部门、企业等)对计算机技术方面的专业人才的需求都越来越大。

8. 计算机软件开发类

计算机技术的普及促进了计算机软件业的飞速发展，软件开发成为计算机行业的重要开发领域，软件设计专家成为软件开发业的热门人才。

9. 环境保护类

随着国家与公众环保意识的增强，社会对环境保护类专业人才的需求将呈直线上升趋势。

10. 中医和健康医学类

由于中医在辨证治疗和整体治疗方面具有独到之处，而且与当今的生物制药领域有密切的关系，因此社会对中医师和健康医学人才的需求量将逐渐增加。

11. 咨询服务类

当今的社会是一个信息膨胀的社会，信息获取已经成为科学技术发展和商业运作的关键环节。社会分工的精细化和专门化，促进了信息咨询和相关咨询行业的发展，并成为社会发展和进步的一个主导职业。

12. 保险类

社会经济结构的变化和各种不可预期的因素给人们的工作和生活增添了很多不确定的因素，这就需要有完善的社会保障体系。社会保障体系的不断完善会促进保险业的发展。

13. 法律类

随着社会的发展和进步，法律法规也不断健全和完善，国家颁布的各种法律法规将越来越多、越来越详细，对高素质、高学历的法律人才的需求将越来突出。

14. 老年医学类

人口老龄化是我国面临的一个严峻的问题，随之而来的就是老年人的医疗、心理健康等一系列问题。这样一个庞大群体上述方面的需求，会让对老年医学类人才的需求凸显。

15. 家庭护理和服务类

社会生活和工作节奏的加快使家庭成员的压力加大，照顾老人和孩子成为年轻夫妻的沉重负担，家庭护理服务的需求量也因此大大提高。

16. 专业公关类

公关和企业形象设计对一个公司或企业的发展是至关重要的，公关会成为极有发展前景的职业。

（三）未来的热门行业

根据社会学家和经济学家的预测，随着中国市场经济的发展和经济结构的调整，各行业在社会发展中的地位和发展潜力也在发生变化。某些行业社会需求的加大促进了这些行业的蓬勃发展，并成为未来社会发展的主导产业。据有关专家预测，21世纪有巨大发展潜力的行业主要有以下十个。

1. 妇女、儿童用品业

随着人们对生活质量要求的提高，女性和儿童对服装、化妆品、洗涤用品以及她(他)们生活中的一些必需品的需求越来越大。企业在这些用品上的投入也比较高，并带动相关产业的迅速发展，在未来的社会发展中，这一行业仍然有巨大的发展潜力。

2. 旅游休闲及相关产业

人们生活水平的提高让人们旅游休闲的机会越来越多，这不仅带动了旅游业的发展，也带动了服务业、运动产品、体育场馆、旅行社、旅游产品等行业的繁荣发展，形成了一个促进经济发展的强大产业。

3. 建筑与装潢业

国内城市居民住房的商品化带动了装修业的发展，室内装饰产品和装修工程承包业成为一个快速发展的行业。当前城市居民装修住房的投入增加，并促进了装饰材料业的发展。

4. 餐饮、娱乐与服务业

人们收入水平的提高带动了社会消费的发展，餐饮、娱乐与服务业和人们的日常生活关系紧密，是重要的消费领域，在未来有较大的发展空间。

5. 网络信息咨询与服务业

当今时代是一个信息时代，信息网络技术的发展使人们对网络信息的依赖越来越强，网络信息服务成为一个重要的行业。这个行业包含网上购物、商业信息服务、广告媒体服务、技术信息咨询与服务等。

6. 房地产开发业

随着住房政策改革和住房的商品化，房地产开发业成为一个繁荣兴旺的行业，购房也成为每个家庭的头等大事。房地产开发业因此面临巨大的商机，并因此带动了与之相关的房地产开发、咨询、销售、物业管理、租赁、二手房转让行业的迅速发展。

7. 社会保险业

随着国家经济的进步和社会保障体系的不断完善，人们的安全防护意识也不断提高，保险意识越来越强。很多人都意识到了花少量投入来保证家庭成员的生命和财产安全的重要性。因此，保险业也日益受到人们的重视。

8. 家用汽车制造业

随着国家经济的飞速发展和人们物质生活的不断提高，家庭对汽车的需求量不断上升，个人对家用汽车的需求将在今后相当长的时间内持续上升，给家用汽车制造业带来巨大的机会。同时，家用汽车市场的发展还将带动汽车配件、维修以及相关的技术产品生产业等的发展。

9. 邮政与电信业

在当今快节奏、高效率的时代，人们对信息传递的快捷性、同步性的要求越来越高，对相关通信产品(如电话、手机、传真机)以及通信服务的需求也越来越高。

10. 老年医疗保健业

2021年第七次全国人口普查结果显示，中国60岁及以上人口占比超过18％，人口老龄化程度进一步加深。老年人比例的增加带来很多医疗、保健、社区服务等方面的需求的增加。因此，从事老年人医疗、保健、生活服务等工作将具有很大的发展前景。

第四节 职业素养

职业素养是职业发展的基本素质。想提升个人的职业素养，我们就要从职业意识、职业能力、职业态度、职业道德、职业形象等多个方面展开学习，成为一名具有职业化素质的新时代大学生。

一、职业素养的含义

职业素养指职业内在的规范和要求，是在职业过程中表现出来的综合品质，包含职业道德、职业技能、职业行为、职业作风和职业意识等方面。

职业素养至少包含两个重要方面：一是敬业精神及合作的态度。敬业精神指在工作中要将自己作为单位的一部分，不管做什么工作都一定要做到最好，发挥出实力，对一些细小的错误一定要及时地更正。敬业不仅仅是吃苦耐劳，更重要的是"用心"做好自己的每一份工作。二是态度是职业素养的核心。好的态度如负责、积极、自信、乐于助人等是职业素养发展的关键因素。

二、职业素养的基本特征

一般说来，职业素养具有下列主要特征。

（一）职业性

不同的职业，其职业素养是不同的。对建筑工人的素养要求，不同于对护士的素养要求；对商业服务人员的素养要求，不同于对教师的素养要求。

（二）稳定性

一个人的职业素养是在长期职业实践中日积月累形成的。它一旦形成，便具有相对的稳定性。例如，一位教师经过一段时间的教学生涯，就逐渐形成了怎样备课、怎样讲课、怎样爱护自己的学生、怎样为人师表等一系列教师职业素养，于是，职业素养便保持相对的稳定性。当然，随着继续学习、工作和环境的影响，这种素养还可能继续提升。

（三）内在性

从业人员在长期的职业活动中，经过学习、认识和亲身体验，会形成一定的内在认知，能判断怎样做是对的，怎样做是不对的。有意识地内化、积淀和升华这样的心理品质，就是职业素养的内在性。

（四）整体性

一个从业人员的职业素养是和其整体素养有关的。职业素养，不仅指人的思想政治素养、职业道德素养，还包括其科学文化素养、专业技能素养，甚至还包括身体心理素养。因此，职业素养的一个很重要的特点就是整体性。

（五）发展性

一个人的职业素养是通过教育、自身社会实践和社会影响逐步形成的，它具有相对性和稳定性。随着社会发展不断对人们提出新的要求，人们为了更好地适应、满足、促进社会的发展，总是不断地提高自己的职业素养，因此职业素养具有发展性。

三、职业素养的意义

职业素养对大学生具有十分重要的意义。简言之，职业素养是职业人在所从事的职业中尽自己最大的能力把工作做好的素质和能力。它不是以这件事做了会给个人带来什么利益和造成什么影响为衡量标准的，而是以这件事与工作目标的关系为衡量标准的。更多时候，良好的职业素养是衡量一个职业人成熟度的重要指标。

从个人的角度看，个人缺乏良好的职业素养，就很难取得突出的工作业绩；从企业的角度看，唯有集中具备较高职业素养的人员才能实现生存与发展的目的，提高企业的市场竞争力；从国家的角度看，国民职业素养的高低直接影响着国家的经济发展，是社会稳定的前提。正因如此，大学生培养自己的职业素养显得尤为重要。

四、职业素养的培养途径

职业素养的培养必然是教育与培训相互渗透、相互作用的结果。在校大学生作为未来的职业人，只有在教育活动和培训过程中不断增强综合素质，提高综合能力，从而具备良好的职业素养，才能为将来的发展奠定基础。

（一）树立正确的观念

良好的职业素养需要正确的观念来指导，只有树立了正确的观念，才能形成正确、良好的职业素养。

第一，价值观。价值观是作为个体的人和社会需要之间的一种特定关系，是处理个人与社会关系的一种原则和态度。确立怎样的价值观，对一个人的职业素养的影响非常重要。在对待、处理个人与社会的关系问题上，应该将个人价值和社会价值统一起来，把社会价值的实现看得高于一切、重于一切。

第二，荣辱观。具有了是非分明的荣辱观，才能在任何情况下都不为诱惑所动，不为人情世故所困，时刻保持清醒的头脑，规范自己的行为，维护自己的形象。

第三，义利观。"义"和"利"即道义和利益，是个人在社会生活中无法避免的问题。每个劳动者在职业实践活动中都或多或少地涉及自己、他人及社会的利益和矛盾。面对这些冲突，应该以"义"为重，树立正确的是非观念。

此外，培养主人翁精神、职业责任感、使命感等，也是我们提高职业素养的重要方面。

（二）知行统一

"知"，即认知，是劳动者在职业实践活动中经过理论学习和经验总结所获得的正确认识；"行"，即行为，是劳动者参与社会实践，进而改造客观世界的所有活动。知行统一，即劳动者将职业素养的理论、情感、信念、意志和习惯不断地融入自己的职业实践活动中，真正做到言行一致、身体力行。

（三）职业素养评价

职业素养评价，即"内省"，是人们在职业实践活动中，根据一定的职业原则和规范，对自己或他人的职业行为进行是非善恶的判断，从而表现自己对某种职业素养行为态度的一种方法。它是劳动者提高职业素养的重要方式。

▶▶▶ 练习与思考

1. 什么是职业分类？职业分类依据的方法是什么？
2. 职业分类的具体技能有哪些？核心技能在职业分类技能中的角色是什么？
3. 影响职业发展的因素有哪些？
4. 如何应对现代社会对人才的职业要求？

第五章

职业决策

学习目标

1. 了解职业生涯决策的基本知识。
2. 掌握职业生涯决策的基本原则和方法。
3. 掌握"六顶思考帽"的具体运用方法。
4. 掌握 5W 法和 SWOT 法的职业决策方法。

第一节　职业决策概述

做出决定是人们成长过程中的重要环节，一些重要决定甚至可能会影响一个人的一生。随着年龄的增长，大学生都不得不自己决定一些重要事情，如考试、升学、就业、结婚等，甚至日常生活中的琐事也都充满着抉择。职业生涯决策是指对所从事的职业进行选择的行为，其过程综合了个人对自我的认识，以及对教育与职业等外在因素的判断，体现了个人面临职业生涯决策时所做出的各种反应。其构成要素包括决策者个人目标、可供选择的方案与结果，以及对结果的评估。其历程与结果，则受到机会、结构、文化、能力等因素，以及个人的职业观、价值观与其他内在因素的影响。

一、职业生涯决策的要素

面对职业生涯决策这个问题时，每个人的情形都不尽相同，但任何一个合理决策的提出，都需要考虑和分析决策的目标、选择、结果和评价四大要素。

（1）目标，指要达到的目的，这也是决策这一行为存在的根本。

（2）选择，指在达成目标的过程中有多种途径，采取哪一种途径就是做出选择。

（3）结果，指每一种选择衍生出的成就。

（4）评价，指对各个选择后的结果进行合理的评估。

二、职业生涯决策的风格

职业生涯决策的一个重要的特征是不同的个体做出决策的方式会有差异，因此，研究者提出了职业决策风格这一概念。职业决策风格是一种稳定的人格特质，它反映的是个体在做出决策时表现出的特定行为模式。

（一）职业决策风格"三分法"

根据著名职业生涯学者哈瑞恩的研究，大部分人的职业决定方式可以归纳为以下三种。

第一，理性型。这种类型的人崇尚逻辑分析，往往在系统收集足够的自我和环境信息的基础上，权衡各个选项的利弊得失，按部就班地做出最佳的决定。

第二，直觉型。这种类型是根据自己在特定情境中的感受或者情绪反应直接做出决定。这种风格的人做决定全凭感觉，比较冲动，很少能系统地收集相关信息，但他们能为自己做出的决定负责。

第三，依赖型。这种类型的人常常是等待或者依赖他人为自己收集信息后做出决定，比较被动和顺从，做出选择时十分注重他人的意见和期望。他们以社会赞许、社会评价和社会规范作为做出决定的标准。

（二）职业决策风格"五分法"

美国职业生涯专家斯科特和布鲁斯认为，决策风格是在后天的学习经验中逐渐形成的，他们将决策风格划分为以下五种类型。

第一，理智型：以周全的探求和对选择的逻辑性评估为特征。理智型的决策者具备做事深思熟虑，分析、逻辑能力强的特性。这类决策者会评估决策的长期效用并以事实为基础做出决策。理智型决策风格是比较受人们推崇的决策方式，它强调综合、全面地收集信息、理智的思考和冷静的分析判断，是其他决策风格的个体需要培养的一种良好的思考习惯。但理智型的决策风格也并不是完美的决策方式，即使采用系统的、逻辑的方式，也会出现因为害怕承担决策的后果而不能整合自己和他人观点的困扰。

第二，直觉型：以依赖直觉和感觉为特征，比较关注内心的感受。直觉型的决策风格以自我判断为导向，在信息有限时能够快速做出决策，当发现错误时能迅速改变决策。由于以个人直觉而不是理性分析为基础，这类决策发生错误的可能性较大。因此，易造成决策的不确定性。

第三，依赖型：以寻求他人的指导和建议为特征。依赖型的决策者往往不能承担自己做决策的责任，允许他人参与决策并共同分享决策成果，会收到他人的正面评价，但也可能因为简单地模仿他人的行为导致收到负面的评价。依赖型的决策者需要了解生活中的重要他人对自己的影响程度。

第四，回避型：以试图回避做出决策为特征。回避型的决策者做事往往采用拖延、不果断的方式。面对决策问题会产生焦虑的决策者，往往因为害怕做出错误决策而采取这样的反应。这往往是由于决策者不能承担做决策的责任，而倾向于不考虑未来的方向，不做准备，不知道自己的目标，也不思考，更不寻求帮助。这样的决策者更容易被支持系统忽略。这些学生需要意识到自身的决策风格及其可能造成的危害，努力调整，增强职业生涯规划的意识和动机，才能从根本上得到他人的帮助。

第五，自发型：以渴望即刻、尽快完成决策为特征。自发型的个体往往不能容忍决策的不确定性以及由此带来的焦虑情绪，是一种具有强烈即时性，并对快速做出决策的过程有兴趣的决策风格。自发型决策者常会基于一时的冲动，在缺乏深思熟虑的情况下做出决策，此类决策者通常会给人果断或过于冲动的感觉。

(三)职业决策风格"八分法"

著名学者丁克赖吉根据人们做出决策的不同行为特征，把职业决策分为以下八种类型。

第一，延迟型。这种类型的人知道问题所在，但是经常迟迟不做决定，或者到最后一刻才做决定。

第二，宿命型。这种类型的人自己不愿意做决定，把决定权交给别人或者机遇，认为做任何选择都是一样的。

第三，顺从型。这种类型的人自己想做决定，但是无法坚持己见，常会屈从于权威的决定。

第四，麻痹型。这种类型的人害怕承担做出决定后的结果，也不愿意负责，选择麻痹自己来逃避做出决定。

第五，直觉型。这种类型的人根据感觉做出决定，大多数情况下只考虑自己想要的，不在乎外在的因素。

第六，冲动型。这种类型的人不愿意思考太多，往往基于第一想法做出决定。

第七，犹豫型。这种类型的人考虑过多，在诸多选择中无法下定决心，常常处在痛苦的挣扎状态中。

第八，计划型。这种类型的人做出决定时既倾听自己内心的声音，又考虑外在的环境要求，以做出适当的决策。

(四)我国求职者职业决策风格的类型

基于原动力心理学人格理论，通过总结分析目前我国求职者在职业选择中的行为特点，可以归纳总结出以下八种职业决策风格类型。

第一，防守—感性—思考型。该类型的求职者在进行职业决策时，思想保守，不敢尝试，行动迟缓。在面临任务时因为主客观原因常常采取回避或放弃的态度。情绪化严重，以情感、直觉为主，依靠自己当时的情感，甚至是一时的感觉对自己的职业做出选择。缺乏长远的设想和规划，往往是被动地等待工作的出现，即使出现机会，他们也依然犹豫不决，错失良机。该类型的求职者注重职业选择过程中的机会寻找和利用，而不制订计划和目标。

第二，防守—感性—行动型。该类型的求职者在进行职业决策时，思想保守，缺乏勇气，在面临任务时因为主客观原因常常采取回避或放弃的态度，容易受到自己情绪的干扰，瞻前顾后，缺乏长远的设想和规划。个体在做出决策时倾向于注重个人的主观愿望、心理需求等因素，一旦采取行动后会认真仔细、踏实严谨。

第三，防守—理性—思考型。该类型的求职者在进行职业决策时，思想保守，行动迟缓，在面临任务时因为主客观原因常常采取回避或放弃的态度，有时出现机会以后，他们也依然犹豫不决，错失良机。该类型的求职者通常会按照社会标准判断职业价值，注重对环境、自身特点和所选结果的优劣进行仔细权衡，最终选择自己认为最优的方案。

第四，防守—理性—行动型。该类型的求职者在进行职业决策时，思想保守，缺乏勇气，在面临任务时因为主客观原因常常采取回避或放弃的态度，注重对环境、自身特点和所选结果的优劣进行仔细权衡，最终选择自己认为最优的方案，一旦采取行动后便会认真仔细，计划性强、目的性强。

第五，进取—感性—思考型。该类型的求职者在进行职业决策时，主动积极地收集各类信息，态度乐观，面对不同的工作任务常常以自己的喜好为出发点进行评判，通常倾向于通过自我价值标准，权衡问题的相对价值和利益并进行判断和决策，比较主观、敏感。在行动方面表现得不够果断。个体在做出决策时倾向于注重个人的主观愿望、心理需求等因素，依靠自己当时的情感甚至是一时的感觉进行决策。他们注重职业选择过程中的机会寻找和利用，而不制订计划和目标。

第六，进取—感性—行动型。该类型的求职者在进行职业决策时，主动并积极收集各类信息，态度乐观，面对不同的工作任务常常以自己的喜好为出发点进行评判，通常倾向于通过自我价值标准，权衡问题的相对价值和利益并进行判断及决策，比较主观、敏感。通常在获得行动所必要的信息时，就不再寻求新的信息而直接付诸行动，具有计划性、目的性、决断性等特点。个体在做出决策时倾向于注重个人的主观愿望、心理需求等因素。

第七，进取—理性—思考型。该类型的求职者在进行职业决策时，主动并积极收集各类信息，态度乐观，能够比较正确地理解社会的各类价值观念，理智地对职业价值做出判断。他们注重对环境、自身特点和所选结果的优劣进行仔细权衡，最终选择自己认为最优的方案；注重职业选择过程中的机会寻找和利用，而不制订计划和目标，有时显得行动不够果断。

第八，进取—理性—行动型。该类型的求职者，在进行职业决策时，主动并积极收集各类信息，态度乐观，能够比较正确地理解社会的各类价值观念，理智地对职业价值做出判断，通常在获得行动所必要的信息时，就不再寻求新的信息而直接付诸行动，具有计划性、目的性、决断性等特点。他们注重对环境、自身特点和所选结果的优劣进行仔细权衡，然后选择自己认为最优的方案。

职业决策是一个伴随职业发展，贯穿个人一生的行为过程。在个人的职业发展中，要面对许多不同的决策任务和决策情境，需要不断地做出职业决策。大学生处于职业探索前期，对职业世界缺乏经验，外部环境的不确定性给他们带来了巨大压力。在这种情况下，了解自己的决策风格的类型、特征、优劣，学会依据自己的决策风格特点，采用各种决策方式，有效地应对复杂的、不确定的情境和任务，将有助于提高个体的决策效率，成功实现职业发展目标。同时，学校、社会等职业指导机构在了解求职者职业决策风格特点的基础上，要做出更加个性化的职业辅导，避免对学生的指导过于程序化和单一化，使职业指导工作更加切合学生需求，更加实用、有效。

三、职业决策的策略

职业决策是一种选择能力，决策者会在不同情境下选择使用不同的决策策略，也可能综合使用几种策略。

理性决策策略、被动决策策略和直觉决策策略，受到了人们的普遍认同，并在实际应用中得到了验证。

(一)理性决策策略

理性决策策略指个体在做出决策时严格按照理性思维进行推理，依照科学的程序做出对自己职业的选择。哈瑞恩认为，个体进行理性职业决策时，主要反映出个体内在的、理性的需要，并以一定的有关自我与环境的信息作为依据。在此过程中，个体对信息的搜集和加工是一种系统化的过程，受到外部趋向和内部趋向信息的综合影响。

(二)被动决策策略

被动决策策略指个体主要凭借别人的帮助，或者从别人的愿望出发所做出的职业选择。这是一种在自我意识和环境意识不充分的情况下所应用的策略，以搜集和加工外部趋向的信息为主要特征。

(三)直觉决策策略

直觉决策策略指个体依靠自己当时的情感、愿望以及情境意识做出对自己职业的选择。直觉决策的特点是个体在做出决策时内部的情感线索起了主要作用，甚至是凭一时的感觉或灵感做出职业选择。

四、职业生涯决策的阻碍因素及排除方法

不是每个人都能做出适合自己的生涯决策，在做决定期间，我们会遇到许多阻碍因素。如果无法突破这些因素，职业生涯的决策就难以顺利展开。

（一）职业生涯决策的阻碍因素

影响决策的因素相当复杂。按照目前常见的观点，大多数职业生涯决策研究专家认为阻碍因素主要包括以下几个方面。

1. 意志薄弱

个人职业生涯决策受到父母、朋友、同学等影响的情形相当普遍。大学生往往忽视自己的选择，或虽有少数能立定志向的学生，却往往因为不能持之以恒或失去毅力而放弃想要发展的方向。

2. 行动犹豫

许多人虽然有自己的想法与目标，但可能因为担心、害怕或缺乏信心而迟迟无法展开实际行动。这类只想、只计划却不采取行动的人，就属于行动犹豫型。

3. 信息探索不足

这类人对目前社会或工作环境的信息了解较少，或不清楚信息获取渠道。

4. 特质表现不佳

个性积极有主见者在生涯发展之路上较容易为自己铺一条适当的路。然而，有些人的个性过于被动且缺乏主见，或没有规划的习惯，抱着"船到桥头自然直"的态度。这些特质不利于人的生涯探索，这类人属于特质表现不佳型。

5. 方向选择未定

这些人受阻于未来发展的方向模糊，而无法明确地规划，也无法为将来做出预期努力。

6. 专业选择不当

若个人所学的领域能与未来生涯有所契合，那么将更有助于大学生进入专业领域发展。然而，许多大学生常因某些因素而未能进入非原先所期待的科系就读，这种就属于专业选择不当。

7. 学习状况不佳

在学生生涯中，学习是最重要的一件事。如果一个人对所处的学习环境不满意，或学习心态不适当，则无法有好的学习态度，这样会使自己在为未来发展的准备上受到负面的影响。

8. 学习困扰高

许多大学生会因为与同学、老师互动状况不佳或异性交往问题而使个人状态受影响，从而无法全身心投入学习中。恶性循环的结果可能使个人越加无法达到自己理想的成绩，这属于学习困扰高的类型。

(二)职业生涯决策阻碍因素的排除方法

1. 进行正确的自我界定和分析

职业生涯决策需要通过科学的认知方法，对自己的兴趣爱好、气质、性格、素质能力等进行全面综合的认识，从而清楚自己的优势与劣势、长处与不足。自我分析要客观、全面，既要看到自己的优点，又要看到自己的不足。只有对自己的才能、性格、兴趣以及周围环境等信息进行全面分析，并以此为依据，我们才能做出正确的职业生涯决策。

2. 关注经济、社会、职业的发展变化

职业生涯决策是一个动态过程，不是静止不变的，随着外在环境的变化，个人的职业生涯决策必然要做出相应的调整。社会在不断进步，即将步入社会的大学生要认清方向，关注经济、社会、职业的发展变迁，如当前社会政治、经济发展的总体趋势，以及自身所学专业的就业形势等。

3. 确定职业目标，明确发展方向

职业目标是人们对未来职业表现出来的积极的追求和向往，是可以预想的、有一定实现可能的长远计划。大学生职业目标的确定，是其职业理想具体化的过程。

4. 具备职业发展所必需的能力

一个人想要做出正确的决策，必须拥有丰富的知识和相应的能力。因此，大学生在校期间要认真地完成自己的学业，掌握足够的知识，同时也要多参加社会实践活动，让所学的知识转变为自己的职业能力，最大限度地发挥自己学识的整体效能。

第二节　职业决策的原则和方法

职业生涯决策是对今后职业的决定和选择过程，因此职业生涯的选择，必须综合各方面的因素系统地加以思考。

一、职业决策的原则

尽管每个个体的职业选择、职业决策过程和职业目标是不同的，但要做出一个合适的职业决策需要决策者在决策过程中遵循一些基本的原则，其中包括决策的思维方

式、决策组织、拟订备选方案等方面的原则。

(一)职业决策的一般性原则

1. 目标导向

目标导向理论是由行为学家罗伯特·豪斯提出的，该理论认为，要达到目标必须经过目标行为，而要进入目标行为又必须先经过目标导向行为。两种行为对动机强度的影响是截然相反的。为了解决这一矛盾，使动机强度经常保持在一个较高的水平上，就必须交替运用目标导向行为和目标行为。也就是说，当一个目标实现后，应适时地提出更新的、更高的目标，以便进入一个新的目标导向过程，从而使动机强度维持在较高的水平上，使人保持一种积极的状态。目标导向行为是一个选择、寻找和实现目标的过程。一般而言，它能提高人的动机水平。因此，在职业生涯中要不断地提出富于挑战性的目标，进而去攀登一个又一个更高的人生巅峰。

2. 可行性

可行性指在做出职业决策时要考虑到的实际情况。职业生涯在更多的时候是一个积累的过程，包括资历的积累、经验的积累、知识的积累，因此职业决策不能好高骛远，而要根据自己的实际情况和社会情况，一步一个脚印踏踏实实地走下去。

3. 时间梯度

时间梯度指由于人生具有发展阶段和职业生涯周期发展的任务，职业生涯规划与管理的内容就必须分解为若干个阶段，并划分到不同的时间段内完成。每一阶段都有"起点"和"终点"两个时间坐标，人生就是这样阶段性发展的。同样，职业决策如果没有明确的时间梯度，就会使职业生涯规划变为空谈。

4. 一致性

目标有不同的类型和阶段，各目标之间应有一致性而不能相互冲突，确定职业目标时应考虑所有的具体目标。例如，主要目标与分目标是否一致，目标与措施是否一致，个人目标与组织目标是否一致等。

5. 激励性

目标决策要具有激励性，只有具有内在激励性的决策目标才能使个体自觉地完成目标而不依赖外力的督促。

(二)职业决策的指导性原则

职业决策的指导性原则一般包括以下三个方面。

其一，主动选择的原则。

其二，分清主次的原则。

其三，着眼长远，面向未来的原则。

(三)职业决策的系统性原则

根据职业决策的一般性原则和指导性原则，我们需要对职业生涯抉择做一个系统性的思考，重点考察以下四个方面。

其一，价值观。

其二，个性倾向、能力等。

其三，个体资源。

其四，社会环境和机会。

从这四个方面入手，我们可以做出信息整合，做出最适合自己的职业决策。

二、职业决策的基本方法

（一）5W法

为自己设计职业生涯规划时，可使用一些简便易行的方法。这里介绍一种5W法，即用5个问题归零思考。这是一种被许多人成功应用的方法，从问自己是谁开始，如果能够成功回答五个问题，就知道最后的答案了。

5个"W"如下：

1. Who am I？（我是谁？）2. What will I do？（我想做什么？）3. What can I do？（我能做什么？）4. What does the situation allow me to do？（环境支持或允许我做什么？）5. What is the plan of my career and life？（我的职业与生活规划是什么？）回答了这五个问题，找到它们的最高共同点，就有了自己的职业生涯规划。如果有兴趣，同学们现在就可以试试。

先取出五张白纸，在每张纸的最上边分别写上这五个问题。然后，静下心来，排除干扰，按照顺序，独立地仔细思考每一个问题。

第一个问题"我是谁"，回答的要点：面对自己，真实地写出每一个想到的答案。写完了再想想有没有遗漏，认为确实没有了，按重要性进行排序。

回答第二个问题"我想干什么"时，可将思绪回溯到孩童时代，从人生初次萌生第一个想干什么的念头开始，然后随着年龄的增长，回忆自己真心向往过、想干的事，并一一记录下来，写完后再想想有无遗漏。如果确实没有了，就认真地进行排序。

对第三个问题"我能干什么"，则要把确实已证明的能力和自认为还可以开发出来的潜能都一一列出来，认为确实没有遗漏了，再认真地进行排序。

回答第四个问题"环境支持或允许我做什么"时，则要稍做分析。环境，自小到大，你认为自己有可能借助的环境，都应在考虑的范围之内。在这些环境中，认真想想自己可能获得什么支持，想明白后一一写下来，再按重要性排序。

如果能成功地回答第五个问题"我的职业与生活规划是什么"，你就有了最后的答案。做法是把前四张纸和第五张纸一字排开，然后认真比较第一至第四张纸上的答案，将内容相同或相近的答案用一条横线连起来，就会得到几条连线。而不与其他连线相交，又处于最上面的线，就是你最应该做的事情，你的职业生涯就应该以此为方向。

你要在此方向上以三年为周期，提出短期、中期与长期的目标，然后在短期的目标中提出今年的目标，将今年的目标分解为每季度目标、每月目标、每周目标、每日目标。这样，每天睡前就可以对照自己的目标进行反省，总结当日的成就与失误、经验与教训，修正明天的目标与方法，第二天醒来温习后就可以投入行动了。这样日积月累，职业生涯规划就可以良好地进行。

（二）SWOT 分析法

SWOT 分析法又称为态势分析法。S、W、O、T 四个英文字母分别代表优势（Strength）、劣势（Weakness）、机会（Opportunity）、威胁（Threat）。SWOT 分析法将与研究对象密切相关的各种主要内部优势、劣势、威胁和机会，通过调查列举出来，并依照矩阵形式排列，然后用系统分析的思想，把各种因素相互匹配起来加以分析，从中得出一系列相应的结论，而结论通常带有一定的决策性。

运用这种方法，可以对研究对象所处的情境进行全面、系统、准确的研究，从而根据研究结果制订相应的发展战略、计划及对策等。SWOT 分析法常常被用于制订组织发展战略和分析竞争对手的情况，在战略分析中，它是最常用的方法之一。

在做职业决策时，大学生不妨采用这一工具对自己进行从里到外的检查。SWOT 分析是检查自身的技能、能力、职业、喜好和职业机会的有用工具。例如，你对自己做一个细致的 SWOT 分析，那么，你会很清楚地知道自己的优点和弱点，并且你会仔细地评估出自己感兴趣的不同职业道路的机会和威胁。

一般来说，我们在进行 SWOT 分析时，应遵循以下四个步骤。

第一，评估你的长处和短处。我们每个人都有自己独特的天赋和能力。在当今分工细化的市场经济里，每个人会擅长某一领域，但不是样样精通。例如，有些人不喜欢整天坐在办公桌旁，而有些人则一想到不得不与陌生人打交道就惴惴不安。你可以制作一个表格，列出自己喜欢做的事情和自己的长处。同样，通过列表，你可以找出自己不是很喜欢做的事情和弱势。找出短处与发现长处同等重要，因为可以基于自己的长处和短处做出两种选择：一是努力改正常犯的错误，提高自己的技能；二是放弃那些对自己不擅长的技能要求很高的职业。列出你自己的强项和对你的职业选择产生影响的弱势，然后标出你认为对你很重要的强项和弱势。

第二，找出你的职业机会和威胁。不同的行业（包括这些行业里不同的公司）都面临不同的外部机会和威胁，因此找出这些外界因素将有助于你成功地找到一份适合自己的工作，这对你的职业决策是非常重要的，因为这些机会和威胁会影响你今后的职业发展。如果公司处于常受到外界不利因素影响的行业里，很显然公司能提供的职业机会将是很少的，而且很少有职业升迁的机会。相反，充满许多积极的外界因素的行业将为求职者提供广阔的职业前景。

第三，列出今后五年内你的职业目标。仔细地对自己做一个 SWOT 分析评估，列出你从学校毕业后五年内最想实现的四五个职业目标。这些目标可以包括你想从事哪种职业，你将管理多少人，你希望自己拿到的薪酬属于哪一级别。

第四，列出一份今后五年你的职业行动计划。这一步主要涉及一些具体的东西，拟出一份实现上述第三步列出的每一目标的行动计划，并且详细地说明为了实现目标，你要做的每一件事，何时完成这些事。如果你觉得自己需要一些外界帮助，说明需要何种帮助和如何获取这种帮助。例如，你的个人 SWOT 分析可能表明，为了实现你理想中的职业目标，你需要进修更多的管理课程，那么职业行动计划应说明你何时进修这些课程。

详尽的个人 SWOT 分析是非常有必要的，因为当我们做完详尽的个人 SWOT 分析后，将会有一个连贯的、实际可行的职业策略供个人参考。在当今竞争激烈的市场经济社会，拥有一份挑战和乐趣并存、薪酬丰厚的职业是每个人的梦想，但并不是每个人都能实现这一梦想。因此，为了使我们的求职和个人职业发展更好地进行，需要制订一份策略性的行动计划，为自己毕业后的职业生涯抉择做好准备。

下面是针对一般大学生所做的 SWOT 分析。

1. 优势(S)

(1)文化水平较高，知识面较广。大学生相对具有较高的文化水平，有扎实的基础知识，对事物的领悟能力较强。

(2)国家政策的支持。国家就业政策越来越开放，每个人都有自我发展的机会。

(3)学校的支持。学校与社会联系广泛，学校本身的声誉影响力受到社会公认，借助学校的影响力，大学生的发展也可以得到一定保障。

(4)年轻活跃，有一颗奋斗的心。大学生年纪轻，精力旺盛，思维活跃，乐于接受新鲜事物，与时俱进，富有激情和创造力，敢想敢做，敢于竞争，敢于追求，这有助于在求职时给用人单位留下较好的印象。

(5)当今信息时代的发展。21 世纪是信息时代，更是网络时代，大学生运用信息技术的能力强，能够搜寻到更多信息。

(6)学校注重"两强"人才培养。大学已形成"以培养奉献和创新精神强，专业技能强，综合素质高的应用型高级人才为目标"的办学特色，有助于大学生发展为应用型人才。

2. 劣势(W)

(1)一直在学校生活，缺少社会经验。由于大学生还没有进入社会，所以缺少社会经验。

(2)大学生心思单纯，容易轻信他人。

(3)学校教育与知识更新不够匹配。当今时代，知识的更新换代速度很快，而教学资料更新不及时，对学生的要求比较简单，培育出的人才与社会的需求有一定差距。

(4)大学生的实践能力不强。在校学的知识偏重理论方面，实践能力差，动手能力不强，这是大学生就业难的重要原因。

3. 机会(O)

(1)毕业前很多单位会去学校进行招聘,这对大学生来说是很好的就业机会。

(2)由于经济高速发展,现代社会对人才的需求日益增加。

(3)大学生和用人单位有一定的自主权,毕业生就业工作已进入规范化轨道。

(4)企业需要不断招收新人,大学毕业生在就业时有更多的选择,在创业方面也有较大的空间。

(5)毕业生可自主选择实习安排。

4. 威胁(T)

(1)高校不断扩招。

(2)社会就业压力大。

(3)人才需求饱和。

(4)企业的就业门槛提高。

SWOT 策略分析如下。

(1)利用机会,发挥优势(O—S 战略)。在学校,大学生要学好专业课,掌握更多的知识,考取各种专业相关证书,努力提高自己的竞争力,多参加各企业的招聘活动,为自己的就业创造更多机会,积累更多经验。

(2)利用机会,克服劣势(O—W 战略)。大学生要积极参加一些就业的培训和招聘单位的宣讲会,提高自己的语言表达能力,积极参加学校组织的各种活动,扩大自己的人际交往圈,锻炼、提高自己的自信心,多参加实践活动,提高自己的实际应变能力。

(3)利用优势,挑战威胁(S—T 战略)。大学生要利用自己的优势,自主学习,主动寻找实习机会,积累工作经验,提高个人素质,保持乐观积极的工作态度,勇于创新,挑战自己的决策能力。

(4)克服劣势,回避威胁(W—T 战略)。大学生在做职业决策时,要深入分析自身的劣势和不足,回避内在、外在威胁带来的各种不利影响。同时,大学生也要不断超越自我,充分发挥自己的优势,实现自己的职业决策。

(三)管理方格理论

管理方格理论是由美国行为科学家罗伯特·布莱克和简·莫顿在 1964 年出版的《管理方格》一书中提出的。具体的使用步骤如下。

(1)列出 2—3 个你想要实现的职业生涯发展目标。

(2)根据个人情况,从个人价值实现状态、兴趣领域、特长发挥空间等方面思考自己的职业生涯发展目标,评估每个职业目标回报等级。其中,优是 4 分,良是 3 分,中是 2 分,差是 1 分。

(3)根据职业发展机会的情况,从对个人能力的要求、限制因素以及发展前景等方面,评估每个职业目标的机会。其中,优是 4 分,良是 3 分,中是 2 分,差是 1 分。

(4)根据对回报和机会的评估结果,在职业目标决策方格中找到相应的位置,并将职业目标填入决策方格中。

(5)将每个职业目标的回报和机会的得分相乘，乘积最大的目标，就是最适合你的职业目标。

案例精选 ▶▶▶ ━━━━━━

　　小张是计算机专业的应届毕业生，经过自我认知和对外在环境的认知后，确定了自己的四个职业目标，分别是结合所学专业自己创业、继续深造、进入亲戚的公司、成为著名计算机公司的程序员。下面我们分析哪一个职业目标是最适合小张的。

　　小张的职业目标决策方向如表5-1所示。

表 5-1　小张的职业目标决策方向

				继续深造	结合所学专业 自己创业
	优			继续深造	结合所学专业 自己创业
回报	良	成为著名计算机 公司的程序员	进入亲戚的公司		
	中				
	差				
机会		优	良	中	差

　　小张的四个职业目标的决策结果：结合所学专业自己创业 4(4×1)分；继续学习深造 8(4×2)分；进入亲戚的公司 9(3×3)分；成为某著名计算机公司的程序员 12(3×4)分。结果得出，成为某著名计算机公司的程序员是小张目前最合理的职业目标选择。

第三节　"六顶思考帽"与职业决策

　　"六顶思考帽"思维技能是由美国心理学博士爱德华·德·博诺创立的，也叫"水平思维"理论，可以帮助我们避免把时间浪费在互相争执上。"六顶思考帽"强调的是"能够成为什么"，而非"本身是什么"，是寻求一条向前发展的路，而不是争论谁对谁错。运用德·博诺的"六顶思考帽"方法，可以使混乱的思维变得清晰，使团体中无意义的争论变成集思广益的创造，使人变得富有创造性。

一、"六顶思考帽"的内涵

任何人都有以下六种基本思维功能，这六种功能可用六顶不同颜色的帽子来做比喻（见图 5-1）。

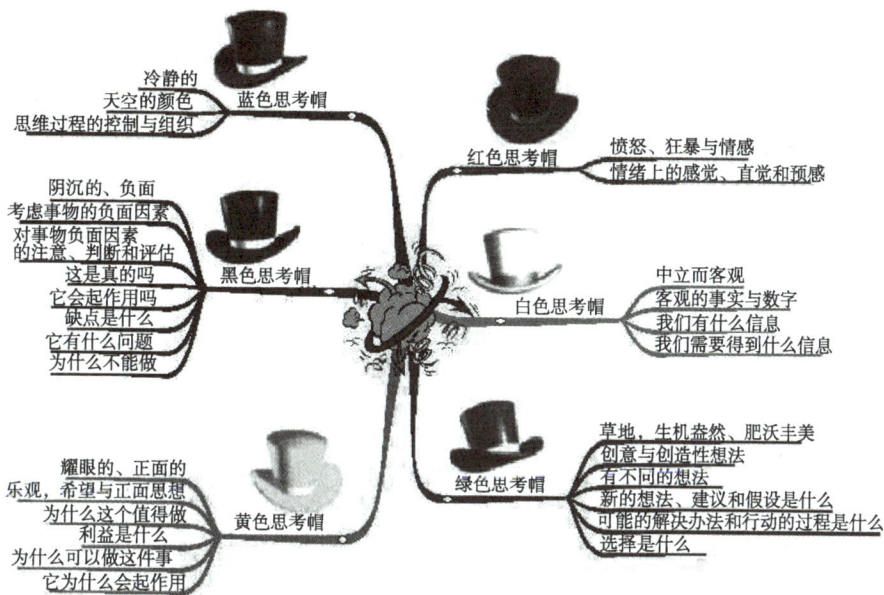

图 5-1 "六顶思考帽"

我们往往不知道什么时候该戴哪顶帽子。一个团队的成员常常在同一时刻戴着不同颜色的帽子，因此导致我们相互争吵，做出错误的决策。

"六顶思考帽"思维方法使我们将思考的不同方面分开，这样，我们可以依次对问题的不同侧面给予足够的重视并加以充分的考虑。就像彩色打印机，先将各种颜色分解成基本色，然后将每种基本色彩打印在相同的纸上，就会得到彩色的打印结果。同理，我们对思维模式进行分解，然后按照每一种思维模式对同一事物进行思考，最终得到全方位的"彩色"思考。

（一）黑色思考帽

黑色是逻辑上的否定，象征着谨慎、批评以及对风险的评估，使用黑帽思维的主要目的有两个：发现缺点，做出评价。思考有什么错误，这件事可能的结果是什么。黑帽思维有许多检查的功能，我们可以用它来检查证据、逻辑、可能性、影响、适用性和缺点。

通过黑色思维可以让你做出最佳决策，指出遇到的困难，对所有的问题给出合乎逻辑的理由。用在黄色思维之后，它是一个强效有力的评估工具；用在绿色思维之前，它可以提供改进和解决问题的方法。总而言之，黑帽子问的是"哪里有问题"。

(二)白色思考帽

白帽是中立而客观的,代表信息、事实和数据,努力发现信息和增强信息基础是思维的关键部分。使用白帽思维时要将注意力集中在平行排列的信息上,要牢记三个问题:我们有什么信息?我们需要得到什么信息?我们怎么得到所需要的信息?这些信息的种类既包括确凿的事实、需要验证的问题,也包括坊间的传闻及个人的观点等。如果出现了意见不一致的情况,可以简单地将不同的观点平行地排列在一起。如果说这个有冲突的问题尤其重要,也可以在稍后对它进行检验。

白色思维可以帮助你提出事实和数据,用事实和数据支持一种观点,为某种观点搜寻事实和数据,信任事实和检验事实,处理两种观点提供的信息冲突,评估信息的相关性和准确性,区分事实和推论,明确弥补事实和推论两者差距所需的行为。

(三)红色思考帽

红色使人想到热烈与情绪。红色思考帽是对某种事或某种观点的预感、直觉和印象。它既不是事实也不是逻辑思考,它与不偏不倚的火焰,的、客观的、不带感情色彩的白色思维相反。红色思维就像一面镜子,反射人们的一切感受。

使用红色思维时无须给出证明、提出理由和根据。在使用红色思维时,将思考时间限制在30秒内。红帽的问题是:我对此的感觉是什么?

(四)黄色思考帽

黄色代表阳光和乐观,代表事物合乎逻辑性、积极性的一面。黄色思维追求的是利益和价值,寻求解决问题的可能性。在使用黄色思维时,要时刻想到以下问题:有哪些积极因素?存在哪些有价值的方面?这个理念是否有特别吸引人的地方?这样可行吗?

通过黄色思维的帮助,我们可以做到深思熟虑,强化创造性方法和新的思维方向。当说明为什么一个主意是有价值的或者是可行的时,必须给出理由。黄帽的问题是:优点是什么?利益是什么?

(五)蓝色思考帽

蓝色是天空的颜色,有纵观全局的气概。蓝色思维是"控制帽",掌握思维过程本身,被视为"过程控制"。蓝色思维常在思维的开始、中间和结束时使用。我们能够用蓝帽来定义目的、制订思维计划、观察和做出结论、决定下一步计划。使用蓝色思维时,要时刻想到下列问题:我们的议程是怎样的,我们下一步怎么办,我们现在使用的是哪一种帽子,我们怎样总结现有的讨论,我们的决定是什么?

蓝色思维可以让你发挥思维促进者的作用,集中和再次集中思考,处理对特殊种类思考的需求,指出不合适的意见。按需要对思考进行总结,促进团队做出决策。蓝帽的问题是：需要什么样的思维？下一步是什么？已经做出什么思维？

（六）绿色思考帽

绿色是有生命的颜色，是充满生机的。绿色思维不需要以逻辑性为基础，允许人们做出多种假设。使用绿色思维时，要时刻想到下列问题：我们还有其他方法来做这件事吗？我们还能做其他事情吗？有什么可能发生的事情吗？什么方法可以克服我们遇到的困难？绿色思维可以帮助寻求新方案和备选方案，修改和去除现存方法的错误，为创造力的尝试提供时间和空间。

绿色思维激发行动的指导思想，提出解释，预言结果和新的设计。使用绿色思维，我们寻找各种可供选择的方案以及新颖的思想。用一句话来说，与绿色思维密切相关的就是"可能性"。可能性包括在科学领域使用假设的工具。可能性为人类感知的形成、观点与信息的排列提供了一个框架，包括不确定性的存在，并允许想象力的发挥。绿色思维提出了"我们有什么样的想法"的问题。

不同颜色的帽子是不同内涵的代名词，它能将思考的不同方面分开，思考者只需在同一时间戴上一种颜色的帽子，集中思考一个方面的问题，下一时段再换上另一种颜色的帽子去思考……继而人们就可以依次对问题的不同侧面给予足够的重视和充分的考虑。在这里，每一顶帽子都可以反复使用，不必强调它们的次序，没有孰轻孰重之分，全靠思考者的目标、条件和智慧，要从多角度、多方面观察事物，才能产生新想法。

二、"六顶思考帽"的作用

"六顶思考帽"是平行思维工具，是创新思维工具，也是人际沟通的操作框架，更是提高团队效率的有效方法。它给人以热情、勇气和创造力，让每一次会议、每一次讨论、每一份报告、每一个决策都充满新意和生命力。这个工具能够帮助人们做到以下几点。

第一，提出建设性的观点。

第二，聆听别人的观点。

第三，从不同角度思考同一个问题，从而创造高效能的解决方案。

第四，用平行思维取代批判式思维和垂直思维。

第五，提高团队成员的集思广益能力，为统合综效提供操作工具。

对"六顶思考帽"理解的最大误区就是仅把思维分成六种不同的颜色，但其实对"六顶思考帽"的应用关键在于使用者用何种方式排列帽子的顺序，也就是组织思考的流程。只有掌握了如何编织思考的流程，才是真正掌握了"六顶思考帽"的应用方法，否则会让人们感觉这个工具并不实用。

帽子的顺序非常重要，我们可以想象一个程序员在编制大段程序之前也需要先设计整个程序的模块流程，思维同样是这个道理。"六项思考帽"不仅仅定义了思维的不同类型，而且定义了思维的流程结构对思考结果的影响。一般人们认为"六项思考帽"是一个团队协同思考的工具，然而事实上"六项思考帽"对个人也同样拥有巨大的应用价值。

假设一个人需要考虑某一任务计划，那么他有两种状况是最不愿意面对的，一个是头脑之中的空白，他不知道从何开始；另一个是头脑的混乱，过多的想法交织在一起造成淤塞。"六项思考帽"可以帮助他设计一个思考提纲，按照一定的次序思考。就这个思考工具的实践而言，它会让大多数人感到头脑更加清晰、思维更加敏捷。

三、"六项思考帽"的决策运用

用"六项思考帽"来考虑我们决策中存在的问题，也会收到意外的效果。

运用"白色思考帽"思考、收集各环节的信息，收取各个部门存在的问题，找到基础数据。

戴上"绿色思考帽"，用创新的思维考虑这些问题，不是一个人思考，而是各层次管理人员都用创新的思维去思考，大家提出各自解决问题的办法、建议、措施。也许这些方法不对，甚至无法实施，但是运用创新的思考方式就是跳出一般的思考模式。

接着，分别戴上"黄色思考帽"和"黑色思考帽"，对所有的想法从积极面和消极面逐个进行分析，对每一种想法的危险性和隐患进行分析，找出最佳切合点。

这时，再戴上"红色思考帽"，从经验、直觉上对已经过滤的问题进行分析、筛选，做出决定。

在思考的过程中，还应随时运用"蓝色思考帽"，对思考的顺序进行调整和控制，甚至有时还要"刹车"。观点可能是正确的，也可能会进入"死胡同"。因此，在整个思考过程中，应随时调换思考帽，从不同角度进行分析和讨论。

案例精选 ▶▶▶

大三学生小叶采用"六项思考帽"的分析思路，对自己即将面临的选择分别从三种情况（考研、出国深造、直接就业）在四种不同时间段的优劣势进行对比分析（见表5-2）。小叶强调了自己的最终目标，这样可以避免把选择本身当成最终目标。在填写各项因素的时候，最好按照不同因素的重要性由上至下进行排列，这样做出的决策更具有科学指导意义。

案 例 精 选 ▶▶▶

表 5-2 小叶的"六顶思考帽"应用

最终目标：获得一份好工作		
选择之一：考研		
	考研的优势	**考研的劣势**	**其他因素**

	考研的优势	考研的劣势	其他因素
此刻的影响	进入名校，读自己喜欢的专业，不用忧虑就业问题。	复习准备时间很漫长，购买资料、听讲座花费很高。	住在宿舍复习可能会受到找工作同学的影响，心情起伏不定。
短期影响（1—5年）	接受更为系统全面的教育，获得更广阔的个人展示舞台，为深入研究做好铺垫。	读完研究生后年龄偏大，一些职业不需要研究生；如果考研失败就会错过应届生就业高峰。	将继续离家三年，可能需要承受没有考研的同学比自己生活得更丰富的事实。
中期影响（5—10年）	更高的职业起点、更全面的知识结构，可以为职业发展提供更为坚实的基础。	基于考研目的不明确，可能造成更大的职业困惑。	
长期影响（>10年）	学历高的人一般能在更大程度上实现自己的价值。	读研后婚恋时间可能延后。	
选择之二：出国深造			
	出国的优势	出国的劣势	其他因素
此刻的影响	心理压力没有考研或就业那么大。	需要埋头于辛苦的考试准备中。	
短期影响（1—5年）	接受更专业、更前沿的系统教育，获得更广阔的个人展示舞台。	申请过程较复杂，语言交流出现困难和障碍，对身体和心理的适应能力要求较高。	对家庭经济能力要求较高。
中期影响（5—10年）	更高的职业起点。	回国后不熟悉国内就业市场。	回国时的就业前景也许有变化。
长期影响（>10年）	国际化的教育背景和思维方式，更好的语言能力。	可能高不成、低不就成为一辈子的"海漂"。	
选择之三：直接就业			
	就业的优势	就业的劣势	其他因素
此刻的影响	学业压力相对较小，就业准备过程没有考研或出国那么枯燥。	就业时机不成熟，就业压力大。	暂时放弃继续深造。

案 例 精 选 ▶▶▶

续表

	就业的优势	就业的劣势	其他因素
短期影响 （1—5 年）	可以积累工作经验和社会经验，开始有经济收入，不再依靠家里支持，目标更明确。	更容易屈服于现实，放弃自己的梦想，对身体和心理的适应能力要求较高。	
中期影响 （5—10 年）	在某一行业积累丰富的工作经验。	提升和发展的空间有限。	
长期影响 （＞10 年）	可以开启自己的事业生涯。	进入相对平庸的生活模式。	

使用"六顶思考帽"时，要基本涵盖各个选择可能产生的所有利弊，对某些项目可以根据自己的情况进行增减或修改。填写的过程可帮助我们厘清思路，在仔细思索和反复推敲中做出适合自己的决策。

第四节　大学生职业决策实例分析

一、基本情况

小林，男，就读于广东某独立学院，大学三年级，计算机科学与技术专业，在校期间表现优秀，品学兼优，专业成绩突出。

不久前，小林进入一家互联网技术企业实习，实习的具体内容和自己的专业有一定的联系。由于他工作比较出色，公司决定正式录用他，但希望他从技术支持岗位转到销售岗位，因为他性格比较外向，适合做销售，且公司销售岗位正好有空缺。

这件事让小林困惑不已。他在大学期间的所有努力都是为了将来从事计算机技术工作，现在实习的岗位与自己当初预期的职业目标大致吻合。如果转行做销售，大学四年辛苦所学的专业知识似乎都白费了；而不接受这个机会也挺可惜，毕竟这家公司在培训、薪酬、环境等各方面都很不错，同时他也觉得销售工作是一个挑战，可以去尝试。经过几天焦虑的思考后，他还是拿不定主意。

二、情况分析

小林的情形属于职业决策咨询范畴。对即将面临毕业选择的大学生来说，职业决策困难非常普遍。小林在面临职业选择时感到困惑、迷茫，其中的主要原因有以下几个方面。

（一）自我认知模糊不清

小林对自己的性格、兴趣、价值观等方面的认识不足，想做技术工作也仅仅是因为所学专业符合自己设定的职业理想。事实上，他并不清楚自己为什么要做技术工作，是否适合做技术工作，因此在面临转岗要求时，他做技术工作的想法不是很坚定。

（二）缺乏对职业的了解

小林对销售工作认识不全面，单凭简单、片面的职业信息判断这个工作可能适合自己，或者仅仅从职业名称理解其工作内容，至于职业的性质、作用、特点、文化及其发展趋势等信息则一无所知，这势必会影响到职业决策的准确性。

（三）综合分析判断力弱

在职业决策上，小林还存在一个很重要的问题，就是缺乏职业决策的方法和技巧。他不知道如何把自己的兴趣、价值观等与两个职业进行合理的分配，并且比较容易受环境和他人的影响，缺乏主见，从而造成在选择职业的时候犹豫不决。

三、事件启示

随着高校毕业生就业形势的日益严峻，承受着巨大就业压力的大学生，面临首次职业选择时往往表现出犹豫不决的心理状态。有调查表明，大学生职业决策困难已经成为一种普遍现象。如何做决策，走出职业决策困境，已经成为当前大学生强烈的内在需求，也成为职业指导人需要解决的重要问题。

大学生出现决策困难的情形通常分为两种：一种是职业目标不确定，另一种是职业选择犹豫。上述事件中的小林属于第一种，这是正常的发展性问题。大学生还处在职业生涯探索阶段，部分大学生存在不了解自己的兴趣或能力、价值观不清晰、缺乏对工作世界的了解等状况，因此难以进行职业生涯决策。对如何提高自己的职业决策能力，大学生需要在以下两个方面着重努力。

第一，更好地了解自己的能力。在认知信息加工理论中，自我认知处于认知信息加工理论金字塔的底层，是构成职业决策的基础，也是大学生做出正确的职业决策的前提。我们可以通过接触比较亲密的朋友、老师、家人，与他们交流，了解自己的优缺点、能力特点和择业倾向；也可以寻找职业指导师和心理治疗方面的专业人士寻求咨询；还可以利用专业的测评手段了解自己，以此帮助自己做出正确有效的职业决策。

　　第二，更多地掌握科学的职业决策方法。尽管有些大学生有良好的自我认知，也对职业世界有较多的了解，但是在进行职业选择时往往出现不完善的决策，原因在于其缺乏科学的职业决策方法。掌握方法，不仅能帮助大学生做出合理的职业选择，还有助于他们在今后的职业发展中把握机遇，顺利前行。因此，学校的职业指导教师在课堂教学中教导学生职业生涯决策理论知识时，或者在课外实践中安排团体辅导与个别咨询，综合运用案例分析、小组讨论、生涯体验等方法帮助大学生掌握 SWOT 分析法、成本收益法、生涯体验等决策方法时，大学生应积极学习并全面掌握，从而提高自身的职业决策能力。

▶▶▶练习与思考

　　1. 你最想做的事情是什么？是什么原因让你至今没有做这件事？今后你会采取行动吗？

　　2. 把自己的优缺点全部写下来，然后思考毕业后直接工作是否适合自己的性格。

　　3. 职业决策都有哪些方法？你觉得哪种方法更适合你？

　　4. 运用"六顶思考帽"方法，对自己未来的职业进行一次合理的决策。

第六章

职业生涯规划管理

学习目标

1. 了解职业生涯规划的相关知识。
2. 清楚职业生涯规划的具体原则。
3. 掌握职业生涯规划的常用方法。
4. 掌握大学阶段职业生涯规划的实施方法。

第一节　职业生涯规划的目标

一、目标的导向性

每个人都有不同的生活经历，也有独特的人生理想，因此人生目标也各有不同。那么，什么是目标呢？在一定的时间内达到具有一定规模的期望值就叫目标。人们也经常给目标下另一个定义，即梦想的日期化和数字化。对人生而言，需求产生目的，目的具体化就是目标，目标是前进的动力，是我们行动的灯塔。

（一）确定职业生涯的方向

职业生涯目标是指一个人渴望获得的与职业相关的结果，设定职业生涯目标是职业生涯规划的核心内容。职业生涯目标可通过很多方式影响个人的行为和表现：它可以刺激高水平的努力；可以给高水平的努力固定方向；可以提高朝向目标努力的坚持性；有助于形成实现目标的战略；可以衡量行为结果的有效性，向个体提供积极的反馈。有关调查结果显示，在多数情况下，职业生涯目标的设定对个体的职业生涯来说是非常重要的。正确的目标是职业生涯成功的前提。

案 例 精 选 ▶▶▶▶

　　比塞尔是西撒哈拉沙漠中的一颗明珠，每年有数以万计的旅游者来到这里。可是在肯·莱文发现它之前，这里还是一个封闭而落后的地方。这里的人没有一个走出过沙漠，据说不是他们不愿意离开这块贫瘠的土地，而是尝试过很多次都没有走出去。

　　肯·莱文当然不相信这种说法。他向这儿的人问原因，结果每个人的回答都一样：从这儿无论向哪个方向走，最后都还是转回出发的地方。为了证实这种说法，他做了一次试验，从比塞尔村一直向北走，结果不到十天就走了出去。

　　比塞尔人为什么走不出去呢？肯·莱文非常纳闷，最后他只得雇一个比塞尔人，让他带路，看看到底是为什么。他们带了半个月的水和食物，牵了两头骆驼。肯·莱文收起指南针，只挂着一根木棍跟在后面。

　　第十一天的早晨，他们果然又回到了比塞尔。这一次肯·莱文终于明白了，比塞尔人之所以走不出沙漠，是因为他们根本不认识北极星。

　　在一望无际的沙漠里，一个人如果凭着感觉往前走，他会走出很多大小不一的圆圈，最后的足迹十有八九是一把卷尺的形状。比塞尔村处在浩瀚的沙漠中间，缺少参照物，若不认识北极星又没有指南针，想走出沙漠确实是不可能的。

　　与肯·莱文一起合作的人叫阿古特尔。肯·莱文离开比塞尔后，告诉这位年轻人，你只要白天休息，夜晚朝着北面那颗星走，就能走出沙漠。阿古特尔照着去做，数天之后果然来到了大漠的边缘。阿古特尔因此成为比塞尔的开拓者，他的铜像竖立在小城的中央。铜像的底座上刻着一行字："新生活是从选定方向开始的。"

　　对每个人来说，职场就像个人职业生涯的大沙漠，我们的职业生涯就像要走出大沙漠一样，在亲身经历之前一切都是未知的，职业生涯的发展首先要从选定方向开始。

　　如果你经常设想五年以后、十年以后自己要做什么，想象一下自己的未来是什么样子，然后确定一个目标，在这五年或十年中紧紧地围绕这个目标去做自己应该做的事情，那么，你的未来一定不是梦。作为人生目标的一部分，职业生涯目标能指引人行动的方向。只要人们在工作、生活中时刻记住这个目标，其行动就不会迷失方向，始终沿着正确的方向前进，并逐步实现各种小目标，最终到达理想的彼岸。设定职业生涯目标是职业生涯设计和管理的重要一环，大学生要根据自己的实际情况，确定职业生涯目标，并逐步实现目标。

（二）确定职业生涯目标

1. 职业生涯目标设定的方法

（1）找到着眼点。对自己认识越清楚，就越可能发现可以从什么地方入手去实现自己的目标和愿望。

（2）明确利益。想象目标达成后带来的喜悦、成就、收获和满足感。这些利益必须有鼓舞性，必须能给予你足够的动力。

（3）发现愿望。在自我分析的基础上，冷静思考一下，想象你这一生最想得到的东西是什么。这些东西必须是你最想得到的，而不是别人想让你得到的。

（4）坚定信念。必须相信自己有足够的能力达到目标。

（5）制订计划。要达到目标，必须根据时间的优先次序写下你的活动计划。这些计划可以是初步的、轮廓性的，不苛求计划是完美的。

（6）可预见性。设定职业生涯目标时，要对实现目标的发展步骤有所预判，要有前瞻性的眼光。

（7）坚持。在实现目标的过程中不要放弃。

（8）清理障碍。扫除实现目标的障碍，包括内部的、外部的、自身的或者是环境造成的障碍。

（9）明确附加信息。根据实现目标的需要，按优先次序区分所需的信息、技能、能力、经验，以决定如何实现目标。

2. 职业生涯目标设定的步骤

（1）自我分析，认识自我，找出自己的特点和优势。

（2）对自己所处的环境进行分析，确定自己在内外环境中的位置及发展的潜力和机会。

（3）确定人生目标。把目标具体、详细地写出来。

（4）选择自己的职业生涯路线，决定向哪一方向发展。

（5）对应届毕业生来说，可根据前面的分析结果选择适当的职业。

（6）制订行动计划，包括详细的十年计划、五年计划、三年计划、一年计划、月计划、日计划等。

3. 实施目标的具体计划

职业生涯目标的设定是以自己的最佳才能、最优性格、最大兴趣、最有利的环境等条件为依据的，离开了自身优势，设定的目标是很难实现的。

职业生涯目标的设定应从一生的发展写起，明确生涯发展的总目标，然后分别制订出十年、五年、一年及一月、一周、一日的计划。计划制订好之后，再从一日、一周、一月计划依次实行下去，进而实现你一年的目标、三年的目标以至五年的目标、十年的目标。具体步骤如下。

（1）确定自己最终要完成的人生目标。这一生你想做什么？想成为什么样的人？想取得什么成就？想成为哪一个专业的佼佼者？确定这些问题之后，你的人生目标也就大致确定了。

（2）确定今后十年的长远计划。二十年计划太长，容易令人泄气，十年正合适，而且十年时间足够成就一件大事。今后十年，你希望自己成为什么样子？有什么样的事业？要过上什么样的生活？你的健康水平如何？把它们仔细地想清楚，一条一条地计划好，记录在册。

（3）确定今后五年的具体计划。制订出五年计划的目的，是将十年大计分阶段实施，并将计划进一步具体化、详细化。

（4）确定今后三年的发展计划。三年计划要比五年计划更具体、更详细。

（5）确定一年内的短期计划。制订一年的计划，以及实现计划的步骤、方法与时间表，计划务必具体、切实可行。

（6）确定一个月的计划。月计划应包括一个月中计划要做的工作，应完成的任务，质和量方面的要求，计划学习的新知识和有关信息等。

（7）确定一周的计划。周计划的重点在于必须具体、详细、数字化，切实可行，且每周末提前计划好下周的安排。

（8）确定一天的计划。取最重要的三至五件事，按事情的轻重缓急排好顺序，按计划去做，可以避免在每日活动中"捡了芝麻，丢了西瓜"。

二、设定职业生涯目标的原则

（一）目标要高远且符合实际

人的职业生涯目标越高，其发展前途也就越大。行动要立足于现实，但心中一定要有符合实际的崇高而远大的抱负。远大的目标，对人能起到激励作用，能促进学习，改进工作方法，使人为达到目标而奋发努力。选取的目标如果仅限于自己的能力范围之内，只求工作轻松省力，回避新的激励，就会使人陷于畏缩不前、消极怠惰的状态。

当然，目标也不能过高。如果目标过高，则使人悬在幻想的高空，现实生活中必然一事无成，目标也就失去了意义。也就是说，不切实际地过分提高目标，也会因好高骛远而导致失败。值得注意的是，目标不是理想、不是希望，而是理想和希望的具体化。理想是对未来事物的想象或希望，是一种高远的精神境界，而目标是实际的、具体的。目标与理想的关系是目标指向理想，二者虽有关系，但不能相互替代。

（二）目标要符合社会的需求

我们的职业像是一种"产品"，这种"产品"有市场，才有生产的必要。因此，在确定职业生涯目标时，要考虑内外环境的需要，特别是社会与组织的需要。同时，目标必须是符合国家的方针政策，符合道德规范，不损害社会的利益，不会给任何人带来痛苦和损失的。这样的目标才能指引自己不断进步。

（三）目标要具体并可以量化

第一，同一时期的目标不要太多，目标越简明、越具体，就越容易实现，越能促进个人的发展。目标就像射击的靶子一样，清清楚楚地摆在那里。干什么，干到什么程度，要有明确、具体的要求。例如，从事某一专业，到哪年，要学习哪些知识，达到什么程度，都要明确、具体地确定下来。目标不仅指业务发展目标，与之相应的其他目标也要考虑，如学习进修目标、思想目标、经济收益目标、身体锻炼目标等。这些目标也要有明确的要求，同时要做到相互配合、共同作用，促进个人的身心、生活和事业的全面发展。无论是什么目标，都要有时间和度的要求。只有两者有机结合，才能成为明确的目标。没有时间限制的目标是难以实现的，因此目标要有明确的时间限制。

第二，同一时期的目标不宜太多，应相对集中。要实现人生目标，就必须把目标集中到一个点。集中一个目标，并不是说你不能设立多个目标，而是你可以把它们分开设置。具体来说，就是一个时期一个目标，拉开时间差距，实现一个目标后，再实现另一个目标。

（四）要注意目标的长短期结合

长期目标指明了发展方向，可以鼓舞斗志，让我们有一个终身努力的方向。短期目标是实现长期目标的保证，没有短期目标，也就不会实现长期目标。特别是在职业生涯发展过程中，通过短期目标的达成，能体验到达成目标的成就感和乐趣，鼓舞自己为了取得更大的成就而向更高的目标前进。但是，只有短期目标，看不到远大的理想，也会影响奋斗的激励作用，还会使事业发展摇摆不定，甚至偏离发展方向。长期目标和短期目标相结合才更有利于职业生涯目标的实现。

同时我们也需要注意，职业生涯规划中的职业目标同日常工作目标有很大差异。工作目标是个人在当前的工作岗位上想要完成的任务目标，可以是自设的，也可以是组织给定的。工作目标一般是较具体的、同本职工作紧密相关并随时间变化的短期目标。职业目标相对来说是较为抽象的长期目标，而且不一定完全同当前的工作有关。然而，职业目标的达成，尤其是计划在单一专业或组织内部提升的目标，同当前工作目标的选择及完成情况关系密切。可以说，选择适当的工作目标并很好地实现这些目标，是最终达成职业目标的重要途径。

（五）目标要结合自身的特长

每个人都有自己独特的优势，将目标建立在个人优势的基础上，就能处于主动有利的地位。要选择与自身长处相符或相近的目标。在目标选择时应注意以下两点。一是人才之能，各不相同。目标的选择不能偏离自身长处，否则便是在给自己设置前进路上的障碍。有的人选择目标违背以上原则而误入歧途，他们的失误是单凭自己的爱好和热情，或盲目追逐世俗的热点，一下子步入误区而不能自拔。二是才能相近。才能相近，指的是才能之间的跨度不大，如写字与绘画、写小说与写话剧、工业管理与商业管理等。才能相近，也需要花费力气才能做到相符。只有自己的才能、长处与自己的目标方向一致，才能事半功倍。

（六）职业生涯目标要与人生其他目标相互协调

人生除了职业生涯外，还要面临家庭、婚姻、健康等问题。事业的成功、家庭的美满和身体的健康，直接影响着人生事业的发展和生活的质量。因此，家庭、婚姻、健康也是人生的重要组成部分，在制订职业生涯目标时应加以考虑。

第二节　职业生涯规划的原则

人生需要正确的规划。实践证明，每个人对职业生涯的认知和期望在很大程度上影响着自己对工作的选择、日常的工作情绪及工作效率。要成功就要有目标，还要有能力去实现这个目标，而能力是需要学习与实践的，这就需要规划。

针对当前的就业环境，掌握职业生涯规划的原则与方法，有利于大学生在以后的就业实践中根据自我特点制订职业生涯发展目标，实现自我价值。职业生涯规划的原则是开展职业生涯规划的指导思想和基础方法。为保证职业生涯规划的有效性，我们必须坚持以下几个原则。

一、有助于提高自身综合能力

知识经济时代是崇尚创新、充满创造力的时代，应培养推陈出新、追求创意和以创新为荣的意识，要有广博的视野、掌握创新知识及善于开创新领域的能力；树立终身学习的思想观念，不断更新知识结构，有针对性地"充电"，以适应瞬息万变的形势，跟上时代发展潮流；应注重个性发展，要用知识探索未知，解决问题，创造机会与财富，成为社会的强者。在此过程中，我们还应承认个人智慧的局限性，懂得自我封闭的危险性、团结协作的重要性，从而用合作伙伴的优势弥补自身的缺陷，增强自身力量。在各种人际环境中有良好的沟通能力，与他人友好合作，才能更好地应对知识经济时代的各种挑战。

二、有助于增强身心健康

当今社会要求大学生有健康的体魄和良好的心理素质。古希腊哲学家赫拉克利特曾指出："如果没有健康，智慧就难以实现，文化无从施展，力量不能战斗，财富变成废物，知识也无法利用。"在人生选择与实践的过程中，应培养和锻炼自己对挫折的承受能力和情绪调控能力，增加生活的磨炼与体验，以正确的人生态度对待困难和挫折。

三、建立在所学专业的基础上

每个大学生都有自己的专业，每个专业都有一定的培养目标和就业方向。经过大学阶段的学习，大学生都具有某一领域专业的知识和技能，这是每个人的优势。用人单位在招聘过程中，首先会考虑大学生所学的专业。因此，大学生在进行职业生涯规划时应以所学专业为依据。如果所从事的职业不是自己所学的专业，在工作后就要重新"补课"，这会给自己的工作和生活增加许多负担。

四、符合社会需求

择业是一种社会活动，它必定受到社会的制约。如果择业脱离社会的需求，将很难被社会接纳。职业生涯规划要把握社会对人才需求的动力，以社会需求作为出发点和归宿。这样的职业生涯规划才有现实性和可行性。

第三节　职业生涯规划的步骤

有人认为通过分析社会环境，找出社会需要的职业，就是职业生涯规划；有的人认为选择"我喜欢做"的事情，就是职业生涯规划。然而，走上工作岗位后他们却发现诸多的不如意，频频换工作却事业难成。那么真正科学、合理的职业生涯规划是什么样子的呢？其实，正确的职业生涯规划是一个循序渐进的过程，简单地说，应当包括认知自己、认识工作世界、决策、目标、行动、再评估。

我们在进行职业生涯规划时，不仅要坚持一定的原则，还要遵循科学的程序，以提高规划的有效性。职业生涯规划有如下几个基本步骤。

一、自我评估

自我评估就是要全面了解自己。一个有效的职业生涯设计必须在充分且正确认识自身条件与相关环境的基础上进行。要审视自己、认识自己、了解自己，做好自我评估，包括自己的兴趣、特长、性格、学识、技能、智商、情商、思维方式等，即要弄清我想干什么、我能干什么、我应该干什么、在众多的职业面前我会选择什么等问题，认识自己的优势和劣势。因此选择职业时应该充分发掘自己独特的个性，找到适合自己的独特人生道路，只有这样才不至于无所适从。

（一）成长经历

通过分析一个人过去的成长经历，可以比较客观地认识其心理特征和职业倾向，这是有效设计未来的前提和基础。

认识自己时要结合社会背景、学校背景、家庭背景等进行分析。这样的自我认知，除了对自己有比较全面的认识外，还可以充分运用所有的资源，分析在特定的社会、学校、家庭等背景下，如何发挥自己的潜能。

（二）个人价值观分析

我们对很多方面的事情（如工作、事业、爱情、家庭等）都有自己的看法，这些都需要罗列出来，有助于在遇到问题时知道如何分析和解决。

（三）身边人的评价

身边人的评价指父母、亲友、老师、同学等对自己的评价。自我认知除了要自己对自己进行分析外，还需要借助外力，收集身边人对自己的客观评价，通过外部信息来进行自我认知。

（四）优、劣势分析

我们可以采用SWOT分析法对自己的优、劣势进行分析。其中，我们需要运用各种调查研究方法，分析出外部环境因素和内部能力因素。外部环境因素包括机会因素和威胁因素，它们是外部环境对个人的发展直接有影响的有利和不利因素，属于客观因素，一般归属为社会的、市场的、家庭的、学校的、能力的、竞争的等不同范畴。内部能力因素包括优势因素和劣势因素，它们是个人在其发展中自身存在的积极和消极因素，属于主动因素，一般归类为管理、组织、经营、财务、人力资源等不同范畴。在调查和分析这些因素时，不仅要考虑组织、经营、财务、人力资源等不同范畴，还要考虑个人的背景与现状，更要考虑个人的未来发展。

另外，我们也要对自己的性格进行分析，通过性格分析，认识自己的优点与缺点。

（五）职业测评

职业测评是现在最常用的职业规划工具。专家和学者用大量的时间设计出大量的题目，通过完成这些题目，求职者可对自己的个人素质、职业价值观、综合能力等进行测试。职业测评可以给出客观的参考意见。当然，由于人是复杂的，标准化的测评也只能作为一个参考。

二、环境分析

职业生涯规划要充分认识与了解相关的环境，评估环境因素对自己职业生涯发展的影响，分析环境条件的特点、发展变化情况，把握环境因素的优势与限制。

（一）分析家庭环境

具体而言，大学生可以分析自己的家庭经济状况、家人职业、家庭社会关系网、家人期望等。当然，所有这些家庭环境分析，都要与自己的职业生涯相联系，而不是纯客观地分析。同样基于对家庭经济状况的分析，甲同学为了减轻父母的负担，打算大学毕业后直接工作，并对工作的薪酬有一定的要求；乙同学的家庭经济压力相对较小，因此计划继续深造，以谋求更长远的职业发展。这两种分析都将客观的环境分析同自身职业发展规划联系了起来。

（二）分析学校环境

大学生应主要分析学校特色、专业学习、实践经验等。对学校环境的分析有双重含义：一是学校环境本身就是大学生探索的对象，尤其对于低年级学生或准备深造的高年级学生来说，学校环境是其发展环境的一部分；二是学校环境也是大学生发展职业的资源性因素，如学校可以为大学生提供获取多方面能力和信息的资源库，是大学生成长与发展的背景和平台。

（三）分析社会环境

大学生应主要分析就业形势、就业政策等。社会环境包含的面非常广，较难把握。在撰写职业生涯规划书的时候，大学生要选择与自己的职业生涯发展密切相关的环境和事件加以分析，不需要把所有的事情论述清楚，关键是要对这些环境事件有自己的分析和思考。

（四）大学生对职业环境的分析要遵循从宏观到微观的渐进性，从行业、职业，到单位、岗位等

宏观的环境因素为小环境提供了发展背景，而对于职业的探索，只有具体到较微观的部分（如某个岗位、某个专业方向等），才是比较有效的、有导向性的。

三、人生定位

"小人常立志，君子立长志。"在职业生涯规划中，路径的选择及职业生涯是多变的，但是，人生定位及个人的核心价值观应该是相对稳定的。由于社会和经济变化太

快，很多人都缺乏长期目标，缺乏对人生价值的思考。但是，在职业生涯规划中对自己的人生进行定位是非常重要的。

（一）确立目标

职业生涯目标的设定，是职业生涯规划的核心。一个人事业的成败，很大程度上取决于有无适当的目标。没有目标就如同驶入大海的孤舟，四野茫茫，没有方向，不知道自己驶向何方；有了目标，才能明确奋斗方向。目标犹如海中的灯塔，引导航行者避开险礁暗石，驶向成功。

目标的设定，是在继职业选择、职业生涯路线选择后，对人生目标做出的抉择。其抉择是以自己的最佳才能、最优性格、最大兴趣、最有利的环境等信息为依据的。目标通常分为短期目标、中期目标、长期目标和人生目标。短期目标时间一般为一至两年，又分为日目标、周目标、月目标、年目标。中期目标时间一般为三至五年。长期目标时间一般为五至十年。

（二）确立价值观

很多时候，我们自己很难准确判断自己的价值观，这主要是因为它们深藏在人的潜意识里，一时很难找到合适的话语对其加以描述。下面是一些有关价值观的形容词，可以从中选择对你重要或你感觉不错的词，把觉得应该选择的词和真正想选择的词都画出来，也可以把自己认为重要但没有出现的词或词组加进去。在选择的时候，不要有太多的顾虑，你可以闭上眼睛做几次深呼吸后再开始。

例如，在以下词中选择。

创新	成功	富有	卓越	挑战	冒险	亲情	快乐
健康	自由	美丽	勇气	自信	幸福	关心	学习
服务	奉献	真诚	真实	兴奋	爱情	尊重	尊严
安全	稳定	活泼	智慧	伟大	权力	幽默	高雅
高尚	和谐	正义	简洁	乐趣	活力	公平	和平
自律	毅力	诚信	体贴	吸引	热情	忠诚	舒适
享受	完美	娱乐	独立	耐心	浪漫	感激	激情
家庭	同情	发明	鼓舞	控制	休闲	平静	造诣
教导	公正	认同	助人为乐	成就感	创造力		

相信你已经选出了很多重要的词。现在，请重新评估你所选择的词，从中选出八个你认为重要的词，然后写下来。请仔细看一下自己选择的八个词，注意内心的感受，它们是否代表真正的自我。

接下来，请你从自己所选的词语中再挑出五个对你来说重要的词，并考虑哪些词实际上表达的是同一个意思，只是以不同的方式表达，是否还有意涵更广泛的词可以涵盖这些及其他意义相近的价值观。依据所选的词对自己提出以下几个问题：为什么我觉得这个价值观如此重要？为什么我会在与这个价值观有关的事务上付出？为什么我在这个价值观上只花了这么少的时间或精力？

对这些问题的回答对你来说可能非常有价值。在问完这些问题后，你会发现，有些价值观可能并不像你原来想象的那样重要。相反，有些你原来认为不那么重要的却可能是你真正看重的东西。现在把选择的五个词写下来。

看着这五个经过精心挑选的词，你的内心是否感到兴奋？它是否代表着你内心深处渴望成为的人或渴望过的生活？如果是，它们就是你的主导价值观，代表着你的核心自我。

(三)确立自我价值

(1)你想做一个什么样的人？

(2)你想让他人怎样评价你？

(3)你做什么事情会兴奋？做什么事情会开心？做什么事情会觉得成功？

通过以上问题，请你认真地思考自己究竟想成为一个怎样的人，然后把它具体化、量化，把它变成可以实现的事，这个就是你一生要为之奋斗的目标。

每个人的价值观都不一样，每个人的人生定位也都不一样，这是一个需要大量时间思考的问题。等你完成自己的人生定位以后，也就可以确定自己的人生目标，之后的人生都可以围绕着它展开。

四、实施策略

在确定职业生涯目标后，行动便成了关键的环节。这里的行动，是指落实目标的具体措施，主要包括工作、训练、教育、轮岗等方面的措施。例如，为达成目标，在工作方面，你计划采取什么措施提高自己的工作效率？在业务素质方面，你计划学习哪些知识，掌握哪些技能来提高自己的业务能力？在潜能开发方面，采取什么措施开发自己的潜能？针对这些问题都要有具体的计划与明确的措施，以便于定期检查。

五、评估、反馈与修正

职业生涯规划评估是指在实现职业目标的过程中有意识地收集相关信息和评价，不断地总结经验和教训，自觉地修正对自我的认知，适时地调整职业目标。影响职业生涯规划的因素有很多，有的变化因素是可以预测的，而有的变化因素难以预测。在此状况下，要使职业生涯规划行之有效，就必须不断地对职业生涯规划进行评估与修订。其修订的内容包括职业的重新选择、职业生涯路线的调整、人生目标的修正、实施措施与计划的变更等。

总之，大学生职业生涯规划不仅是一个细化的程序，还需要有科学的方法并持之以恒。

第四节　职业生涯规划书

职业生涯规划书是个人在职业生涯规划过程中思考和总结的书面呈现，文字的表达形式便于大学生理顺总体思路，并对整个职业生涯的发展方向进行把握，可以随时进行参考、评估和修正。通过撰写职业生涯规划书，大学生可以设计和陈述自己对未来的规划，既便于接受师长的指导，又可以与同学切磋交流，还可以将其作为生涯发展的记录，以阶段性的成果形式呈现出来，为下一步的发展指明方向。职业生涯规划书，作为一种书面表达方式，有一些基本的规范要求，应能够全面反映职业生涯规划的基本信息与内容。大学生在撰写时除遵循规划书的基本范式并涵盖其基本内容外，也可以突出自己的个性。

一、职业生涯规划书的内容

职业生涯规划书的主要内容包括封面、扉页、目录、正文四部分。

（一）封面

封面一般是制作职业生涯规划书最先着手的部分。封面标题可以写"大学生职业生涯规划书"，然后写明学校、学院、专业、班级、姓名、指导教师、规划的年限和起止时间等项。职业生涯发展的规划年限一般不做硬性要求，可以根据自身的具体情况而定，分为一年、三年、五年、十年等。大学生的职业生涯规划书，不管规划年限有多长，都应该以开始职业生涯规划到毕业的这段时间为规划的重点对象。

（二）扉页

扉页主要是简单地描写自己所受过的教育、培训、实习或工作经历。将这些经历记录下来，使自己对过往所学知识和技能有个总体的把握，能让大学生对自己的成长过程有清楚的认识。大学生可自拟题目，贴合自己的实际情况即可。个人资料包括姓名、性别、出生年月、学校、院系、电话、电子邮箱等。规划年限不分长短，可以是三年、五年，甚至是十年，视个人的具体情况而定。写上年龄跨度的目的是帮助大学生提醒自己，人的生命进程是单向的和不可逆的，强调时间的紧迫性，如可以写"18—27岁××大学期间及大学毕业后的五年规划"。起止时间指规划的起始日期和终止日期。扉页的制作可参考表6-1。

表 6-1　职业生涯规划书扉页

个人基本资料		
姓名	性别	出生年月
学校	学院	专业
联系电话	电子邮箱	年龄跨度
起始日期	终止日期	撰写时间

（三）目录

目录是为了方便阅读将正文部分的内容进行提炼所得的大纲。目录的罗列方法可参考表 6-2。

表 6-2　职业生涯规划书目录

总论（引言）	
一、自我探索	
兴趣	
能力	
性格	
价值观	
自我探索小结	
二、外界探索	
家庭环境分析	
学校环境分析	
社会环境分析	
职业环境分析	
外界探索小结	
三、职业定位	
SWOT 分析	
职业目标	
职业发展策略	
职业发展路径	
四、计划实施	
五、评估、调整	
评估的内容	

续表

评估的时间	
调整的原则	
备选方案	
六、结束语	

（四）正文

职业生涯规划书的正文主要包括自我探索、外部环境探索、职业定位、计划实施、评估与调整等几个方面。

1. 自我探索

职业生涯规划是一个由内而外的过程，大学生首先要厘清自己期望达成的生涯目标是什么，自己具有哪些职业特质，然后去寻找、调整自己的生涯发展行动。自我探索一般包括了解自己的兴趣、能力、性格、价值观、优势、劣势等内容，可以简要罗列个人的特点并对其进行分析。此处需运用自我认知时分析出的结果，将个人的生理、兴趣、性格、能力和价值观等因素分别罗列出来并进行分析，并重点对兴趣、性格和能力进行分析。具体方法可参考表 6-3。

表 6-3　自我探索

大学期间应该学会的 10 件事
职业兴趣——喜欢干什么
结合人才素质测评报告及××分析方法，我对自己进行了全方位、多角度的探索。在我的人才素质测评报告中，职业兴趣排前三项的是××型（×分）、××型（×分）、××型（×分）。我的具体情况是……
职业能力——能够干什么
我的人才素质测评报告结果显示，我的××能力得分较高（×分），××能力得分较低（×分）。我的具体情况是……
性格——适合干什么
我的人才素质测评报告结果显示……我的具体情况是……
职业价值观——最看重什么
我的人才素质测评报告结果显示，我的职业价值观排前三项的是××取向（×分）、××取向（×分）、××取向（×分）。我的具体情况是……
胜任能力——优势、劣势是什么
我的优势：
我的劣势：
自我探索小节：

2. 外部环境探索

通过对自我特征的分析，大学生对"知己"已经有了一定的把握，接下来就是"知彼"的层面了。大学生可结合前面所总结的具体外部环境因素，分析哪些外部环境对自身职业发展有利，哪些不利，分析其可能带来的机遇和挑战，以及可能对自身职业生涯发展造成的障碍。外部环境探索主要包括家庭环境分析、学校环境分析、社会环境分析、职业环境分析和外部环境探索小结。具体方法可参考表 6-4。

表 6-4　外部环境探索

家庭环境分析： 包括经济状况、家人职业、家庭社会关系网、家人期望等。
学习环境分析： 包括学校特色、专业学习、实践经验等。
社会环境分析： 包括就业形势、就业政策、竞争对手等。
职业环境分析： (1)行业分析(如某行业现状及发展趋势)。 (2)职业分析(如某职业的工作内容、工作要求、发展前景)。 (3)企业分析(如某单位类型、企业文化、发展前景、发展阶段、产品服务、员工素质、工作氛围等)。 (4)地域分析(如某城市的工作发展前景、文化特点、气候水土、人际关系等)。
外部环境探索小结：

3. 职业定位

职业定位包括 SWOT 分析、职业目标、职业发展策略、职业发展路径及具体路径等内容。

职业目标主要是描写大学生所选择的职业方向、职业总体目标和阶段性目标。所选择的职业方向指第一职业目标和备选职业；职业总体目标指的是职业生涯发展想要达成的最终目标；阶段性目标则指在达成最终目标之前，将时间划分为具体的时间段，在每个时间段都设置一个具体的小目标。通常我们可以将阶段性目标分为短期目标、中期目标和长期目标。在这里，大学生需要对短期目标进行重点阐述，罗列出具体的短期规划。而对中期和长期目标，则不必过于详细描述。具体方法可参考表 6-5。

表 6-5　SWOT 分析

内部环境分析	外部环境分析	
	机会(O)	威胁(T)
优势(S)	优势、机会策略(S—O)	优势、威胁策略(S—T)
劣势(W)	劣势、机会策略(W—O)	劣势、威胁策略(W—T)

4. 计划实施

计划实施，即大学生在职业生涯规划书中，对如何实现自己的职业生涯目标制订一个详细而又切实可行的行动计划和策略方案，包括计划名称、时间跨度、总目标、分目标、计划内容、策略和措施等。实现目标的方案主要是通过前面的分析，找出自身与职业实际需求之间的差距，并有针对性地制订具体的方案措施来缩小此差距，从而实现各个阶段的目标。具体方法可参考表 6-6。

表 6-6　计划实施

计划名称	时间跨度	总目标	分目标	计划内容（参考）	策略及措施（参考）	备注
短期计划（大学计划）	20××—20××年	大学毕业时要达到……	大一要达到……大二要达到……或某些方面要达到……	专业学习、职业技能培养、职业素质提高、职业实践计划等	大一以适应大学生活为主，大二以专业学习和掌握职业技能为主，或为了实现某某目标要……	大学生职业生涯规划的重点
中期计划（毕业后五年计划）	20××—20××年	毕业后第五年时要达到……	毕业后第一年要……第二年要……或在××方面要达到……	职场适应、岗位转换及升迁等	略	大学生职业生涯规划的重点
长期计划（毕业后10年或10年以上计划）	20××—20××年	如退休时要达到……	如毕业后第十年要……第二十年要……	事业发展，工作与生活的关系，健康，心灵成长，子女教育等	略	方向性规划
详细执行计划如下：本人现正就读大学×年级，我的大学计划是……							

5. 评估和调整

职业生涯规划是一个动态的过程，大学生必须根据实施结果及相应变化进行及时的评估与调整。评估与调整主要包括评估内容、评估时间、调整原则和备选方案，评估主要是设定一个科学客观的参考标准来评估目标是否达成、职业生涯是否成功。另外，如果在职业生涯发展的过程中发现目标难以完成，还需设定一个对职业目标进行修改调整的方案。具体方法可参考表 6-7。

表 6-7　评估与调整

评估条目	具体内容
评估内容	①职业目标评估(是否需要重新选择)：假如一直……，那么我就…… ②职业路径评估(是否需要调整发展方向)：当出现……时，我就…… ③实施策略评估(是否需要改变行动策略)：如果……，我就…… ④其他因素评估(身体、家庭、经济状况及机遇、意外情况的及时评估)

续表

评估条目	具体内容
评估时间	一般情况下，我会定期（半年或一年）评估，当出现特殊情况时，我会及时评估并进行相应的调整。
调整原则	略
备选方案	略

二、职业生涯规划书的分类

文书的呈现方式多种多样，对于职业生涯规划书来说，可以分为文本型、表格型和档案型三种。

（一）文本型

相对于表格型和档案型的职业生涯规划书来说，文本型的职业生涯规划书显得比较随性，没有固定的模板和格式，也没有严格的篇幅要求，可以在上述必须书写的内容外加上自己的发挥空间，如个人的兴趣爱好、获奖情况等，具有一定的创作性。

案 例 精 选 ▶▶▶

职业生涯规划书

一、自我认知

通过人才测评分析结果以及本人对自己的认识、朋友对我的评价，得出的自我认知如下。

1. 职业兴趣

研究型，希望日后能从事科研方面的工作。

2. 职业能力

逻辑推理能力相对比较强，信息分析能力也不错，比较喜欢对复杂的事物进行思考，将复杂事物简化。

3. 个人特质

喜欢追求各种不确定的目标；观察力强，工作自觉、热情，能够吃苦耐劳；主张少说多做；爱学习；喜欢独立工作。

4. 职业价值观

基于家庭条件，首先考虑待遇较高的工作，其次所选择的职业要有能从中不断学习并获得新知识的机会。当然，如果没有工资收入限制，我会先考虑自己最喜欢的工作，同时考虑这份工作是否能实现自己的理想。最后，考虑我是否适合去从事这份工作，我的能力能否胜任等相关问题。

5. 优缺点分析

(1)优点：头脑灵活，有较强的上进心，逻辑推理能力比较强；能够客观地分析和处理问题，对自己要求严格。

(2)缺点：性格倔强，有时听不进别人的劝导。

自我分析小结：我认为自己有明确的职业兴趣及方向，我要发挥自己的优点，努力改正自己的缺点。我平时要多与人沟通，多听取别人的建议和意见。

二、职业认知

从家庭环境、学校环境、社会环境、职业环境、行业环境等方面对职业进行分析，得出以下职业认知。

(一)家庭环境分析

家庭经济能力仅能维持正常的生活，我的学习费用为全额贷款。我父母的工作不够稳定，所以经济收入不稳定。家庭文化氛围一般，父母只完成了九年义务教育，但支持我完成大学教育。

(二)学校环境分析

我就读于某医科大学，教学设施齐全，且比较先进，教学水平也较高，只是学校更重视研究生，本科生不受重视。我所在的预防医学系虽不是全校最好的系科，但所开设的专业课受到一致好评，毕业生的就业率很高。

(三)社会环境分析

我国人才的竞争日趋激烈，大学毕业生渐渐增多，市场需求渐渐饱和。不过，政府越来越重视预防医学专业，我正在提高自己的专业才能，以便在众多应聘者中脱颖而出。

(四)职业环境分析

在我国，由于预防医学为新兴专业，这方面的人才需求量较大，社会分工还算明确，前景不错。但也因此，专业知识技能不够发达，工作报酬也不高。

(五)行业环境分析

我希望将来进入疾病预防控制中心工作。预防医学目前还处于成长期，不够壮大，但就业范围比较广，在医药、食品、卫生等行业均能找到工作，只是待遇不高。目前国内此类高端人才及技术缺乏，不过国家越来越重视预防医学，正提倡培养该方面的人才，全国各地都逐渐设立起疾病预防控制中心。现在我应多取得相关证书，以便在上述就业范围内更顺利地找到工作。

三、职业决策

综合前面的自我认知和职业认知这两部分内容，得出本人职业定位的 SWOT 分析如下。

案·例·精·选▶▶▶

（一）内部因素

优势（S）：头脑灵活，逻辑推理能力较强，具有创造力，认真、负责、有毅力，观察力强。

弱势（W）：不喜欢模式化的工作，偶尔会有厌倦心理。

（二）外部因素

机会（O）：新兴专业的工作岗位相对较多，疾病预防发展前景较大。

威胁（T）：社会环境不断变化，竞争激烈，就业形势日益严峻。

（三）结论

1. 职业目标：成为一名预防医学专业的科研工作者。

2. 职业的发展路径：考取各种证书——考取公务员——成为疾病预防控制中心工作者——进入××研究院。

四、计划与途径

（一）大学期间（20××—20××年）

1. 大三、大四学好各科专业知识，掌握预防医学的基本知识。

2. 大四前英语六级争取过600分，积极考托福，希望能用英语与外国人自由交谈。

3. 大四之前考取全国计算机二级证书。

4. 假期实习和本人专业对口，积累社会经验。

（二）大学毕业后的5年（20××—20××年）

1. 若考上研究生，则继续勤奋学习。

2. 考公务员，去疾病预防控制中心工作。

3. 进科研院。

4. 去国外留学，学习本专业，继续深造。

（三）长期计划

1. 在努力工作之余，不断学习各方面的知识，增长各方面的见识。

2. 坚持锻炼身体。

3. 学习他人的优点，不断发现自己的不足，并予以改正，提高自身的修养。

4. 扩大自己的交际圈，享受友谊。

五、评估调整

计划只是给我指明了一个前进的方向，具体的路还得慢慢走。社会随时在变，要适应这个社会就要时刻关注社会的发展，跟上时代变化的步伐。所以在计划实行期间，我要进行适当的调整，实现自己的梦想。

职业计划的调整频率至少保证每年一次。预防医学行业飞速发展，要在行业中更上一层楼，必须及时回过头来审视自己，用适宜的方法调整自己的计划，以便适应时代的变化。

六、评估标准

检验是否按时完成了自己的目标与计划。

（二）表格型

表格型的职业生涯规划书有其固定的格式，分为表头和表格内容两部分，但是表格内容并不固定，大学生可以根据自身的需要来设置。

表6-8　职业生涯规划表

姓　　名		性　　别		年　　龄	
专　　业		政治面貌		婚姻状况	
首选职业		备选职业			
个人经历	教育经历				
	培训经历				
	工作经历				
个人因素分析					
外部环境分析					
职业生涯目标	总体目标				
	短期目标				
	中期目标				
	长期目标				
实现短期目标的方案					
实现中期目标的方案					
实现长期目标的方案					
实现总体目标的方案					
评估标准	总体目标				
	短期目标				
	中期目标				
	长期目标				

（三）档案型

档案型的职业生涯规划书是由多个分析文书构成的，它将整个职业生涯的制订过程全面详细地保存下来，包括前期准备时的分析、思考过程，如大学生在进行自我认知时做的兴趣探索、能力分析、价值观判断；大学生在进行职业决策时采用的原则和方法，以及如何了解自己的职业定位等的具体过程。因此，档案型的职业生涯规划书能反映个人的职业成长历程，具有明显的史料性。

>>> **练习与思考**

1. 为什么要进行职业生涯设计？
2. 职业生涯设计的依据是什么？
3. 在职业生涯规划中，目标为什么如此重要？
4. 请为自己设计一份职业生涯发展报告。

下 篇

第七章

大学生就业形势及就业政策

学习目标

1. 了解当前大学生就业的基本形势，正确看待大学生就业中存在的问题。
2. 了解当前的大学生就业政策。

新中国成立以来，我国的高等教育发展取得了巨大成就。始于 20 世纪 90 年代末的高等院校扩招，让中国的高校学生数量直线上涨。1949 年，我国的高等教育毛入学率仅为 0.26%，高校在校生仅 11.7 万人。到 2020 年，我国高等教育毛入学率已达 54.4%，在校总人数达到 4183 万人，已建成世界上规模最大的高等教育体系。2021 年，我国的高等教育毛入学率更是提升至 60%。与此同时，每年的高校毕业生数量也在膨胀。从 2012 年起，我国高校毕业生人数就呈线性逐年递增状态，2022 年高校毕业生规模首次突破了千万大关，达到 1076 万人，同比增长了 167 万人，其规模和增量值都创造了历史新高。但 2020 年至 2022 年，全球都受到了新冠疫情的影响，不少企业受到严重冲击，国内就业形势严峻。一方面是逐年递增的就业需求，另一方面是在经济增速放缓的影响下实际工作岗位供给规模的下滑，二者之间的矛盾让高校毕业生的就业呈现较大难度。

第一节　外部因素对就业的影响

一、宏观经济形势对大学生就业的影响

从国内环境来看，受到新冠疫情的影响，许多企业的资金流出现了困难，不得不

采取节流、裁员、降薪等方式维持企业的基础运转；有的小微实体行业，如餐饮业、服装业、旅游业、电影放映业等在疫情蔓延期间处于半停滞状态，其中很多在疫情之下难以为继。我国对新冠疫情的防控及时、有效，目前已经逐步实现经济复苏和生产的恢复。我国作为世界第二大经济体，经济增长率一直位居世界前列，选择回国发展的出国留学人员逐渐增加，尤其是全球新冠疫情暴发后，国外的就业率持续走低，对于留学生而言，回国就业成为重要的选择。此外，2021年国家开始收紧并规范教育培训行业，让不少教育培训行业人员重新流入人才市场，就业人数进一步攀升。

从整体经济运行情况来看，一方面很多企业的生产尚未完全恢复，在招聘时不得不缩减规模，而考虑到应届毕业生本就没有什么工作经验，入职后还需要大量的时间和资金进行培养，不少企业在招聘过程中就会对大学毕业生持谨慎态度；另一方面，部分企业因为受冲击较大，还需要进一步缩减现有规模，进行裁员，导致一批具有一定工作经验的人才回流人才市场，使应届毕业生不得不面对更激烈的竞争和更大的就业压力。在短时间内，国内企业在宏观环境的影响下，对人才的需求会受到一定抑制，而近几年人才的供给端却在逐年递增地输出，导致就业岗位供应失衡。

我国在2021年就已提出开启经济内循环和外循环的双向作用，通过"一带一路"倡议和构建"双循环"新发展格局，推动经济结构调整，寻求新的增长机遇，借助国内庞大的人口基数拉动市场经济，从而盘活中国经济，为大学生就业提供更多的岗位。

二、用人单位的人才选用倾向对大学生就业的影响

在当前社会，用人单位对大学生就业产生的影响主要体现在以下三个方面。

第一，追求高学历人才。高校毕业生的逐年增多让用人单位在聘用选择上越来越倾向于引入高学历人才，对毕业生是否来自名校及获得的学位层次都有了更高的要求，增大了高校毕业生的就业难度。

第二，看重具有工作经验的人才。高校毕业生就业后，有一个从理论到实践的适应过程，根据行业不同，这一过程的持续时间会有差异，但都需要用人单位付出相应的时间和资金对新员工进行培养，无形中增加了人力成本。因此很多用人单位在招聘时会倾向于招收具有一定工作经验的人员，而刚刚走出校门的高校应届毕业生很容易被拒之门外。

第三，女性在就业时面临更大的困难。我国制定的一系列法律和政策，赋予和保障不同性别的人具有平等的就业权利。但在实际的择业过程中，女性由于生理原因及传统性别角色的影响，仍面临着较多困难，女大学生的就业情况更为艰难。

三、高等院校教育对大学生就业的影响

随着我国高等教育改革的不断推进，高校在专业课程设置和培养模式等方面都有

了较大的发展，但仍然存在一些问题。目前部分高校的教学依然没有摆脱传统的教育模式，过于重视理论知识的传授，而忽略学生实践能力的培养。高校这种"重理论，轻实践"的传统培养模式，导致大学毕业生缺乏应对社会挑战的足够准备。随着劳动力市场的发展，人才竞争日益激烈，用人单位对应聘者的实践能力、适应工作环境的能力提出了越来越高的要求，而刚出校门的高校毕业生还很难马上呈现出社会急需的复合型、应用型人才的面貌，加大了择业难度。

第二节　当前大学生就业形势分析

一、结构性矛盾突出

我国区域经济社会发展不平衡一直存在，经济发达地区和城市在就业机会、发展空间、薪酬待遇等方面优越性明显，对于高校毕业生更具有吸引力。党的二十大报告指出，"经济结构性体制性矛盾突出，发展不平衡、不协调、不可持续，传统发展模式难以为继，一些深层次体制机制问题和利益固化藩篱日益显现"。企业规模不同，员工的收入水平也不相同，例如小微企业和非公有制企业工资待遇就相对偏低，且有一定的不稳定性，对毕业生吸引力有限。因此，当前大学生更倾向于在大城市、高收入、持续稳定的行业求职。现行就业制度、户籍制度、干部人事制度等与劳动力资源统筹管理还存在一定程度的不平衡，流动渠道不通畅、身份转换困难，更加剧了结构性矛盾。

二、人才市场供需失衡

毕业生供需矛盾突出是近年来社会公认的大学生就业难的一个直接原因。近些年来，全国高校毕业生逐年剧增，2022年的毕业生规模较之十年前增长了58%，可以想见，未来几年高校毕业生的就业压力也不会减弱。

我国现阶段正处于从低端制造业向高端制造业转型的阶段，企业转型对于资金、技术和人才都有需求，尤其是技术型人才的缺乏会让企业的生产效率降低，为我国经济的增长带来消极影响。对于高校的一些工科类专业而言，现在的应届毕业生在学校学到的知识，已经无法跟上企业产业升级迭代的步伐。大学生在技术技能方面没有足够的认知，尤其是新入职的大学生在技能方面不能快速适应岗位需求，企业在招聘中无法找到足够的符合要求的人员，从而出现大量的岗位空置。这一现象集中出现于中小企业中，因为人才供求失衡，导致人员不好招，员工经过一段时间培养并掌握技术技能后往往处于主导地位，在跳槽成本低且对企业没有依赖度的情况下，导致企业留不住人才，从而陷入人才荒的境地。初入社会的大学生不能对自己的就业期望过高，不然过度自信只会让自己在求职路上不断碰壁。在选择岗位时，应该从自身能力出发，将自身的升职空间、未来职业前景、自我价值实现等因素放在首位，往后再依靠工作上的经验积累，不断提升自我能力。

三、大学生职业观念发生变化

择业观念体现个人的价值取向，当前部分大学生受外部环境的影响，存在着功利化的心态，忽略成才过程中基层岗位的锻炼。部分大学生在择业过程中对自我能力的认知程度较低，就业期望过高，与社会认识存在偏差，缺乏长远的职业规划，在竞争激烈的毕业季容易出现就业难的情况。近年来，随着经济发展和产业结构调整，新产业、新业态、新模式等不断涌现，吸引大量毕业生进入新经济领域。新就业形态带来了工作方式和思维观念的创新，也展现出青年群体谋求个性展示与职业发展相统一的就业心态。而在现实中，也有部分大学生存在心态失衡的现象，考研类"缓就业"、期望高型"慢就业"等心态及行为不仅给未来求职带来弊端，更加剧了结构性矛盾和供求不匹配。

职业观念是多方面因素共同作用的产物，当下大学生的择业观念受到社会大环境的影响较为明显。一方面，当前我国正处于经济转型时期，以经济利益为主导的市场价值对大学生的择业观有较大影响，大学生更容易形成较为功利、现实的择业观；另一方面，大学生的择业观仍受到传统思想束缚，造成了一定的现实偏差和心理压力。

第三节　大学生就业政策

随着社会的高速发展，高素质人才的需求量将越来越大。党的二十大报告指出，培养造就大批德才兼备的高素质人才，是国家和民族长远发展大计，要"完善人才战略布局，坚持各方面人才一起抓，建设规模宏大、结构合理、素质优良的人才队伍。加快建设世界重要人才中心和创新高地，促进人才区域合理布局和协调发展，着力形成人才国际竞争的比较优势。加快建设国家战略人才力量，努力培养造就更多大师、战略科学家、一流科技领军人才和创新团队、青年科技人才、卓越工程师、大国工匠、高技能人才。加强人才国际交流，用好用活各类人才。深化人才发展体制机制改革，真心爱才、悉心育才、倾心引才、精心用才，求贤若渴，不拘一格，把各方面优秀人才集聚到党和人民事业中来"。这为我国的人才培养和针对人才的就业引导指明了方向。同时，党的二十大报告又指出，要"实施就业优先战略。就业是最基本的民生。强化就业优先政策，健全就业促进机制，促进高质量充分就业。健全就业公共服务体系，完善重点群体就业支持体系，加强困难群体就业兜底帮扶。统筹城乡就业政策体系，破除妨碍劳动力、人才流动的体制和政策弊端，消除影响平等就业的不合理限制和就业歧视，使人人都有通过勤奋劳动实现自身发展的机会。健全终身职业技能培训制度，推动解决结构性就业矛盾。完善促进创业带动就业的保障制度，支持和规范发展新就业形态。健全劳动法律法规，完善劳动关系协商协调机制，完善劳动者权益保障制度，加强灵活就业和新就业形态劳动者权益保障"。

一、鼓励大学毕业生到基层工作

(一)结合政府购买基层公共管理和社会服务开发就业岗位

认真落实政府购买基层公共管理和社会服务岗位更多用于吸纳高校毕业生就业的要求，结合基层实际需求和转变政府职能、创新公共服务供给模式需要，加大在基层公共教育、医疗卫生、文化体育、农业技术、农村水利、扶贫开发、社会救助、城乡社区建设、社会工作、法律援助、信息化建设与管理等领域购买服务的力度，创造更多适合高校毕业生的就业岗位。

(二)引导高校毕业生投身乡村振兴和农业现代化建设

围绕乡村振兴和农业现代化部署，结合推进农业科技创新，积极引导和鼓励高校毕业生投身现代种业、农业技术、农产品加工、休闲农业、乡村旅游、农村电子商务、农村合作经济和基层水利等事业。到农业生产经营主体就业的高校毕业生，可按规定享受就业培训、继续教育、项目申报、成果审定等政策，符合条件的可优先评聘相应专业技术资格。

(三)引导高校毕业生到中西部地区、东北地区和艰苦边远地区工作

积极拓展高校毕业生就业新空间，引导和鼓励高校毕业生到中西部地区、东北地区就业。艰苦边远地区基层机关招录高校毕业生可适当放宽学历、专业等条件，降低开考比例，可设置一定数量的职位面向具有本市、县户籍或在本市、县长期生活的高校毕业生。落实好艰苦边远地区事业单位公开招聘高校毕业生各项倾斜政策。

(四)鼓励高校毕业生到基层机关事业单位

根据基层发展需要和财力状况，编制政策和编制标准适当向基层机关事业单位倾斜，为适度扩大招聘高校毕业生创造条件。基层单位出现岗位空缺，择优招录高校毕业生或者安排一定数量的岗位专门招录高校毕业生。研究制定符合县乡机关工作特点的公务员考录测评办法。市地级以上机关新录用高校毕业生没有基层工作经历的，可安排到县乡机关锻炼1年。加大招录国家重点高校优秀毕业生到乡镇一线和其他基层单位工作的力度，为基层干部队伍建设提供源头活水。

（五）鼓励大学生参军入伍

适应深化国防和军队改革形势，将大学生参军入伍纳入军民融合发展战略，鼓励和吸引更多优秀高校毕业生到军营建功立业。进一步完善高校学生参军入伍优惠政策，重点落实好退役大学生士兵专项研究生招生计划、学费资助、复学升学、就业创业等政策。进一步优化工作流程，为大学生入伍开辟绿色通道，落实预定兵工作机制。完善鼓励高校毕业生在部队长期服役政策，部队服役经历视为基层工作经历，按有关规定享受在基层工作高校毕业生同等政策待遇。

（六）鼓励高校毕业生到中小微企业就业

发挥中小微企业吸纳高校毕业生就业主渠道作用，鼓励中小微企业在适应供给侧结构性改革、推进产业优化升级以及发展新经济、培育新动能过程中，进一步开发有利于发挥高校毕业生专长的管理型、技术型就业岗位。引导新兴业态与传统行业融合发展，支持发展就业新模式、新形态。综合运用财政、金融等政策，加大对中小微企业的支持力度。对小微企业新招用毕业年度高校毕业生，按规定给予社会保险补贴和职业培训补贴。

（七）逐步提高基层工作人员的工资待遇

对到中西部地区、东北地区或艰苦边远地区机关事业单位工作的高校毕业生，新录用为公务员的，试用期工资可直接按试用期满后工资确定，试用期满考核合格后的级别工资，在未列入艰苦边远地区的中西部地区和东北地区的高定一档，在三类及以下艰苦边远地区的高定两档，在四类及以上艰苦边远地区的高定三档；招聘为事业单位正式工作人员的，可提前转正定级，转正定级时的薪级工资，在未列入艰苦边远地区的中西部地区和东北地区的高定一级，在三类及以下艰苦边远地区的高定两级，在四类及以上艰苦边远地区的高定三级。落实对乡镇机关事业单位工作人员实行的工作补贴政策，并向条件艰苦的偏远乡镇和长期在乡镇工作的人员倾斜。落实艰苦边远地区津贴增长机制。

二、实施高校毕业生基层项目，发挥项目示范引领作用

（一）实施基层服务项目

继续组织实施大学生村官、农村教师特岗计划、"三支一扶"计划、志愿服务西部计划和农技特岗计划等专门项目，每年选派一批高校毕业生到基层服务。规范项目组织管理，加强人员培养使用，强化日常考核监督，切实发挥项目示范引领作用。

（二）完善基层服务项目政策措施

适时提高基层服务项目人员工作生活补贴标准，落实社会保险、人员培训等相关

政策。基层服务项目人员服务满 1 年且考核合格后，可按规定参加职称评定。参加基层服务项目前无工作经历的人员服务期满且考核合格后 2 年内，在参加机关事业单位考录（招聘）、各类企业吸纳就业、自主创业、落户、升学等方面可同等享受应届高校毕业生的相关政策。

（三）实施高校毕业生基层成长计划

将在基层重点领域就业创业的优秀高校毕业生作为后备人才，实行导师制培养模式，由用人单位负责或业务带头人进行"一对一"传帮带，原则上放在校长助理、所长助理、专家助理、总经理助理等重要岗位上进行锻炼培养，促进高校毕业生扎根基层，在基层成长成才。

三、坚持实施就业优先战略，以创业带动就业

（一）促进产业结构、区域发展与就业协同

优化发展环境，推进实施政府和社会资本合作，大力发展研究设计、电子商务、文化创意、全域旅游、养老服务、健康服务、人力资源服务、服务外包等现代服务业。完善多元化产业体系，既注重发展资本、技术和知识密集型的先进制造业、战略性新兴产业，又要支持劳动密集型产业的发展，降低实体经济成本，推进传统产业绿色改造，创造更多的就业机会。结合区域发展战略实施，引导东部地区产业向中西部和东北地区有序转移，落实并完善中西部地区外商投资优势产业目录，支持中西部地区利用外资，引导劳动者到重点地区、重大工程、重大项目、重要领域就业。

（二）支持新就业形态发展

以新一代信息和网络技术为支撑，加强技术集成和商业模式创新，推动平台经济、众包经济、分享经济等创新发展。改进新兴业态准入管理，加强事中和事后监管。将鼓励创业创新发展的优惠政策面向新兴就业形态企业开放，符合条件的新兴就业形态企业均可享受相关财政、信贷等优惠政策。

（三）优化创业环境，发展创业载体

持续推进"双创"，全面落实创业扶持政策，深入推进简政放权、放管结合、优化服务改革。深化商事制度改革，全面实施企业"五证合一、一照一码"、个体工商户"两证整合"，部署推动"多证合一"。进一步减少审批事项，规范改进审批行为。加快创业孵化基地、众创空间等建设，试点推动老旧商业设施、仓储设施、闲置楼宇、过剩商业地产转为创业孵化基地。整合部门资源，发挥孵化基地资源集聚和辐射引领作用，为创业者提供指导服务和政策扶持，对确有需要的创业企业，可适当延长孵化周期。对首次创办小微企业或从事个体经营并正常经营 1 年以上的高校毕业生、就业困难人

员，鼓励地方开展一次性创业补贴试点工作。落实好创业担保贷款政策，鼓励金融机构和担保机构依托信用信息，科学评估创业者还款能力，改进风险防控，降低反担保要求，健全代偿机制，推行信贷尽职免责制度。促进天使投资、创业投资、互联网金融等规范发展，灵活高效地满足创业融资需求。

鼓励高校毕业生根据自身专长和区域经济特色，在基层创办企业、从事个体经营或网络创业，并按规定给予就业创业政策支持。支持高校毕业生以资金入股、技术参股等方式，加入农民专业合作社等经济组织，鼓励其兴办家庭农场，对其中符合农业补贴政策条件的，按规定给予政策支持。鼓励高校毕业生充分利用闲暇时间，通过互联网远程技术为基层和艰苦边远地区提供公益性志愿服务或兼职工作，以多种形式为基层发展贡献才智。

>> 练习与思考

1. 根据自己的观察和经验，谈谈对当前大学生就业形势的认识。
2. 浅析国家就业政策对大学生就业工作的意义。

第八章

大学生的毕业流向

学习目标

1. 了解企业的基本类型。
2. 了解事业单位的报考流程。
3. 了解公务员的报考流程。
4. 了解升学深造的几种途径。
5. 了解大学生创业的基本情况。

第一节　企　业

　　企业单位是提供就业岗位最多的单位，是很多大学生毕业后的首要就业选择。按照企业组织形式的不同，可以把企业分为国企、外企和民企。

一、国企

　　国企，即国有企业，在国际惯例中仅指一个国家的中央政府或联邦政府投资或参与控制的企业。在中国，国有企业还包括由地方政府投资参与控制的企业。政府的意志和利益决定了国有企业的行为。国有企业作为一种生产经营组织形式同时具有营利法人和公益法人的特点。其营利性体现为追求国有资产的保值和增值，其公益性体现为国有企业的设立通常是为了实现国家调节经济的目的，起着调和国民经济各个方面发展的作用。国企以其良好的福利保障和安稳的工作环境备受大学毕业生青睐，但对大学毕业生的学历要求较高。

二、外企

外企就是外商投资企业，包括所有含有外资成分的企业，是指依照中华人民共和国法律的规定，在中国境内设立的，由中国投资者和外国投资者共同投资或者仅由外国投资者投资的企业。其所称的中国投资者包括中国的公司、企业或者其他经济组织，外国投资者包括外国的公司、企业和其他经济组织或者个人。

外企凭借高薪优势，吸引着大学毕业生。但是近年来，随着国内民营企业的崛起、互联网的迅速发展等，外企已经不再像以前一样受欢迎，大学毕业生对外企的需求也相对疲软。

外企的高薪高酬是吸引大学毕业生的重要方面。进入外企，感受成熟的企业环境和管理系统，有利于毕业生学到更多的东西，如个人能力、行业观念、企业文化意识等。但是，外企竞争激烈，职位也只能到一定级别，有些人会进入外企学习先进的管理经验和技术，然后再自己创业。

三、民企

民企即民营企业，是指所有的非公有制企业。民营企业是民间私人投资、民间私人经营、民间私人享受投资收益、民间私人承担经营风险的法人经济实体。民企是目前数量较多的企业群体，每年为大学毕业生提供大量的工作岗位，也成为当下大学毕业生重点考虑的就业方向。

很多毕业生愿意选择民企，认为民企的门槛较低，更易积累经验。但要注意的是，因为大学毕业生缺乏经验，很容易被第一份工作定型，错误的观念和不良的职场习惯会限制其发展。同时，民企同样有广阔的发展空间，不会束缚才能。

第二节　事业单位

一、事业单位的含义

事业单位是指受国家行政机关领导，没有生产收入、所需经费由公共财政支出、不实行经济核算，主要提供教育、科技、文化、卫生等活动非物质生产和劳务服务的社会公共组织。事业单位接受政府领导，是表现形式为组织或机构的法人实体。与企业单位相比，事业单位有以下特征：一是不以营利为目的；二是财政及其他单位拨入的资金主要不以经济利益的获取为回报。

事业单位有很多种类，具体可分18大类：教育事业单位、科技事业单位、文化事业单位、卫生事业单位、社会福利事业单位、体育事业单位、交通事业单位、城市公用事业单位、农林牧渔水事业单位、信息咨询事业单位、中介服务事业单位、勘察设计事业单位、地震测防事业单位、海洋事业单位、环境保护事业单位、检验检测事业单位、知识产权事业单位、机关后勤服务事业单位。

二、事业单位考试

事业单位考试又称事业单位公开招聘工作人员考试，这项工作由各用人单位的人事部门委托省级和地级市的人事厅局所属人事考试中心组织。考试的时间各地不一，大部分地区会在每年的6—8月举行。考试一般先由各用人单位报用人计划，由各地人事部门审核后，发布招考公告和招考计划，并进行报名（一般规模大的采取网络报名，人数少的则现场报名）、笔试、资格复查、面试、体检、录用等程序。招考公告和每个阶段的成绩以及公告发布在各级人事、人才网站上，笔试和面试成绩各占一定比例，也有岗位只需参加笔试。部分地区根据参加考试的笔试情况会设最低分数线，同时有对烈士子女、因公牺牲警察子女、获奖运动员等人员的笔试加分政策。

三、事业单位考试流程

（一）报名

报名人员登录指定的报名网站（各地人事考试信息网），如实填写、提交相关个人的信息资料。应聘人员在资格初审前多次登录填交报名信息的，后一次填报自动替换前一次填报信息。报名资格一经招聘单位初审通过，不能更改。报考人员不能用新、旧两个身份证号同时报名，报名与考试时使用的身份证必须一致。事业单位考试报名每个人只能报考一个职位。部分地区采取现场报名的方式。

（二）单位初审

招聘单位指定专人负责资格初审工作，在报名期间查看本单位的网上报名情况，根据应聘人员提交的信息资料，对前一天的报名人员进行资格初审，并在网上公布初审结果。如果招聘单位在几个工作日内（各地方规定不同），未对报名人员信息进行处理，则视为初审通过。网上报名期间，招聘单位会公布咨询电话并安排专人值班，提供咨询服务。对通过资格初审的人员，招聘单位会留存应聘人员的报名信息，以供资格审查时参考。

报名人员在网上提交报考信息后，可在第二天至查询时间截止之日登录网站，查询报名资格初审结果。通过资格初审的人员，要于规定日期前登录当地人事考试信息网，进行网上缴费，逾期不办理网上缴费手续的，视作放弃。缴费成功后，下载打印准考证（准考证一般在考前一周可以打印）。

（三）资格审查

事业单位公开招聘工作人员的资格审查工作，贯穿招聘工作的全过程。进入面试的应聘人员，在面试人员名单确定之后，须按招聘信息公布的要求，向招聘单位提交本人相关证明材料。取得面试资格的应聘人员在面试前 3 天仍未向招聘单位提交有关材料的，视为弃权。经审查不具备报考条件的，经主管机关核准后，取消其面试资格。因弃权或取消资格造成的空缺，按笔试成绩依次递补。

（四）笔试

笔试考试采用百分制计算应聘人员的成绩。笔试设定最低合格分数线，由省级事业单位公开招聘主管机关根据应聘人数和考试情况确定。

笔试的科目，根据地域不同、招聘单位不同而有不同。

笔试满分 100 分，考试时间一般为 120 分钟。面试和笔试的成绩，有的笔试成绩占 60%、面试成绩占 40%，有的各占 50%。笔试内容为政治、时事、法律、职业道德等公共基础知识和职业能力测试，题型有客观题和主观题，有的单位只设客观题。

（五）面试

面试在事业单位公开招聘主管机关的指导下，由招聘单位或其主管部门按备案的面试方案组织实施，面试方案的备案应在面试前一周完成。达到笔试合格分数线的应聘人员，根据招聘计划和招聘岗位由高分到低分按比例依次确定面试人选。笔试合格人数出现空缺的岗位，取消招聘计划；达不到规定招聘比例的，按实有合格人数确定。面试人选确定后，由招聘单位张榜公布并通知本人。

面试结束后，按笔试成绩和面试成绩计算应聘人员考试总成绩。根据考试总成绩，确定进入考核体检范围的人选。

（六）考核体检

按照招聘岗位，根据应聘人员考试总成绩，由高分到低分确定进入考核体检范围的人选，并依次等额组织进行考核体检。同一招聘计划应聘人员出现总成绩并列的，按笔试成绩由高分到低分确定人选。对考核、体检不合格人员造成的空缺，可从其他进入同一岗位考核范围的人员中依次等额递补。根据实际需要，既可先进行考核，也可先组织体检。体检标准参照公务员录用体检通用标准执行，国家另有规定的从其规定。考核小组须实事求是，全面、客观、公正地评价考核对象，并写出书面考核意见。考核、体检工作由招聘单位或其主管部门负责组织实施。

（七）签订合同

经考试、考核、体检合格的拟聘用人员，公示 7 日无异议的，由聘用单位或其主管部门提出聘用意见，报人事部门备案。符合聘用条件的，由人事部门发放《事业单位招聘人员通知书》。聘用人员凭此办理调动、派遣等相关手续，双方按规定签订聘用合同，确立人事关系。受聘人员按规定实行试用期制度，期满合格的正式聘用，不合格的解除聘用合同。试用期一般不超过3个月；情况特殊的，可以延长，但最长不得超过6个月。受聘人员为大中专应届毕业生（含择业期限内）的，试用期可以延长至12个月。

第三节　公务员

一、公务员的含义

在中国，公务员是指依法履行公职、纳入国家行政编制、由国家财政负担工资福利的工作人员。公务员职位按职位的性质、特点和管理需要，划分为综合管理类、专业技术类、行政执法类等类别。

二、公务员报考流程

（一）查看政策

公务员报考的最新政策会在每年报名前公布，届时考生可登录国家公务员考试网、人力资源和社会保障部、国家公务员局等网站查看公告、职位表、报考指南、考试大纲等信息。对所公布的政策有疑问需要咨询时，报考人员可直接与招录机关联系，招录机关的咨询电话可以通过上述网站查询。公务员考试分为国考和省考，国考一般在每年的11月底举行，省考在每年的3月举行。

（二）网上报名

1. 提交报考申请

报考人员可在公告规定的时间内登录考录专题网站，提交报考申请。报考人员只能选择一个部门中的一个职位进行报名，不得用新、旧两个身份证号同时报名，报名与考试时使用的身份证必须一致。报名时，报考人员要仔细阅读诚信承诺书，提交的报考申请材料应当真实、准确。报考人员提供虚假报考申请材料的，一经查实，即取消报考资格。对伪造、变造有关证件、材料、信息，骗取考试资格的，将按照《公务员录用考试违纪违规行为处理办法（试行）》的有关规定予以处理。

2. 查询资格审查结果

报考人员请于公告规定的时间内登录考录专题网站查询是否通过了资格审查。通过资格审查的，不能再报考其他职位。报考申请尚未审查或未通过资格审查的，可以改报其他职位。超过报名时间报考申请未审查或未通过资格审查的，不能再改报其他职位。

3. 查询报名序号

通过资格审查的人员，于公告规定的时间内登录考录专题网站查询报名序号。报名序号是报考人员报名确认和下载打印准考证等事项的重要依据和关键字，务必牢记。

4. 报名确认

通过资格审查的报考人员需要进行报名确认。报名确认采取网上确认的方式进行，报考人员请于公告规定的时间内在所选考区考试机构网站进行网上报名确认及缴费。未按期参加报名确认并缴费者，视为自动放弃考试。

5. 打印准考证

报名确认成功后，报考人员请于公告规定的时间内登录所选考区考试机构网站下载打印准考证。打印中如遇问题，可与当地公务员考试机构联系解决。

（三）笔试考试

国考笔试一般在11月底举行，省考笔试时间在3月，公共科目包括《行政职业能力测验》（简称《行测》）和《申论》两科，考试范围见考试大纲，部分职位要求专业考试，具体职位表中会有说明。

笔试考点没有明确规定，考生可就近选择，如某考生在杭州，报考的是山东省的职位，该考生可以直接选择杭州考点参加笔试，无须到山东考试。考试会在全国各省会城市、自治区首府、直辖市和个别较大城市设置考场。与国考不同，省考则是报考哪个地区的职位就需要到哪个地区考试。

（四）成绩查询

成绩查询的时间公告中会有预告，一般在笔试结束后20天左右。

（五）申请调剂

成绩公布后没有顺利进入面试的考生也不要轻易放弃，根据要求，部分职位笔试合格人数未达到规定的面试比例时招录机关会通过调剂补充人选。一般情况下，国考有调剂，而省考没有。

（六）资格审查

参加面试的考生面试前须向招录机关提供本人身份证件（身份证、学生证、工作证等）、所在单位出具的同意报考证明（加盖公章）或所在学校盖章的报名推荐表、报名登记表等材料。资格审查不通过的，取消面试资格。

（七）面试

面试由招录机关单独组织，具体事宜见各部门公告。

（八）体检和考查

体检和考查由招录机关负责。体检标准按照《公务员录用体检通用标准（试行）》《公务员录用体检操作手册（试行）》《关于修订〈公务员录用体检通用标准（试行）〉及〈公务员录用体检操作手册（试行）〉的通知》《公务员录用体检特殊标准（试行）》等规定组织实施。

（九）拟录公示

拟录用人员由招录机关按规定的程序和标准从考试成绩、考查情况和体检结果合格的人员中综合考虑，择优确定，并在考录专题网站上公示。公示内容包括拟录用人员姓名、性别、准考证号、所在工作单位或毕业院校，同时公布举报电话，接受社会监督，公示期为7天。

公务员主管部门已经建立并开始运行全国联网的"公务员录用考试违纪违规与诚信档案库"，对于录用审批后放弃报到的考生和在招考中发生的不诚信行为，将建档入库。公务员录用后具体入职时间及相关手续由录用单位通知考生，新录用的公务员试用期为1年。

第四节 升学深造

一、考研

全国硕士研究生统一招生考试（简称考研）是教育主管部门或招生机构为选拔研究生而组织的相关考试的总称，由国家考试主管部门和招生单位组织的初试和复试组成。

选拔要求因层次、地域、学科、专业的不同而有所区别。外语、思想政治理论、高等数学等公共科目由全国统一命题，专业课主要由各招生单位自行命题（部分专业通过全国联考的方式进行命题）。

硕士研究生招生方式分为全日制和非全日制两种。学完规定的全部课程且考试合格并通过硕士学位论文答辩者，授予国家颁发的硕士研究生毕业证书和硕士学位证书。学习形式有全脱产、半脱产、在职学习三种形式。

（一）考研流程

1. 报考条件

（1）中华人民共和国公民。

（2）拥护中国共产党的领导，品德良好，遵纪守法。

（3）身体健康状况符合国家和招生单位规定的体检要求。

（4）考生学业水平必须符合下列条件之一：

①国家承认学历的应届本科毕业生（含普通高校、成人高校、普通高校举办的成人高等学历教育应届本科毕业生）及自学考试和网络教育届时可毕业本科生，录取当年9月1日前须取得国家承认的本科毕业证书。

②具有国家承认的大学本科毕业学历的人员，要求报名时通过学信网学历检验，没有通过的可向有关教育部门申请学历认证。

③获得国家承认的高职高专毕业学历后满2年（从毕业后到录取当年9月1日，下同）或2年以上，达到与大学本科毕业生同等学力，且符合招生单位根据本单位的培养目标对考生提出的具体业务要求的人员。

④国家承认学历的本科结业生，按本科毕业生同等学力身份报考。

⑤已获硕士、博士学位的人员。

2. 报名

硕士研究生招生考试报名包括网上报名和现场确认两个阶段。网上报名时，考生在规定时间内登录中国研究生招生信息网浏览报考须知，按要求报名。现场确认由省级教育招生考试机构负责组织在相关报考点进行。

3. 现场确认

具体时间由各省级教育招生考试机构根据本地区报考情况自行确定和公布。考生及时关注各省级教育招生考试机构发布的公告，在规定时间内到指定地点现场核对并确认个人网上报名信息。逾期不予办理。

4. 打印准考证

考生可凭网报用户名和密码登录中国研究生招生信息网下载打印准考证。考生凭下载打印的准考证及居民身份证参加考试。

5. 初试及复试

初试一般在每年12月举行，考试科目有外语、思想政治理论、高等数学及专业课等。复试的时间通常在次年2—3月，是根据初试成绩选拔出优秀考生进行的。考生进入复试后需要前往报考学校参加复试，一般包括专业面试等活动。

二、出国留学

出国留学一般是指一个人去母国以外的国家接受各类教育，时间可以为短期或长期（从几个星期到几年），出国留学人员被称为"留学生"。在中国大陆，学生把前往中国香港、中国澳门、中国台湾等地区的学习也称为留学，这是由于这些地区有着不同的教育制度。另外，美国等国家组织的一类海外短期的交换学生计划，其英文名字"study abroad"也直译为留学。

（一）出国留学考试

1. 托福（The Test of English as a Foreign Language，TOEFL）

主办：美国教育考试服务中心（Educational Testing Service，ETS）。

类别：语言类考试，测试考生的英语语言能力。

应用范围：美国高校倾向申请人使用托福成绩进行申请，英国境内的托福考试被暂停。

2. 雅思（International English Language Testing System，IELTS）

主办：剑桥大学考试委员会外语考试部、英国文化协会及 IDP 教育集团。

类别：语言类考试，测试考生的英语语言能力。

应用范围：英联邦国家倾向申请人使用雅思成绩进行申请，部分美国大学如斯坦福大学、乔治敦大学等不接受雅思考试成绩。

3. 美国研究生入学考试（Graduate Record Examination，GRE）

主办：美国教育考试服务中心。

类别：研究生考试。

应用范围：除法律专业和多数商科专业外，其他领域的美国研究生项目申请。

4. 经企管理研究生入学考试（Graduate Management Admission Test，GMAT）

主办：美国经企管理专业研究生入学考试委员会（GMAC）委托美国教育考试服务中心主办。

类别：经企管理、商科类研究生入学考试。

应用范围：美国、英国、澳大利亚等国的商学院申请。

5. 法学院入学考试（Law School Admission Test，LSAT）

主办：美国宾夕法尼亚州的法学院入学委员会。

类别：美国法学院入学考试。

应用范围：美国法学院申请。

（二）留学服务中心

很多学校一般都会开设国际学生服务中心这样的机构，帮助留学生解决生活上的问题，比如帮助联系和提供住宿信息等。

（三）英语培训

英语成绩不好的同学可以适当参加英语培训，应选择资质优良的培训机构。另外出国需要了解留学地的学校情况，以及签证流程和各种各样的手续、资料。

（四）准备工作

第一，对留学意向国家的政治、经济、文化背景和教育体制、学术水平进行较为全面的了解。

第二，全面了解和掌握国外学校的情况，包括历史、学费、学制、专业、师资配备、教学设施、学术地位、学生人数等，要特别注意该校国际学生有多少，其中有多少中国学生在读。此外，还要确认该学校颁发的文凭是否受到我国的承认。

第三，了解该学校的住宿、交通、医疗保险情况等。

第四，了解该学校在中国是否有授权代理招生的留学中介公司。

第五，了解留学签证情况。

第六，了解该国政府是否允许留学生打工。

第七，了解本专业在该国的就业情况。

三、专升本考试

普通专升本选拔考试属于省级统一招生标准选拔性考试，由各省教育厅领导，各省教育考试院统一组织管理，考试选拔对象为全日制普通高校的高职高专（专科）应届毕业生。专升本考试的实质是大学专科阶段教育与本科阶段的专业教育的衔接，实行的是"3+2"模式，即在普通专科全日制学习三年，再考入普通本科全日制学习二年（临床医学为三年）的模式。普通高等院校的专科学生结束专科阶段的课程学习后，可在三年级第二学期参加各省教育考试院组织的专升本统一考试（部分省份为本科校方出卷），原专业或相关专业升入本科院校（大三）可继续进行两年或三年的全日制本科教育（部分省份可以跨专业）。

第五节　自主择业

随着社会的变革和经济的快速发展，越来越多的大学毕业生开始选择自主择业或进入新型职业领域。这种趋势不仅体现了毕业生对自身发展的渴望，也反映了社会对创新和创业的需求。

自主择业是指毕业生可以选择自主创业或成为自由职业者，拥有更多的自主权和创造力。在这种方式下，毕业生可以根据自己的兴趣和特长选择自己的事业方向，同时也可以更灵活地管理自己的时间和工作内容。但是，自主择业需要毕业生具备创新精神、市场敏感性和商业意识等能力，同时也需要具备一定的资金和资源。

新型职业是指那些在技术、经济、环境等方面都具有前瞻性和创新性的职业领域。在这些领域中，毕业生可以积累更多的工作经验和知识，同时也可以拥有更多的发展机会。例如，人工智能、大数据、区块链等领域的发展正逐渐成为新型职业的重要方向。新型职业需要大学毕业生具备专业技能、创新思维和团队协作等能力，同时也需要大学毕业生不断学习和适应行业的发展变化。

对于大学毕业生而言，自主择业和新型职业都是具有吸引力的就业选择。无论是选择自主创业还是进入新型职业领域，毕业生都需要具备创新精神、专业技能和市场敏感性等能力。同时，政府和社会也应该为毕业生提供更加优质的发展环境和创业支持，让毕业生更加自由和自主地选择他们的就业道路，为社会和经济做出更大的贡献。

在未来，随着科技和经济的发展，自主择业和新型职业领域的机会也将不断增加。大学毕业生需要具备探索精神和创新思维，积极适应新时代的挑战和机遇，成为未来社会的中坚力量。本节重点针对大学毕业生创业进行详细论述。

一、大学毕业生创业的优势

（一）国家鼓励大学毕业生创业并给予政策支持

高校毕业生是我国宝贵的人力资源。国家鼓励高校毕业生自主创业，并推出贷款优惠政策、税费减免政策、金融扶持政策以及提供创业培训等，切实为大学生创业提供舞台。此外，国务院《关于深化高等学校创新创业教育改革的实施意见》中也明确提出要强化创新创业实践，促进实验教学平台共享，利用各种资源建设大学科技园、大学生创业园、创业孵化基地和微企业创业基地，建好一批大学生校外创新创业实践基地，举办全国大学生创新创业大赛。

（二）大学毕业生具有较好的知识储备和技术能力

大学生在校期间学到了很多理论性的知识，他们有着较明显的技术优势。技术的重要性是不言而喻的，大学生创业很多都会走向高科技领域，其特色就是突出知识和技术优势。除此之外，大学期间开设的课程大都有一定的内在关联性，学生从中学到的理念和思维方法，对大学生创业会有许多帮助。

（三）大学毕业生富有创意和活力

大学生有较强的领悟力，自主学习知识的能力强，善于接受新事物，思路活跃，创意新颖，能将所学的知识很快内化为能力，外化为创造。具有创意就意味着具有创新能力，创新能力来源于创造性思维，一个成功的创业者一定具有独立性、求异性、想象性、新颖性、灵感性、敏锐性等特质。因此，创意能力影响着创业实践的特质，是促使创业实践活动顺利进行的首要条件，是创业基本素质的重要组成部分之一。

除此之外，大学毕业生是富有活力的群体，他们朝气蓬勃，对未来充满了希望，为创业提供了鲜活的气息和动力。党的二十大报告中就强调："青年强，则国家强。当代中国青年生逢其时，施展才干的舞台无比广阔，实现梦想的前景无比光明。"

二、大学毕业生创业的障碍

选择自主创业的高校毕业生越来越多，但作为一个没有太多社会经验的特殊创业群体，其创业面临着各种各样的问题，既有自身的原因，也有家庭、学校以及整个社会大环境的原因，主要体现在以下几个方面。

（一）缺乏创业资金

资金的筹集对于大学生创业者来说是第一道也是最重要的一道难关。要想创业首先要有资金的支持，而对于大学生创业者来说，能够用来创业的资金普遍较少。现在创业者的资金主要来源于自有资金、亲属借款、银行借贷、企业投资等。银行借贷一般需要质押物，考虑到资金的安全性，大学毕业生想要在银行贷款不是一件容易的事。而投资者基本上会投资于大的项目，大学毕业生创业项目基本以小微企业为主，较难获得投资者的青睐。所以大部分大学生创业的资金只能靠父母或者亲朋好友筹集，从而导致资金有限。针对这种状况，国家已经出台相关资金政策支持大学生创业，逐步缓解大学生创业资金难的问题。

（二）创业教育尚不完善

创业是一项复杂的系统工程，而高校作为大学生创业的前站，其对大学生创业教育的成效直接影响着大学生创业的成功与否，其重要性不言而喻。目前我国高校在创业教育方面尚不完善。例如，教学内容与实际脱离，课本知识落后于实际；授课方式较为单调，学生缺少兴趣，教学效果较差；创业课程体系不健全，很多创业知识学生并不了解；创业缺乏足够的实践教学做支撑，学生较难通过实践理解并掌握课本知识，从而无法灵活运用；等等。许多传统教育方式已落后于时代的发展，造成了大学生创业意识薄弱，影响了他们创业能力的提高。

（三）自身专业素质有欠缺

首先，创业需要创业者本身具有牢固的专业知识，包括先进的创业理念、专业知识在实践中的灵活运用、丰富的创业经验及良好的心态等。由于大学生尚未踏入社会，对创业的理解多是从课本上得来的，并没有对社会的深刻理解，对社会各个领域的发展和认识还处于比较模糊的阶段，从而在选择创业项目时比较盲目，创业项目质量不高。其次，大学生创业者在创业过程中遇到困难时由于没有实践经验的积累，容易盲目地解决问题，从而导致失败。最后，心态是否成熟对创业者来说也很重要。初次创业的大学生往往存在急躁的心理，遇到真正的挫折时，并不能静下来好好思考如何解决问题，从而对成功创业造成阻碍。

三、对大学毕业生创业的建议

随着就业形势的日益严峻和国家创业扶持政策的日臻完善，创业已然成为解决大学毕业生就业难的重要途径，众多成功的典型范例似乎也给了大学生更大的信心。但创业之艰辛绝非耸人听闻，对于刚走出校门的大学生来说还应慎重抉择，务必全面、系统地分析评判。

（一）认清大学毕业生创业现状

创业虽能够全面地展示自我，实现梦想，最大限度地体现价值，却并非人人适合。想创业的大学生首先应把握自身特点和创业规律，做到心中有数。

从创业大学生自身看，他们对未来的事业充满希望，正所谓"初生牛犊不怕虎"，有想法也勇于尝试。有激情、有思想、有意志是其突出的特征，敢创新、积极上进是其明显的标志。但因个人在经验、资源、技术和能力等整体创业素质方面的不足，加之创业意识肤浅，商业经验不足，市场观念淡薄，对可能出现的风险估计不足，大学毕业生创业者往往受挫能力弱，难以坚持下来，成功者屈指可数。

从国家政策方面看，一系列的创业教育政策、优惠政策为大学毕业生提供了良好的政策环境、法律环境、商业环境，其具体内容更是涉及学校的创业教育指导、银行的贷款融资、政府的税收减免、社会的创业培训等诸多方面，一定程度上解决了大学生创业的燃眉之急。但是一些高校创业教育尚不健全，地方优惠政策普及度不高、执行力不强，这些问题也正成为制约大学生创业的瓶颈。

从创业前景看，大多数大学生所从事的创业活动往往停留在传统性和易退出的服务业、快速消费品和批发零售业等行业，常以如零售、咨询、娱乐等商业服务类项目为主要表现形式，与传统的成熟行业相似度较高，创新性不足，竞争力不够。

（二）全面考虑四个问题

个人是否真正需要创业，准备工作是否充分，创业胜算几何，这是想创业的大学生必须面对的问题。正所谓"凡事预则立，不预则废"，大学生创业要考虑以下四个问题。

1. 为什么创业

对于刚毕业甚至尚未毕业的大学生来讲，很多人都有创业的冲动和梦想，但真正付诸实施的还是少数，毕竟创业不同于直接就业，其过程充满着艰辛和不确定性，需要的是勇气、毅力以及更多外在因素的共同作用。为什么创业，创业的动机是什么？大学生创业前只有回答好这个问题，才能获得推动事业前行的不竭动力。

2. 靠什么创业

创业是一项综合性极强的工作，就如计算机运行需要软硬件一样，它同样需要软硬件等必要条件。那么，在创业准备阶段又该完成哪些工作呢？这里虽没有唯一的标准，但概括地讲首要的是拥有必备的创业资金、可行的创业项目、潜在的创业资源、积极的创业团队，同时还要注重创业理念和胆识的培养、创业知识经验的更新积累，以及管理、经营、公关、分析、应变等综合能力的锻造。只有协调把握好各个环节的诸多要素，才有可能实现创业梦想。而这些创业不可或缺的必备保障则往往是大学生所不完全具备的，还要大学生不断摸索、点滴积累。因此，大学生创业之初必须认清创业所要面临的诸多考验，客观评判自己，得出真实合理的判断。

3. 创什么业

项目是创业的根本途径，选择的好坏直接关乎创业的成败。同时，一个成熟的项目要经历项目确定、认识理解、论证评估、孕育实践、修正完善的自然过程。但如何确定项目和发展的方向呢？一方面，大学生创业应突出自身特点，倾向于科技含量较高、大众参与较难、市场前景较广的新型产业，而不宜随大流，盲目进行；另一方面，还需注重从实际出发，在全面分析自身的实力优势、兴趣爱好、所涉及的专业领域的同时，充分调研市场，规划好发展方向，做好各类分析预测，设定创业方案。

4. 怎么干

规划实施是创业的核心问题。创业者必须有明确而清晰的发展规划，突出以下三个方面的特点。

(1)体现出计划性。大到各个阶段的设计预案，如资金的投入、项目的运作、市场的开拓、产品的研发、团队的管理及应对各类突发问题的方案，小到人员的责任分工、资金的筹措管理、各类手续的申办完善、与客户的协调沟通等，都要合理计划。

(2)体现出规范性。创业不是想怎么干就怎么干，任何一步都应科学合理。如创业过程中的每个环节、每个步骤、每个流程都要有一定的规矩和标准，必须建立起一套细致的规范。

(3)体现出前瞻性。思维要更新，眼光要长远。大学毕业生创业，对产品的设计、市场的开拓、企业的发展，都要有一定的预见性。

▶▶▶ 练习与思考

1. 简要说说五种发展方向的利弊。

2. 大学生创业该做好哪些准备？

3. 谈谈自己的选择意向，并说明理由。

第九章

就业信息的搜集和使用

学习目标

1. 了解就业信息的范围、类型及来源。
2. 了解就业信息的搜集方法及原则。
3. 掌握就业信息运用的具体步骤。

第一节　就业信息的类型、范围及来源

就业信息主要是指用人单位的需求信息，包括具体的招聘活动中各行业、企事业单位发布的具体的需求信息、岗位的薪资状况、工作内容和职业发展前景等。获取各种就业信息是大学生择业的重要依据，正确分析和筛选就业信息是大学生顺利就业的保障。

一、就业信息的类型

(一)宏观信息

宏观信息是指国家的政治经济情况，国家或地区社会经济的方针政策规定，国家对毕业生的就业政策与劳动人事制度改革的信息，社会各部门、企事业单位需求情况及未来产业、职业发展趋势所要求的信息。同时，当年毕业生总的供求形势，即本地区与自己同时毕业的学生有多少，用人单位的需求有多少，哪些专业供大于求，哪些专业就业形势较好等，大学生也应有所了解。掌握这些信息，就可以宏观地把握就业方向。

(二)微观信息

微观信息是指某些具体的就业信息，如用人单位的需求情况、发展前景、需求专业、条件、工资待遇等。大学生在选择用人单位时，往往会出现这样一些情况：对用人单位情况不甚了解，于是在择业时带有随意性和盲目性，如只挑选好城市，而不关心用人单位的性质、业务范围等。要做到对用人单位有比较客观的评价，关键在于掌握用人单位的信息。这些信息是大学生择业时必须搜集的具体材料。

二、就业信息的范围

(一)就业政策

(1)国家的就业方针、原则和政策。

(2)相关的就业法律法规。大学生应遵守就业法规，并用法律保护自己的合法权益，捍卫自己的正当权利，减少不必要的损失。

(3)地方的用人政策，如外地生源的户口申请政策和程序；参加选调生考试的条件；参加西部志愿者的相关政策等。

(4)学校的有关规定。为了保证毕业生就业的顺利进行，学校一般会根据国家的政策要求制定若干补充规定，这也是毕业生需要了解和遵守的，如毕业生就业协议书的使用和签订规定等。

(二)就业市场供需情况

大学毕业生在就业前需要对就业市场有一个基本的认识，了解就业需求量和供应量；了解不同行业的需求量；了解不同专业的就业率；了解当下基本的就业情况和就业形势；了解所学专业与市场需求量；等等。

(三)用人单位

在了解相关的就业政策和就业形势之后，毕业生还需要对用人单位有一个完整的认识。例如，用人单位的性质、经济状况、地理位置、运营状况、岗位需求、薪资待遇、发展前景、企业文化、用人理念等。

三、就业信息的来源

就业信息的来源主要指大学生可能获得有效就业信息的渠道。按照大学毕业生获取就业信息的途径可以分为四个渠道：政府渠道、市场渠道、学校渠道和其他渠道。

(一)政府渠道

政府渠道包括国家政府就业网站，地方政府就业网站，地方政府举办的招聘会等。

政府在就业信息方面做的工作主要有以下几个方面：制定就业政策、就业法律法规；公布各级政府公务员和事业编制的招考信息；举办公益性人才交流会等。

政府渠道提供的就业信息真实可靠。政府会从宏观上把握社会就业的整体状况，掌握大学毕业生的流向，通过制定相应的政策，引导大学生面向人才紧缺的地区、行业就业，使人力资源合理分配，使大学毕业生就业与经济社会发展相协调。

（二）市场渠道

市场渠道包括各类职业中介机构，社会和用人单位的人才网站，报纸及杂志、广播、电视网络等媒介。

社会各类职业中介服务机构是提供就业信息的重要载体，它们与高校、毕业生以及用人单位都有联系，会通过多种形式发布就业信息。目前我国的职业中介服务还存在一些不规范的行为，提供的就业信息良莠不齐，甚至还存在一些违规行为。大学生应该慎重选择，谨慎挑选。政府正逐步对职业中介机构的服务加强引导和规范。

随着网络媒体技术的发展，网络媒体在信息提供方面日益扮演着重要的角色，也成为大学生就业信息来源的重要渠道。当然网上也存在很多虚假的信息，大学生要加强甄别，以防上当受骗。

就业市场通过市场的调节作用，实现人才的合理流动。随着就业市场机制的进一步完善和发展，市场渠道不应仅仅是信息的提供者，还可以有更多的作为，如组织人才交流会、进行职业培训等活动。

（三）学校渠道

学校渠道包括高校的网站，高校举办的大型现场招聘会等。高校能及时了解并宣传国家的就业政策法规，公布需求信息，如特岗教师计划、选调生、选聘生以及大学生应征入伍等的信息。

很多学校都会举办毕业生和用人单位的双选会，以及各类专场招聘会。毕业生应关注学校的就业网站，及时掌握就业信息。每年有很多毕业生通过学校途径成功就业。高校提供的就业信息及时、方便、真实，就业成功率较高，而且具有适合本校学生就业的针对性，已成为大学生就业指导工作重要的组成部分。

除此之外，现在很多高校还开设了就业指导和职业生涯规划课程，这类课程为大学生就业提供了信息。还有部分院校设置了专门的就业指导部门，为大学生就业出谋划策。相对于其他就业信息搜集渠道，学校渠道往往更具有针对性和指导性。

（四）其他渠道

除了政府渠道、市场渠道和学校渠道以外，还可以通过其他方式，如家人、朋友、老师、校友的推荐，社会实践，信件、电话访问，以及上门自荐等，了解就业信息。

每个人都是生活在社会关系当中的，大学生的亲友、老师以及校友组成了一个庞大的关系网络，他们提供的信息一般比较准确、可靠，也是大学毕业生获取就业信息的重要渠道之一。亲友、老师及校友所织成的信息网络不同于政府、市场和学校渠道，他们比较了解学生个体的情况，所提供的信息有针对性。例如，老师向用人单位推荐毕业生时，会充分考虑毕业生和用人单位的情况，因而成功率较高。

大学生在校期间一般要到企事业单位实习实训，实习实训不仅仅是学生巩固理论知识的教学活动，也是学生和用人单位加强联系、相互了解的良好途径，一些学生在实习单位表现优异，毕业后就可能被聘用。

通过信件、电话访问及上门自荐的方式获取就业信息，成功性较小，获得的信息量也少，在网络时代，越来越少采取这种方式获取就业信息。

案 例 精 选 ▶▶▶▶

孙某就读于上海一所工科院校，他的一位同乡在毕业时对他说现在找工作很难，并把自己在求职过程中搜集的就业信息、就业指导书等给了孙某。孙某利用空闲时间翻看了这些资料，对求职技巧有了一定的了解，并细心地把相关用人单位的联系地址、网址和联系方式抄了下来。

在大四上学期孙某就开始为就业忙碌，他打电话给在上海工作的校友，请他们帮忙留意他们单位的招聘信息；请班主任帮忙推荐合适的工作，并留下就业材料；到学校就业指导中心询问学校就业工作安排和人才招聘的相关信息；对之前搜集的就业信息分析整理，对有可能需要他所学专业的用人单位各送去一封求职信。

在春节前，令孙某感到意外的是，同时有多家单位愿意聘用他，这些单位对于孙某如此熟悉其情况惊讶不已。最后孙某选择了其中一家单位。当别人还在忙着搜集就业信息，为就业焦头烂额的时候，孙某已经早早地找到了工作。

第二节　就业信息的搜集方法和原则

就业信息的搜集是大学生就业准备的第一步，直接关系到择业能否成功。搜集就业信息要遵循正确的原则和适当的方法。

一、就业信息的搜集方法

大学生搜集就业信息有很多途径，重点在于掌握主动性。一般常用的信息搜集方法有以下三种。

（一）全方位搜集法

把与你的专业有关联的就业信息统统搜集起来，再按一定的标准进行整理和筛选，以备使用。采用这种方法获取的就业信息广泛，选择的余地大，但较浪费时间和精力。

（二）定方向搜集法

根据自己选定的职业方向和求职的行业范围来搜集相关的信息。这种方法以个人的专业方向、能力倾向和兴趣特长为依据，便于找到更适合自己特点、更能发挥作用的职业和单位。需要注意的是，当你选定的职业方向和求职范围过于狭窄时，有可能大大缩小选择余地，特别是你所选定的职业范围是竞争激烈的"热门"工作时，很可能给你下一步的择业带来较大困难。

（三）定区域搜集法

根据个人对某个或某几个地区的偏好来搜集信息，而对职业方向和行业范围较少关注和选择，这是一种重地区、轻专业方向的信息搜集法，按这种方法搜集信息和选择职业，也可能由于所面向地区的狭小和"地区过热"（即有较多择业者涌向该地区）而造成择业困难。

求职者应当根据自己的实际情况将上述几种方法综合起来搜集信息。

二、就业信息的搜集原则

作为大学生就业的基础和前提，就业信息的搜集一方面可以增加就业信息的广度，拓宽大学生的择业视野；另一方面也可以增强就业信息的深度，优化就业信息的质量，提高大学生择业的成功率。就业信息具有质量的高低之分、真伪的性质差别。通常，高质量的就业信息分布于广泛的就业信息中，具有一定的隐蔽性。所以，必须掌握就业信息搜集的基本原则和基本方法，以便全面、准确地搜集与就业相关的各种高质量信息，为择业选择、择业决策提供必要的信息准备。通过各种渠道所初步获取的就业信息一般来说比较零散杂乱、盲目繁多，大学生首先必须对所获信息根据一定原则进行加工整理，去粗取精、去伪存真，经过筛选和过滤后的信息才能作为自己择业的根据。概括而言，就业信息的搜集基本遵循以下几个原则。

（一）真实性

真实性是就业信息搜集的前提条件，即要求搜集的信息反映的情况必须真实可信，毕业生才能据此做出准确的选择。虚假的就业信息不仅会使毕业生判断失误，还会浪费大量宝贵的时间，甚至可能带来人身伤害。社会上存在一些以盈利为目的的中介机构，他们打着提供招聘信息的幌子，骗取中介费。也有一些单位借着招聘骗取报名费、培训费以及风险抵押金等。还有一些非法传销组织以招聘为借口骗取大学生的信任，毕业生一旦陷入这样的传销组织，人身和财物安全都会受到很大的威胁，必须加以警惕。

案例精选 ▶▶▶

　　戴某一直为找工作的事而烦心，当他从报纸上得知某人才市场有大型招聘会时，认为机会来了。戴某早早地来到招聘现场，他发现一家公司展台前挤了很多人，招聘人员正在做招聘宣传："本公司是国内知名的高科技企业，处在发展的黄金期，急需大量的高技术人才，欢迎有志者……"戴某感到希望来了，急忙挤进去递上求职材料。招聘人员简单地翻看了一下他的材料，对他说："你完全符合我们单位的要求，请明天来面试。"

　　第二天戴某准时来到公司所在地，那儿已排了长长的队伍。等戴某排到时，他被通知要交20元报名费，戴某看到其他人都交了钱，也就跟着交了。面试很简单，问了几个问题，招聘人员说戴某如果愿意，可以马上签订协议。戴某毫不犹豫地签了协议。签完协议对方要求戴某交100元办工作证的费用，并通知第二天上班。第二天戴某来上班时被通知要交1000元的风险押金，说是如果他在公司没有发生任何意外，年底会退还风险押金。此时戴某虽不愿意交，但是想到今后找工作会越来越难，就向同学借钱交了押金。可当正式安排工作时，戴某发现所谓的高科技公司只是安排他们推销医疗器械，每月基本工资只有400元，其余的要看自己的推销情况。此时戴某感到上当受骗了，但为时已晚。

（二）针对性

　　网络时代，信息呈爆炸式增长，面对海量的就业信息，大学生往往难以取舍。大学生一定要根据自己的职业发展目标和方向，结合自己的专业、特长、兴趣、能力、性格等方面因素综合考虑，有针对性地甄别和选择相关的就业信息。

（三）计划性

　　搜集就业信息并不是等到毕业时需要了才去做，而是要提前计划。首先，大学生要进行职业规划、自我认识，选定职业发展目标和方向；其次，确定信息搜集的方向、途径、范围和内容；再次，进行信息搜集；最后，对搜集的信息进行归纳、整理，剔除一些价值不高的信息。

（四）全面性

　　很多情况下我们需要的就业信息并不是完整、全面地展现在我们面前的，而是以分散的形式存在的。因此，我们需要利用各种渠道和方式，充分搜集与我们的职业发展目标和方向相关的信息，在经过分析整理后才能得到较为全面的就业信息。

第三节 就业信息的运用过程

无论有多少就业信息或机会，对于一个大学生来说，一次只能选择一个职业岗位。很多时候，过多的信息往往让人优劣难分、无所适从。因此，在完成就业信息的收集后，你会有一个很长的备选清单。大学生应该结合自己的实际情况，加以分析筛选、去伪存真，有目的、有针对性地进行排列、整理和评估分析，只有这样才能使需求信息具有准确性、科学性和有效性，才能更好地为自己的就业服务。对每一个就业信息进行一番详尽细致的研究显然是不现实的，可以回顾清单并对它进行排序。如果你的信息仍然很多，试着把它们按城市、岗位等分组，然后进行对比，逐步压缩到一个可以操作的范围之内。

具体来说，就业信息的运用过程主要包括以下几个方面。

一、就业信息的整理

大学生要对自己搜集的就业信息进行整理，有针对性地排列、整理，去掉无效的、过时的甚至虚假的信息，使之更好地为自己的求职服务。

在整理就业信息的过程中，可以遵循以下几个原则。

（一）掌握重点

将搜集到的所有就业信息进行比较，初步筛选之后，把重点信息选出来，标明并注意留存，一般信息则仅作参考。

（二）善于对比

当你从不同的渠道搜集到大量的需求信息后，可采用对比鉴别的办法，确定其对自己的用处。

（三）仔细求证

当你搜集到一些需求信息之后，为了弄清信息的可靠程度，应当通过各种办法、多种渠道确认信息的可靠程度。

（四）了解透彻

对于重要的信息要了解透彻，不能一知半解。要全面掌握情况，全面了解信息中的重要内容。

（五）避免盲从

获取用人单位信息以后，不要一味地盲从。在具体运用就业信息时，无论是通过何种渠道获得的都要认真求证，绝不能未经筛选就轻率地做出选择，这样往往会错过良机，甚至给自己带来损失。

（六）适合自己

一切信息都要用来对照衡量，看是否适合自己。大学生切忌好高骛远，挑选不适合自己的岗位。

（七）注意信息的时效性

就业信息瞬息万变，在搜集到就业信息之后，要适时使用，以免过期。

（八）确定信息搜索范围

在确定信息搜索范围时，不能局限于热门单位及周边较近的地区，否则会降低就业的成功率。

二、就业信息的鉴别

（一）就业信息的真伪鉴别

一般来说，真实可靠的招聘信息都是经过劳动、人事部门核准的，或是通过高校就业指导中心向毕业生发布的，或是在正规报刊、广播、电视、网站等媒体上发布的。但大学生也不能完全认为报纸上、网络上的信息就是可靠的，或朋友介绍的就没有可疑之处。常见的虚假就业信息有以下几种。

其一，沿街四处张贴的招聘小广告。

其二，招聘条件太过诱人的广告。

其三，门槛很低、薪酬很高的工作。

其四，要求毕业生交纳一定费用作为工作保证金的。

其五，基本资料不全的招聘信息，如某些用人单位在发布招聘广告时只公布电话号码或邮箱，没有单位地址；有的甚至只有手机号码，没有单位的名称；还有的不法分子利用这种方法将大学生引诱到外地，实施诈骗、勒索和抢劫。

其六，莫名而来的就业机会，如有的大学生会突然接到素不相识且自己从未联系过的用人单位招聘者打来的电话，遇到这种情况需要保持高度警惕，这是非法传销组织的惯用伎俩。

（二）就业陷阱的形式

其一，以招聘为名盗取信息：利用求职者的身份证或其复印件，骗取求职者的信用卡卡号、银行账号、照片等，倒卖个人信息。

其二，以招聘为名骗取钱财：以招聘方式收取报名费、抵押金、培训费、服装费等。

其三，以招聘为名获得劳动力及成果：通过高职、高薪等条件来诱骗劳动力，但实际岗位与招聘广告相去甚远。

其四，以试用期为名榨取劳动力：利用试用期与正式签约的时间差，来榨取劳动力。

其五，以"霸王条款"克扣毕业生利益：通过苛刻的条件剥夺毕业生的应得利益。

其六，以"培训"为名骗取培训费：以"高薪就业、保证就业"之名进行岗前培训，但培训结束仍然不能工作，或者安排的工作根本不适合求职者，逼迫求职者自己违约。

三、就业信息的筛选和分析

（一）就业信息的筛选

就业信息的筛选就是对搜集到的信息进行加工，去粗取精，去伪存真，由表及里，通过对各种信息进行分析、综合、归类，选出对自己有用的信息，更好地为求职做准备。很多大学毕业生频繁奔波于各种招聘会，简历也投出去不少，但是却很少得到回复，原因就在于缺少对就业信息的整理、筛选。大学毕业生要做一个有心人，平时就要有意识地搜集各种就业信息，尤其是招聘信息。可以做一个表格，统计各种招聘信息，但并不是所有的招聘信息都要搜集，要根据自身的情况，如职业兴趣、专业、性格、能力特长等，对招聘信息进行筛选，对符合自己需求的信息进行统计、完善。统计招聘信息的表格一般包括以下六个要素：企业名称，企业基本情况（企业性质、隶属关系、企业规模、人数、产品服务、发展现状和发展趋势），应聘岗位及招聘人数，应聘条件（如学历、专业、职业资格、技术等级），工作环境和薪资福利，联系人及联系方式。

（二）就业信息的利用价值分析

对一条自己感兴趣的招聘信息，大学生在求职之前，还应该冷静地思考该信息传递的内在含义，如这个信息所包含的内容是什么、用人单位要招聘什么样的人等。同时，结合自身条件来考虑自己与该用人单位、该职业是否匹配，如自己有什么优势、该职位是否符合自己的个性、自己用什么去打动用人单位以谋得职位等。

四、就业信息的运用

就业信息的运用是指毕业生在对就业信息进行整理分析后，依据信息进行择业的过程。那么该如何运用就业信息呢？

(一)确定自己的职业目标是前提

职业目标是求职者的专长、兴趣、能力、性格、期望值、价值观与社会职业需求之间不断协调的过程。确定职业目标时还应该把收入目标、行业目标等考虑进去，尽可能地征求多方面的意见。

(二)考虑就业信息的时效性

就业信息一般有时间限制。在搜集就业信息时，应该特别注意是否公布了招聘日期，如有则应该在规定的时间内应聘。一旦看准机会就要有所行动，以便把握良机，找到自己心仪的工作。

(三)灵活运用就业信息

专业对口或相近，往往是用人单位与求职者在双向选择中的共同标准，但是这不是绝对的，也有很多人毕业后从事与所学专业不一致的某项职业而获得较大发展。专业与个人的职业潜质并不等价。因此，用人单位虽然对所需要的人员有一定的要求，但也并非一成不变。

在就业信息面前，大学生需要冷静地、认真地分析自己的优劣势，不要因为某个次要条件达不到用人单位的要求就轻易放弃，应该去努力争取和尝试，也许会有意外的收获。

(四)把握胜任和难度间的平衡

如果选择了自己不能胜任的工作，工作起来就会力不从心，也容易因为压力过大而产生挫败感。但如果选择难度过低的职业，时间一长，又容易产生单调乏味感，缺乏个人价值的创造积极性，进而失去工作兴趣。因此，要客观地分析所搜集的就业信息，正确地对待自己和工作，既要考虑自身今后的发展，也要从实际出发。

(五)共享信息资源

在获取的就业信息中，有的对自己并无直接用处，但可能对他人有用。遇到这种情况，大学毕业生可主动地将这些信息分享给他人，避免信息浪费。同样，被帮助的人在获取对你有利的信息之后，也会反馈给你。从这种角度看，与人方便，就是与己方便。

≫≫ 练习与思考

1. 简要说明就业信息的范围和来源。
2. 就业信息的搜集原则是什么？
3. 如何运用就业信息？
4. 结合自己的实际求职经历，分享一下鉴别就业信息真伪的经验。

第十章

求职材料的准备

学习目标

1. 了解简历的基本要素及制作原则。
2. 掌握求职信的写作要求。
3. 了解毕业生就业推荐表。

第一节　简历的准备与制作

简历是概括介绍毕业生个人基本情况，对个人的技能、成就、经验、教育程度、求职意向做简单总结的材料，是求职材料中最为重要的部分，是求职者全面素质和能力体现的缩影。

一、简历的形式

从形式上划分，简历可分为七种：完全表格式简历、半文章式简历、小册子式简历、提要式（节略式）简历、按年月顺序（时间顺序）式简历、功能式简历和创造式简历。当然，这些形式互相之间可交叉重叠。下面就每种简历形式的主要特点做简单介绍。

（一）完全表格式简历

完全表格式简历综述了多种资料，易于阅读，通常适用于缺乏工作经验的求职者。求职者可简单列出所学课程、课外活动、业余爱好和临时工作等资料，因为他们较浅的资历很少需要分析和说明。

(二)半文章式简历

半文章式简历使用较少的资料表格设计，表格的数量和文字记载的长度可以变化，以体现求职者的长处。这种简历通常适用于经验丰富的求职者，因为详述的资料会比高度表格化的资料占据更多的篇幅。

(三)小册子式简历

小册子式简历是一种多页的、半文章式的活页格式简历。它的主要优点有两个：一是提供了一种可表述更多资料的便利工具；二是其封面上可容纳一份分别打印、专门设计的求职信。但小册子式简历需要很多专门的技能去撰写、设计，因此此用得不多。

(四)提要式(节略式)简历

提要式(节略式)简历是一种摘要，它是在完成了一份较长的简历后才摘编而成的。经历丰富的求职者可先写一份完整的简历(如 2—3 页)来概括其资历，然后从完整的简历中摘出要点。这种提要式(节略式)简历便成了这样的求职者用得较多的简历，而详细的简历只有在招聘者要求时才提交出去。

(五)按年月顺序(时间顺序)式简历

按年月顺序(时间顺序)式简历通过按时间顺序排列资料及突出日期来强调时间。时间顺序通常是从最近的时间开始往前推。如在工作经历一栏下，按时间顺序从最近的工作开始写，然后是最近工作的前面一份工作，再是再前面的工作；在教育栏下，按时间顺序式的简历也是如此，倒推排列。这种简历可以是完全表格式简历，或是半文章式简历，也可以是创造式简历。

(六)功能式简历

功能式简历只强调工作的种类(功能)，而不含有任何特别的时间顺序。功能式简历的主要优点是能突出实际成就，缺点是招聘者不得不排出他们自己推算的时间顺序。如果严密的时间顺序对你不利，你便可使用功能式简历；如果你的职业进展已经有了进步，并且你想找的工作和你最近的工作一样，则可采用按年月顺序(时间顺序)式简历。

(七)创造式简历

艺术界、广告界、宣传界和其他创意性领域的求职者在准备简历时往往会打破标准的简历形式。创造式简历必须运用想象力，但也必须向招聘者提供他们需要的内容。它只能用于创意性行业，在其他行业求职时要慎用。

二、简历的基本要素

(一)个人基本情况

个人基本情况包括求职者的姓名、性别、民族、照片、家庭住址、政治面貌、特长、联系方式等。

(二)教育背景

教育背景包括求职者的毕业院校、所学专业、学历、学位、所学的主要课程等。其中专业和课程尤为重要,在罗列所学课程时,要考虑申请职位所需。

(三)求职意向及工作目标

求职意向主要包括求职者所希望的工作岗位、薪资、地域等。工作目标即求职者需要选择一个特定的工作目标,彰显自己的职业规划和能力,切不可模糊隐晦,让用人单位猜测。

(四)工作经历

工作经历是简历的核心部分,在描述你的工作经历时,要写明从事的工作,列明你在工作中的职责,注意突出重点,责任的描述之后应该紧跟工作业绩。简历中尽量提供能够证明自己工作业绩的量化数据。不管你负责什么工作,只有在你描述了做得怎样之后才会有意义。可以问问自己:需要我做的是什么?我是怎么做的?做得怎么样?我体现了什么价值?

(五)知识和技能

知识和技能部分主要是体现求职者的知识结构和技能,如英语水平、计算机水平、普通话水平等。求职者需要具备相应的资格证书。

(六)所获荣誉

所获荣誉部分主要是体现求职者在大学期间以及工作中所获得的荣誉,如奖学金、三好学生、优秀干部、先进个人,以及参加竞赛、活动所获得的奖项、证书等。

(七)自我评价

自我评价主要是总结自己的个性品质、学习能力、沟通能力、解决问题的能力等。在这一板块中,求职者切忌夸夸其谈,要客观务实,选择自己与职位需求相匹配的能力来写,突出重点。

(八)证明文件

证明文件可以有效地成为客观评价的证据。求职者可以为简历中的某一段经历提供证据，尤其可以把某种奖励或证明附在简历的总结段落，或者在谈及自己担任某些重要职务或取得某些重要成就时把证明摆出来。

三、简历撰写的原则

（一）简短

简历不要太长，一般应届毕业生的个人简历有一页 A4 纸即可。用人单位花在每份简历上的平均时间是很短的，简历不做到短小精悍是不行的。

（二）清晰

简历应一目了然，确保简历的阅读者一眼就能看到他们需要的信息；要使用简单、清晰易懂的语言，而不要用一些高深莫测的语言；尽量不使用缩略语或在学生中流行的时髦词汇；若打印，应选择合适的字体和字号。

（三）准确

简历中的错别字很显眼，并且会直接影响阅读者对应聘者的印象。通过一份简历能看出一个人的语言文字功底和修养，而招聘人员考查应聘者的文字能力、细心程度等就是从简历开始的。因此，表达清楚、准确、规范，是简历语言的基本要求。

（四）整洁

整洁的简历能使阅读者在看到内容之前就对你产生好感，这样才能使之产生阅读的兴趣。因此，简历一般不宜做复杂花哨的设计，要注意保持简历的干净整洁。

（五）真实

撰写简历时既不要夸大自己的能力，也不要消极地评价自己，更不能编造。

案例精选 ▶▶▶

　　小王的身高是 171 厘米，但是他听说一些单位招聘时对身高有要求，于是他在简历的"身高"一栏填了"175 厘米"。参加招聘时，为了使自己的身高与简历上的一致，小王特意穿了增高鞋，因此招聘人员并未发现异常。由于小王的其他条件都符合单位的用人要求，招聘人员对小王很满意，小王很快就收到了单位的面试通知。

　　等小王到这家单位面试时，第一个面试项目就是测量净身高，于是小王弄虚作假的事情就暴露了。考虑到小王的诚信问题，该用人单位最终淘汰了小王。

　　由此可见，在制作简历时，同学们一定要实事求是，做到诚信真实，切忌弄虚作假。

四、简历中常见的错误问题

（一）缺乏针对性

一份标准模板下做出来的简历适用于多种行业、多类职位的求职需要，但没有针对性，很难引起用人单位的足够注意。

（二）存在明显错误

在简历中出现错别字、语法错误、逻辑错误、常识错误等都是会影响求职的。

（三）条理不清

简历布局不合理，结构层次混乱，内容重复，会增加阅读与理解上的困难，使招聘人员不易抓住要点。

（四）太过简单

有些人的求职简历相当简单，工作经历只写到年，工作情况只写岗位名称，教育情况只写大专或本科，让人看到后了解的信息有限，这会影响用人单位对应聘者的进一步考虑。

（五）内容不完整

有些人的求职简历内容不够完整，如工作经验中，有一两年的经验是空白的，这种处理会让招聘人员产生怀疑。

（六）照片不合适

简历中的照片应该避免使用艺术照和生活照，而是选择正装照，衣着整齐、干净整洁即可。

五、如何制作一份良好的简历

（一）针对性强

用人单位对不同岗位的职业技能与素养需求各不一样。因此，在制作简历时最好能先确定求职方向，然后根据招聘企业的特点及职位要求进行量身定制，从而制作出针对性较强的简历。

（二）言简意赅

一个岗位可能会有数十个甚至上百个应聘者投递简历，导致用人单位查看简历的时间相当有限。因此，求职者的简历要简单而有力度，篇幅最好不超过两页，尽量写成一页（技术相关工作岗位可写成 2—3 页）。

（三）突出重点，强化优势

所谓突出重点，一是目标要突出，如果简历中没有明确的目标岗位，则可能直接被淘汰；二是突出与目标岗位相关的个人优势，包括职业技能、素质及经历等，尽量量化工作成果，用数字和案例说话。

（四）格式方便阅读

网络上提供了很多简历模板，只能起到参考的作用，毕竟每个人的情况各不一样，那些模板未必合适。求职者应该慎用网络上提供的简历模板及简历封面，而应根据自身的情况进行合理设计。正常情况下，一份简历只要包含个人基本信息、求职意向、职业技能与素养、职业经历四大部分即可，其他内容可视具体情况添加。

资 料 链 接 ▶▶▶▶

个人简历

姓名		性别		出生年月		照片
民族		政治面貌		籍贯		
学历		专业				
健康状况		学制		特长及爱好		
外语水平			计算机水平			
家庭通信地址				邮编		
联系电话			电子邮箱			
学习背景						
工作及实践经历						

资　料　链　接 ▶▶▶

奖励	
著作和论文	

（五）逻辑清晰，层次分明

制作简历要注意语言表达技巧，描述要严密，内容的衔接要合理，教育及工作经历可采用倒叙的表达方式，重点内容可放在简历最前面。

（六）客观真实

诚信是做人之根本，事业之根基。一个不讲诚信的人，很难在社会上立足。因此，求职者如果在简历中弄虚作假，将会失去更多的机会。求职者在写简历时一定要做到客观、真实，可根据自身的情况结合求职意向进行纵深挖掘、合理优化，但不能夸大其词、弄虚作假。

第二节　求职信

一、求职信的内涵

求职信是求职者写给用人单位的信函，目的是希望对方了解自己、相信自己、录用自己，它是一种私人对公并有求于公的信函。多数用人单位要求求职者先寄送求职材料，由他们通过求职材料对众多求职者有一个大致的了解后，再通知面试或面谈人选。因此，求职信可以作为一种重要的求职材料。

求职信是沟通求职者和用人单位之间的桥梁。通过一定的沟通，在相互认识、交流的基础上实现相互交往，是求职信的基本功能。实现了交往，求职者才可能展示才干、能力、资格，突出其实绩、专长、技能等优势，从而得以录用。因此，求职信的自我表现力非常明显，带有一定的公关要素与公关特色。

对于大学毕业生而言，为了实现自己的求职目的，就必须扬长避短，突出自身优势，在众多的求职者中以自己的某些特长、优势、技能等吸引用人单位。表现自我，意在录用，是求职信的基本功能。

大学毕业生在写求职信之前，要先考虑以下五个方面。

(1)未来的雇主需要的是什么？在你期望得到的职位中，什么样的技能、知识和经历是最重要的？

(2)你的目标是什么？你写求职信的目的是什么？是想获得一个具体的职务、一次面试的机会，还是仅仅希望有人通过电话花 10—15 分钟时间与你谈一下有关机构的总体情况？

(3)你为此雇主或职位提供 3—5 个优点。如果你是针对某个具体的职位而写此求职信的，那么所列的你的优点应该就是招聘广告上需求的；如果你不是针对具体的职位，就按通常的所需知识和经验来考虑。

(4)如何把你的经历与此职位挂钩？请列举两个具体的你曾获得的成就，它们能证明你在第三条中所提的你的优点。

(5)你为什么想为此机构或雇主服务？你对它们的了解有多少？关于它们的产品或服务、任务、企业文化、目标宗旨等与你自己的背景、价值观和目标相关联的东西有哪些？

当你对以上五个方面考虑成熟之后，就可以写求职信了。

二、求职信的内容与写法

求职信是针对特定的用人单位写的。当毕业生获得就业信息时，可以先写一份自荐信(即求职信)连同就业推荐表一并寄(送)到用人单位。用人单位根据毕业生的求职信来判断毕业生是否符合用人单位的需求，是否提供面试的机会。

求职自荐信一般包括在校学习和表现情况、求职动机和意愿、与所求工作相应的才能和资格、自己对所求工作的态度和兴趣等。求职意向要简短清晰，主要表明本人对哪些岗位感兴趣及自己的相关要求。求职自荐信要富有个性、针对性强。求职信的首要目的是力求吸引对方，引起对方的兴趣，应注意在一开始就用一两句富有新意的话去吸引读者。求职信的核心部分应是阐明自己能胜任工作的条件。

自荐信是针对用人单位的一种书面自我介绍。相对目录式的简历，自荐信的书写格式与一般书信相同，开始要先做自我介绍。书写内容主要是谈谈自己对从事此工作感兴趣的原因、愿意到该单位的愿望和自己具有的资格。最后，要提出你希望能有面试的机会，附上联系方式。自荐信要有说服力，以证明你有资格胜任该工作，态度要诚恳，用语要得当，并争取吸引对方的注意力。

求职信和书信的格式比较类似，一般来说由开头、正文、结尾和落款组成。

（一）开头

求职信的开头要写明收信人的称呼。在格式上，称呼要在信笺第一行起首的位置书写，单独成行，以示尊重。如果对用人单位的性质及负责人比较清楚，可直接写出负责人的职称、职位，如"尊敬的王经理""尊敬的李部长"。如对用人单位的性质及负责人不清楚，可写成"尊敬的领导"等。称呼之后用冒号，然后另起一行，写上问候语，如"您好"之类的话，紧接着写正文。

（二）正文

正文是求职信的中心部分，其形式多样、风格各异。要打动招聘人员，正文部分要反复揣度和修改措辞，并注意使用恰当的行文风格。一般而言，正文部分应当包括以下内容。

1. 简单的自我介绍

对于应届毕业生来说，在信件的开头用一两句话说明自己的学校、学历、专业等基本信息即可。例如，"本人是××大学工商管理专业2023届应届毕业生"，一句话简明扼要、一目了然。

2. 说明求职信息来源

最好在求职信的开头说明求职信息的来源。如此一来，行文方面也比较流畅，不至于让用人单位在收到你的求职信的时候感到突兀。求职信息的来源介绍也应该是简单明了的，例如，"据悉贵单位正在招贤纳才，昨日又在《××报》上读到贵单位的招聘广告，故冒昧写信一试"或"本人在2023年×月×日的《××报》上得知贵单位正在进行招聘活动，因此投信应聘"。一句话带过即可。

3. 说明应聘职位

一些人错误地以为，在求职信上写明应聘职位会影响应聘成功的概率。他们的理由是，应聘职位会限制用人单位在一个更广阔的范围内进行选择，也就是说，如果不写明应聘的职位，用人单位将会考虑为应聘者安排其他职位。事实恰恰相反，由于现在就业市场供过于求，用人单位选择人才的门槛越来越高，如果不有的放矢地说明自己能胜任的某项工作，很有可能遭到淘汰。因此，在求职信的开头，应该说明所要应聘的职位，例如，"本人欲应聘××助理一职"或"相信本人能胜任销售专员一职，故前来应聘"等，如果职位有编号，应当写上编号，以表明一丝不苟的态度和应聘的诚意，例如"法务助理（111♯）"等。

4. 说明能胜任该职位的原因

这是求职信的核心部分。这部分内容主要是向对方表明自己的专业知识和工作经验，所取得的与该职位有关的一些成绩和掌握的相关技能，以及与该职位相符的性格、特长、兴趣爱好和其他情况。所写的文字只有一个中心：你就是适合该项工作的人。

要让对方觉得，无论从哪个角度看，你都能胜任该项工作。要注意发掘自己满足未来工作要求的条件，特别是看起来不太相符而又值得骄傲的方面，尽量措辞说明这一条件对该职位大有裨益。

需要注意的是，说明能胜任该项工作的理由，并不是经验和成绩的简单堆砌。你所经历过的事情、所取得过的成绩，如果在求职信中全部罗列出来，一则杂乱无章；二则非但毫无必要，还显得非常杂冗。因此，在介绍自己能力的时候，一定要突出适合这项工作的特长和个性。尽量避免写无关内容，更不能写与招聘条件"反其道而行之"的内容，如用人单位招聘的是"营销人员"，你却对"文静、内向"特别强调，应聘自然会失败。

5. 暗示发展前途及潜力

在求职信里，不但要向招聘者说明你的现在，也要说明你的未来，说明你是有培养价值的，是可塑造的，是有发展潜力的。例如，可以向对方介绍你曾有过当学生干部的经验，在担任学生干部的时候取得了何等成绩，这就说明了你有管理和组织方面的才能。

（三）结尾

求职信的结尾应写好结束语，不要虎头蛇尾。首先，在求职信的结尾要留下自己的联系方式。其次，结束语可提醒用人单位希望得到其回复，以表达你希望用人单位给你面试机会的心愿。如可以写上"希望得到您的回音""盼复"等。

（四）落款

落款包括署名和日期。署名应写在结尾祝词的下一行的右后方，署名要注意字迹清晰。日期应写在名字下方，一般用阿拉伯数字，并且要把年、月、日写上。若有附件，应在信的左下角注明。如"附1：个人简历""附2：获奖证明"等。

三、如何写好一封求职信

求职信写起来不难，但写好不易。求职信因其特殊性，要求既要有吸引力，又不落俗套，还要突出自己的个性和特长。

（一）要有针对性

很多求职者会"一稿多投"，不会去针对每一个用人单位和招聘职位来介绍自己的能力和经验。例如，不论是应聘网络公司的测试工程师还是业务员，都将自己的全部经历放到求职信上，使招聘人员无从寻找公司招聘职位看重的能力和相关经验。因此，一封好的求职信需要将自己与职业所需的能力匹配并呈现出来，让用人单位看到你对于这一职位的合适度。

（二）不要做简历的"复本"

求职信不是简历的复写，写求职信是为了吸引招聘人员继续阅读你的简历。从求职者的角度来说，如果只是简单地复制简历的内容，事实上就丧失了一个更好地介绍自己的机会；从阅读求职信的招聘人员的角度讲，看到这样一封求职信，不会对你留下任何深刻的印象，甚至可能因为内容的重复，而不会详细阅读求职者的简历。可见一封简历复写版的求职信不能达到求职者和招聘人员进行更好沟通的目的，反而成为求职的绊脚石。

（三）恰当的篇幅结构安排

"贵精而不贵多"，这也是求职信写作中一个关键的整体原则。每年的招聘旺季，都有招聘人员说他们超时的工作和巨大的压力，在这种情况下，如果你的求职信洋洋万言，读了大半页尚未让人找到亮点，或者过于简短，未能出现足够的有效信息，那么，这样的求职信及你的简历将会被丢弃。

（四）对自己的优缺点进行适当处理

大学毕业生既不能对自己缺乏自信，也不能自吹自擂。适度的谦虚是一种美德，也会使用人单位对你产生好感，但过分的谦虚容易产生一种无能或缺乏自信的感觉。与此相反，有的人认为求职是一个自我推销的过程，既然"推销"就应该进行精心包装，但不切实际的自吹自擂很容易被揭穿。写求职信不能只写优点，回避缺点，也不能让缺点比重过大，应做到适度"推销"。

由于文化上的差异，一般对外企可以较充分地展示自己的优点，强调自己的特长，而对国企、国家机关等则应如实介绍自己的理论基础、特长、爱好等。

（五）恰如其分地进行文字处理

求职信要做到文字工整、清洁、美观，不要出现错别字，语气恰如其分，语句流畅通顺，文字通俗易懂，切忌字迹潦草、书写脏乱、滥用词句、哗众取宠。"字如其人"，整洁、美观的字会给用人单位留下严谨、干练、利索的印象，而字迹潦草则会给用人单位留下办事草率、敷衍了事的不良印象。

（六）传达出职业精神

任何形式的求职信本质上都反映着一个人的专业程度，因而其格式、行文都应该以专业信函为标准。而你的专业性应该体现在方方面面，细节决定成败，不要因小失大，应注意杜绝以下几种非专业性的错误。

(1)求职信的书写格式过分随意、不整洁，或采用彩色信纸、彩色书写等。

(2)英文求职信书写时出现拼写或者时态等错误。

（3）充斥不必要的专业术语。

（4）递交或邮寄时，信封选择随意，书写不规范；发送电子邮件时，名称随意，出现很多不庄重的网络表情等。

资料链接 ▶▶▶▶

以下提供两种求职信模板，一种是通用型求职信，另一种是具体以某专业为例的实用型求职信。

一、通用型求职信

尊敬的领导：

　　您好！

　　非常感谢您在百忙之中阅读我的求职信。

　　我叫×××，来自××大学，所学的专业是××。

　　压力和机遇同在，人才市场日趋紧张的竞争，以及希望脱颖而出的愿望，促使我在自身素质上力求充实和完善。大学期间，我在学习上立足于专业知识、文化知识、计算机知识三点循序渐进，由点到面不断扩大自己的知识深度和广度，以优良的成绩完成了大学的学习。

　　十年寒窗、听雨打窗棂的生活造就了我脚踏实地的作风，每天迎着晨曦起、伴着星光归的历程赋予了我过硬的本领。综合素质良好、专业基础扎实、动手能力强，是我给自己的一个比较客观的评价。大学期间，我全身心地投入自己感兴趣的××专业中，除了学习专业知识外，我还学习了相关的计算机技术。

　　学海无涯，我寒窗苦读，孜孜以求。而今学业初成，怀赤璧以待惠者，持经纶以求明士。面对挑战，我愿一展所学，开创未来！

　　从学校到社会，我知道有一个成长的过程。但所幸我生活在乘风破浪的时代，只要奋斗和信心不止，前进的动力不衰，凭着对未来的追求和探索，对事业的执着和热爱，我自信能在一个文明、团结、进步的集体中竭尽所能，再添辉煌。机会从来只给有准备的人，如果您能给我这个机会，我将以百倍的热情、切实的行动来证实我的专业和能力，不负您的期望和厚爱！

　　此致

敬礼！

×××
××××年××月××日

二、实用型求职信

尊敬的领导：

　　您好！

　　首先，感谢您在百忙之中展看我的自荐信，为一位满腔热情的大学生开启一扇希望之门。

我叫××，是一名毕业于××××年×月××大学护理专业的学生。借此择业之际，我怀着一颗赤诚的心和对事业的执着追求，真诚地推荐自己。

在校期间，我孜孜不倦，勤奋刻苦，具备护理方面的基本理论、基本知识和基本技能，经过一年的实践，我在护理技术方面有了丰硕的收获，变得更加成熟稳健，专业功底更加扎实。

通过在学校里的努力学习，我掌握了大量专业和技术知识，护理操作水平大幅度提高，如无菌技术，导尿术，口腔护理，成人静脉输液，氧气吸入，皮内、皮下、肌肉注射等技术都较为熟练。我有较强的独立工作能力。在医院的实习经历，让我学会了老护士娴熟的专业技能。各科病房的工作，让我学会了临危不乱、耐心护理、微笑待人，用最大的理性对待病情，怀着赤诚的爱心面对患者。

在生活中我把自己锻炼成了一个吃苦耐劳的人，工作热心主动，脚踏实地，勤奋诚实。能独立工作是我对工作的本分，独立思维、身体健康、精力充沛是我能充分发挥潜能的跳台。两年的大学学习和一年的医院实习，培养了我良好的工作态度和团队意识。

过去并不代表未来，勤奋才是真实的内涵。对于实际工作，我相信我能够很快适应工作环境，并且在实际工作中不断学习、不断完善自己，做好本职工作。如果有幸能够加入贵单位，我坚信在我的不懈努力下，一定会为贵单位的发展做出应有的贡献。因此我对自己的未来充满信心。

我热爱护理事业，殷切期盼能够在您的领导下为这一光荣事业添砖加瓦，并在工作中不断学习、进步。

最后，请接受我最诚挚的谢意！

此致

敬礼！

自荐人：××

××××年××月××日

第三节　毕业生就业推荐表及其他准备材料

为了帮助毕业生顺利进入心仪的单位，学校会根据学生的具体情况为学生填写应届毕业生就业推荐表，那么应届毕业生就业推荐表一般包含哪些内容呢？它到底有什么重要作用呢？

一、毕业生就业推荐表

（一）毕业生就业推荐表的内涵

毕业生就业推荐表，简称就业推荐表，是为了就业而制作的一份推荐表，一般情况下，就业推荐表为各学校统一规定模板，再交由学生根据自己的实际情况填写表格内信息，完善表内信息后，需有学校盖章方为有效。

毕业生就业推荐表是各地学院向用人单位推荐毕业生的书面材料，表中所填内容反映了学生个人信息、学习成绩、奖惩、社会实践经历等方面的情况，是用人单位选择人才的重要依据，直接关系毕业生的切身利益。

毕业生就业推荐表涉及面广、内容丰富。用人单位在接收毕业生书面材料时，一般把学校统一制作的就业推荐表作为考查毕业生的重要依据。毕业生在寻找工作时，原则上用就业推荐表复印件。当用人单位确定要接收毕业生并正式签约时才用正式推荐表。

（二）毕业生就业推荐表的相关规定

第一，毕业生就业推荐表供毕业生向用人单位应聘时使用，由学校招生就业部门统一制作并印发，每生一份，复印有效，学生可以另行制作个人推荐表，学校只对按此统一格式制作的毕业生推荐表进行审核盖章。

第二，毕业生就业推荐表原则上只进行一次审核后加盖一次公章，并由毕业生所在系、部把关核实，故学生应在将其交到系、部盖章前认真检查核对，以免造成麻烦。

第三，毕业生就业推荐表的各项内容要认真、如实、用黑色钢笔或签字笔填写，字迹要工整、清晰。

毕业生就业推荐表内容填写注意事项如下。

（1）姓名：要求填写工整，必须与身份证上的姓名相一致。

（2）毕业专业：如旅游管理、计算机应用技术等。

（3）政治面貌：如中共党员、中共预备党员、共青团员、群众。

（4）学制：大学四年学制的就填写四年。

（5）电子邮箱：清楚、工整填写，并注意数字"0"与字母"o"之间的区别。

（6）专业与技能等级证书：填写已取得证书的名称与级别，包括其他职业资格水平证书的名称。

（7）任职情况、社会实践、奖惩情况：填写在校期间相关情况，尽量注明相应的时间或学期。

（8）个人简历：要客观、真实、简练。

(9)学生填写的所有内容,由系、部进行认真严格的核查,系、部意见由学生所在的系、部组织相关老师填写,学生在校期间所有成绩由教务处统一打印并加盖公章,成绩单手写无效。

第四,毕业生的基本情况由学生本人如实填写,若存在错误和遗漏,责任自负。

第五,毕业生就业推荐表由系、部负责人根据毕业生的日常表现,对毕业生做出综合评价,提出推荐意见并盖章确认,交学校招生就业处审核盖章。

二、求职中的其他准备材料

应届毕业生择业求职时需要准备的求职资料大致可分为三个方面:个人信息类、等级证书类、成绩及成果鉴定资料类。具体内容如下。

(一)个人信息类

个人信息主要包括毕业证、身份证、学位证、自我介绍、个人彩色证件照片电子版及1寸、2寸纸质照片(各备10张)。

(二)证书类

证书主要有外语、计算机、会计、人力资源、行政管理等级证书,获得的各种奖励、荣誉称号证书,各种奖学金以及各类竞赛的证书(中学、高中、大学均包括)等。

(三)成绩及成果鉴定资料类

这类材料可根据个人情况酌情增减,主要包括高校学习成绩单(高校教务部门填写盖章的原件)、科研成果证明、在报刊发表过的文章(数量较多可选获奖和具代表性的文章3篇左右)、参加各类社会活动和社会实践取得的鉴定资料、实习期间参与工作所获得的认可鉴定等。

案 例 精 选 ▶▶▶▶

我的应聘败在简历上

毕业生小黄将自己一次失败的求职经历写了出来,下面就是她写的文章。

我学的是阿拉伯语,大学前三年我都在一家贸易公司做兼职翻译,负责国际贸易的总经理曾对我许诺:毕业后直接来上班就行!大四大家求职到高峰时,我与他联系,可他却委婉地告诉我,因为与埃及公司的合作已经取消,公司不需要阿拉伯语专业的人了。看着不知所措的我,宿舍的姐妹们要我立即制作个人简历。好朋友还再三叮嘱我一定要把简历做得华丽漂亮些,哪怕数量少点也没有关系,

案 例 精 选 ▶▶▶

见到合适的公司一定要递上去，绝对不能错过任何机会。没有求职经验的我点头称是，拿出 1000 元做了 10 套装潢华丽的简历，仅一套就是厚厚的一叠。

招聘会上招聘的单位很多，前来找工作的大学生更多。我把简历一份份递上，可得到的回答不是专业不对口，就是需要有两年以上工作经验。虽然我极力辩解我有三年贸易公司兼职翻译经历，却因招聘会上太过吵闹而淹没在翻涌的人声里。

我终于看中一家大集团的海外贸易部。负责招聘的人员快速翻阅着我的简历说："你是学什么专业的？到底要应聘什么部门？写这么多？等电话吧！"说完把简历扔进一大摞简历堆里，高声叫道："下一个。"来回走了一圈，工作的事仍没有着落，可简历却一份也不剩。正当我准备离开时，却意外看到一家旅行公司。这家从事境外旅游的公司招聘栏上清楚地写着"阿拉伯语"。我兴奋地走过去，负责招聘的人员笑着问我："你的简历呢？"我才意识到我手里一份简历都没了。

我匆忙把姓名、学校、专业、特长填在一张空白纸上递给负责人，他皱着眉头收下，挤出笑容说："好的，那你等通知吧。"一个星期过去了，我没有接到任何面试的电话。打电话到该公司，可电话那头的人却说："我们没有收到你的简历！"

而此时和我一个专业的某同学却成功应聘到我心仪的那家大集团的海外贸易部。他告诉我，他的简历只做了两页，一页介绍自己的基本情况，一页是大学四年的社会活动简介。

思考一下，小黄为什么会应聘失败呢？

▶▶练习与思考

1. 说一说简历的基本要素有哪些。

2. 制作简历需要遵循哪些原则？

3. 如何写好一封求职信？

4. 根据所学知识，为自己制作一份简历。

第十一章

大学生就业的心理准备

学习目标

1. 了解大学生就业心理准备的几种类型。
2. 掌握健康的就业心理素质的内涵。
3. 了解当下大学生就业存在的心理问题。
4. 掌握大学生就业心理的自我调适方法。

第一节　大学生就业心理准备概述

高校毕业生就业除了必须做好一定的知识、能力准备外，还应充分做好就业的心理准备，调整并保持良好的心态。这是因为，就业是大学生人生道路上的一次重要抉择，其间将会遇到种种复杂的矛盾和困惑。良好的心理素质、充分的心理准备和必要的心理调适对帮助大学生正确认识和处理求职就业过程中遇到的种种问题、克服心理障碍并获得成功是十分必要的。

所谓就业心理准备，就是大学毕业生面对择业和就业时，对可能出现的各种情况所做的估计和评价，以及为解决这些问题而建立某种思想观念和强化某些心理品质的心理活动过程。择业和就业面临着日益激烈的竞争，要直面竞争、抓住机遇、应对挑战，大学生必须培养和树立良好的就业心理，做好就业应有的心理准备。

一、大学生就业心理准备的内涵

就业心理准备是大学生就业前的一种发自内心的职业训练活动。这种心理活动一般从学习专业课时就开始了，通过对专业课的学习，大学生从所学专业的内容、服务对象等方面，逐步了解并认识自己今后所要从事的职业的性质和特征，并逐渐树立起牢固的专业思想和专业心理，把学习的焦点集中在有关的专业课上，为今后的就业做好准备。这个努力过程，就是大学生就业前的心理准备过程。有了这个过程，大学生才能增强自身在就业时的竞争实力。

大学生就业前的心理准备过程包括两个方面。一是大学毕业生要有正确的政治方向和为事业献身的精神；必须具有强烈的吃苦精神，具有较高的政策水平、业务水平和文化素养；把祖国的需要作为自己的第一选择，到基层去，到祖国最需要的地方去。二是大学毕业生要有良好的思想品德素质；要具有诚实、谦虚的良好品质，在是非功过面前实事求是，不弄虚作假，谦和待人；要具有强烈的事业心、高度的责任感和艰苦朴素、廉洁奉公的工作作风。

二、大学生就业前的几种心理准备

(一)角色转换的心理准备

对于大多数大学生来说，大学期间过的是一种单纯而又有保障的生活，学习、生活和交际都很有规律，在这样环境里，很容易萌发出一些浪漫的情调和美好的理想，但是这样的生活环境与现实社会还存在一些距离。因此，对于即将毕业的大学生而言，踏入社会之前，最重要的就业心理准备就是要真正转变角色，也就是说要由一名大学生，转变为一个现实的社会求职者，抛开以前的幻想，切实认识到所处的真实环境和社会现实，实事求是地面对就业。要想正确地选择职业，就必须转变角色，真正摆正自己的位置，客观、冷静地进入求职状态，认识社会，了解社会，以自身的实力和优势，积极主动地适应当前社会的需要，在选择社会职业的同时，也接受社会的选择，正确地迈出人生关键的一步。

(二)职业理想与择业现实具有差异的心理准备

职业是维持个人、家庭生存和发展的手段，是获得个性发展、实现自我价值的途径。大学生在未步入职业生涯之前，就已经有了初步的职业意识和职业道德，就已经开始形成并发展着自己的职业理想。很多大学生将自己的职业理想设定得极为完美。然而社会现实并非如此，当前就业形势严峻，大学毕业生与岗位之间是供过于求的状态，择业尚且困难，更何况是选择自己的理想职业呢？

因此，在现实择业过程中，大学毕业生要有足够的心理准备面对职业理想与择业现实之间的矛盾，并且能够根据择业现实不断地调整自己的职业理想。只有适应社会生活的现实需要，才能找到适合自己的位置。

(三)艰苦奋斗，面向基层的心理准备

从国家的就业政策可以看出，国家鼓励越来越多的大学毕业生前往基层就业。党

的二十大报告就强调，要"抓好后继有人这个根本大计，健全培养选拔优秀年轻干部常态化工作机制，把到基层和艰苦地区锻炼成长作为年轻干部培养的重要途径"。目前的就业态势是，大城市、大企业、大机关对毕业生的需求和吸纳量大幅度下降，有的已饱和；而一些国防科技企业、国家重点建设单位、边远地区、艰苦行业和中小城镇又极其缺乏人才。国家号召大学毕业生到基层去。面对大的社会需求态势、择业环境，毕业生不要一味地争挤大城市和沿海地区，而是要根据社会的需要，确立面向基层、面向欠发达地区的务实择业观。很多毕业生不能清醒认识、对待面临的形势，不能及时调整期望值，结果导致期望值与社会需求之间严重错位，使自己的择业渠道越来越窄，处处碰壁。

（四）勇于竞争、敢于竞争、善于竞争的心理准备

随着毕业生就业制度改革的不断深化，大学毕业生拥有了一定的择业自主权，用人单位也同样拥有了充分的用人自主权。在这种情况下，竞争意识无疑就显得十分重要。虽然在机遇面前人人平等，但实际上机遇往往偏爱那些具有竞争意识的人。今后，社会对人才的需求，将越来越依靠人才市场来调节，没有强烈的竞争意识和观念，不会主动在人才市场中"推销"自己，不善于捕捉一切有利于自己的时机，那么诸多良机就会与自己擦肩而过。因此，大学毕业生走向社会之前，要积极调整自己的竞争心理，树立竞争意识，以便在求职择业的激烈竞争中取胜。

（五）正确对待挫折的心理准备

求职择业的过程不是一帆风顺的，有的求职者择业无路，有的求职者职业理想落空，有的求职者犹豫不决，有的求职者费尽周折得不到认可等，这些都是择业过程中常常遇到的问题。其实，大学毕业生择业本身既是一次主、客观条件互相碰撞的过程，又是在择业的竞技场上优胜劣汰的过程，因此在择业过程中遇到挫折是正常的事情。一次不成功，还会有第二次、第三次机会，切不可因为在择业过程中遇到挫折就自卑。生活中的挫折是锻炼意志、增强能力的好机会。遇到挫折后应放下心理包袱，仔细寻找失利的原因，调整好目标，脚踏实地地前进，争取新的机会。可以说，大学毕业生只要能及时找到自己失败的原因并加以改正，仍然可以通向成功。

（六）应对面试的心理准备

双向选择的关键一环是"供需见面"，双方面谈的情况直接关系到求职的成功与否。对于毕业生来说，这种面试的分量不亚于自己的考试经历。因此，做好面试的心理准备，有助于毕业生顺利就业。毕业生除了在面试前要了解并掌握有关面试的基本知识之外，还要调整好自己的心态，保持良好的情绪和充分的自信。在面试过程中不要有太多的顾虑，学会镇静以对、自我放松，坦然面对面试结果。

三、健康的就业心理素质

就业心理素质是个体所拥有的对择业活动有重要影响的心理品质的总和。健康的就业心理素质主要表现在以下几个方面。

（一）良好的就业认知

就业认知是指人们获取就业信息和运用就业信息的心理活动，包括社会认知和自我认知。社会认知主要指大学生能够主动了解就业形势，了解社会职业状况，了解用人单位的具体情况，及时准确地掌握就业信息，以此为据做出就业决策。自我认知主要指大学生应该具有客观准确的自我观察、自我认可、自我评价、自我剖析、自我鉴定的能力。一方面，大学生要了解自己的性格特点、兴趣爱好、综合能力；另一方面，要结合社会认知，顺应实际地调整自己的就业心态、目标定位和就业期望值。

（二）健康的情绪

情绪是个体对外界事物认知的主观体验。积极健康的情绪能够有效地促进认知的发展，消极不良的情绪会阻碍认知的发展。在择业过程中大学毕业生要善于调节自己的情绪，一方面，要客观实际地表达自己积极健康的情绪；另一方面，要学会通过适当的方式发泄自己消极不良的情绪。这样才能做到成功不狂喜、失败不气馁，善于控制和管理自己的情绪，保持良好的心理状态。

（三）良好的意志品质

意志是个体有意识地实现预定目标的心理过程，是个人主观能动性的集中体现，是个人取得事业成功必备的心理条件。目标明确合理、善于自觉自律、做事坚韧果断、勤于分析与自我控制等都是坚定意志的表现。拥有坚定意志的人既有坚定地实现自我目标的意志力，又有克制干扰目标的积极情绪和行为，还有抵抗通向目标过程中的挫折的能力。这些能力并不是与生俱来的，而是实践检验与锻炼的结果。提高意志力可以使毕业生的意志更加坚定，人格更加成熟，面对就业和创业的挑战更加从容。

（四）完善和谐的人格

心理健康的标志之一就是人格完整、和谐、统一，人格完善的人无论是能力、性格和表现，还是动机、兴趣和人生观都是平衡发展的。成熟健康的人格表现在毕业生择业时能够互相帮助，保持和谐的人际沟通，及时共享就业信息，共同解决就业中遇到的各种问题，进而完成共同就业的目标。

（五）良好的环境适应能力

拥有良好的适应能力可以让毕业生在择业过程中直面就业现实并接受现实，同时主动地适应现实，还可以通过实践和认知改变现实。良好的环境适应能力，在情感上可以减少依赖心理，使人在不同环境下培养自己的兴趣和事业的生长点，正确看待现实，与社会建立起融洽的和谐关系，并能够把自己置身于社会之中尽享心理生活的充实。适应环境、正视现实是毕业生择业的一个健康的心理特征。

第二节　大学生就业存在的心理问题

大学生群体是个体由青年期到成熟期成长过程中一个特殊的群体，集多种特殊性于一身，有多重价值观、人格的再构成等心理内在原因，同时存在着环境中诱发因素的作用，这使得大学生的心理健康状况比个体一生中的其他阶段人群及处于这一时期的其他群体明显要复杂。一般的观点认为，大学生就业期的心理问题主要有挫折心理、从众心理、嫉妒心理、羞怯心理、盲目攀比心理、自卑心理、依赖心理等，以及其他心理如注重实惠、坐享其成的心态，过分强调自我价值等。为了帮助大学毕业生更好地认识这些问题，为就业做好心理准备和心理调适，我们从以下几个方面来介绍大学生就业时存在的心理问题。

一、就业心理压力与焦虑

激烈的就业竞争环境给大学生带来了较大的心理压力，而且这种压力在各年级学生中都存在。调查显示，个人前途与就业已成为大学生心理压力中最显要的因素，而且压力有随着年级增高而上升的趋势。大学生毕业前的心理压力较过去有明显增大，主要原因是毕业方向的选择、就业、考研、恋爱分合、大学中不愉快的经历、离别感伤、突发事件、经济条件等方面的问题；女大学生的心理压力大于男大学生，农村学生的焦虑水平高于城市学生。而大学生面对就业压力的释放方式则过于内向化，主要是自己消化和求助于同学、朋友。

除此之外，大学生在就业压力和焦虑中还伴有就业恐惧心理，主要表现为：一方面，渴望自己尽快走上社会，谋求适合自己的理想职业；另一方面，又患得患失，不愿意走出校门，对走入社会感到准备不足。

二、就业期望与失落感

许多大学生对择业的期望比较高。大学生大多希望到生活条件好、福利待遇高的大城市、大机关、大公司工作，而不愿意到急需人才但条件艰苦的中小城市和基层单位，过分地考虑择业的地域、职位的高低和单位的经济效益。高期望驱使大学毕业生总是向往高薪水、高职位、高起点，渴求高收入、高物质回报，并一厢情愿地对用人单位提出种种要求，将自己就业的目标定得很高，即使找不到合适的单位也不肯降低就业期望值。某些大学生自恃学有所长，过高地估计自己，在择业时往往以个人的主观择业标准去衡量社会需要，结果常常是高不成低不就。例如，一些学生说："非北京、上海、深圳不去。"可是现实就业岗位大多不像大学生所想象的那么美好，因此当发现现实与理想的差异较大时，就容易产生偏执、自卑等心理问题，并可能导致择业行为的偏差。

三、就业观念不合理

大学生的择业观念虽然在总体上倾向于务实化与理性化，但由于处于择业观念的转型阶段，因此也存在着各种不良观念，并影响着大学生健康、顺利就业。这些不良观念主要表现在以下几个方面。

（一）只顾眼前利益，忽视职业发展

一些大学生在择业标准中只看重工作条件、收入等眼前的实际利益，而不考虑自我的职业兴趣、能力、职业的发展前景等因素，因而极易选择并不适合自己的职业。

（二）职业标准过于功利化

不少大学毕业生有怕吃苦、盲目追求享受的心理，甚至受功利主义思想的影响，择业时名利心理过重，对金钱和名利的看法出现了偏差，缺乏对自我的客观评价，不考虑新形势下用人单位对毕业生专业、能力等方面的要求，盲目追求高待遇。有的人甚至还将职业划分为不同等级，而不考虑国家与社会的需要，不愿意到条件比较艰苦的地区和行业工作。

（三）求职一次到位的传统观念根深蒂固

不少大学生择业时希望一步到位，然而只有在工作的过程中才能逐步找到最能发挥自己特长的岗位。因此，"先就业，后择业"能让毕业生在工作过程中逐渐找准自己的职业发展方向。不必计较跨出校门的第一个台阶有多高，因为很多毕业生都没有工作经验，对自己喜欢什么样的工作环境和岗位并不清楚，要找一份理想的工作是有一定难度的。"专业对口"和"铁饭碗"的思想束缚了大学毕业生的择业范围，使他们在择业时顾虑重重，不敢冒险，缺乏风险意识和风险承受力，妨碍了就业择业的有效展开。

（四）过分强调专业对口

一些大学生在求职时，只要是与自己专业关系不密切的职业就不考虑，这样做只能是人为地增加了自己的就业难度。

（五）对职业意义的认识不当

从观念上来说，许多大学生还是仅仅把工作当作一种谋生的手段，没有充分认识

到职业对个人发展、社会进步的重要意义。

四、就业心理偏差

(一)盲目性和依赖性

盲目性，是指部分大学毕业生在求职中不考虑自己的兴趣、专业等特点，盲目听从或跟随别人的意见以及盲目寻求热门职业的现象。持有这种心理的毕业生往往脱离自己的实际状况，跟在别人的后面走，如在就业市场中哪个单位前人多他们就去哪里，别人说什么工作好他们就寻求什么样的工作，而全然不顾自己的能力和现状，不会扬长避短。

依赖性，是指部分大学毕业生在就业中不愿承担责任，缺乏独立意识，没有个人独立的决策能力，没有进取精神，习惯依赖父母或老师、学校，甚至只等职业送上门而不去积极争取，缺乏自主择业的能力。

(二)就业挫折承受力差

不少大学生在求职时只想成功，一旦遭受挫折就会一蹶不振，陷入苦闷、焦虑、失望的情绪之中不能自拔。他们对求职中的挫折既缺乏预见又缺乏承受能力，不能很好地调节自己的心态，也不会通过总结求职中的经验教训来获得下一次的成功。特别是一些冷门专业或学习成绩不佳的大学生就更容易出现不敢竞争、不敢尝试的问题。害怕竞争的保守心理一方面与部分学生在大学期间缺乏社会实践锻炼有关；另一方面更与许多大学生害怕失败、不敢面对就业挫折有关，如一些大学生在就业中只找那些把握大的职业，而对竞争强的工作不敢问津，害怕求职失败遭受打击。

(三)自卑与自大

一些毕业生在求职中常会产生自卑心理，对自己的评价偏低，总是觉得自己的水平比别人差，单位要求很高自己肯定达不到，自己能力不行等。造成大学毕业生自卑的心理有很多，或者专业冷门，用人单位少；或者自己的能力不足；或者性格内向，不善言辞；等等。

自卑的反面是自大，而且两者有时会相互转化。一些专业较好、就业资本较雄厚的大学生容易从自信变为自负。还有一些大学生脱离实际，他们既缺乏对自己的客观认识，又对就业市场、职业生活缺乏了解，一切都凭自己的主观想象。

自卑与自大是大学生身上常见的人格缺点，在就业中的表现就是对自己缺乏一个客观的评价，同时对职业缺乏深入的认识。在就业中自卑与自大常存在交织的现象，如一些大学生在求职比较顺利时容易自大，一旦出现挫折就自卑；一些大学生虽然对自身条件比较自卑，但是真正遇到用人单位时却又表现为自大，要求很高。

(四)人际交往障碍

有些大学生缺乏良好的人际交往能力。例如，有的人在求职过程中过于怯懦、紧张，不敢在用人单位面前表现自己，甚至连面试也不敢去，常常一开口就面红耳赤、语无伦次；还有的在求职中不懂得照顾别人的感受，不懂得人际交往的礼貌礼仪。

(五)偏执

其一，高择业标准的偏执。大多数毕业生对求职有过高的期望，不过多数人能通过在就业市场的体验，客观地认识和接受当前的就业现状并调整自己的择业标准。但仍有一部分大学生固执己见，偏执地坚持自己原来的择业标准，甚至宁愿不就业也不改变。

其二，对专业对口的偏执。一些大学生在就业时过分追求专业对口，不顾社会需要，无视专业伸缩性、适应性，只要是与专业有一定出入的工作就不考虑，只要不符合自身专业就不签约。这样就人为地减少了自己就业的机会。

第三节　大学生就业心理的自我调适

就业本身就是我们认识和适应社会的过程，在求职过程中遇到困难，甚至经过几次挫折才成功是正常的；在就业中遇到许多心理冲突、困惑，产生一些不良情绪也是正常的。遇到就业问题时，大学生要学会调节自己的心态，使自己能从容冷静地面对就业这一人生课题，并做出正确、理智的选择。如果你遇到了就业心理困扰，可以试着从以下几个方面来调节。

一、接受客观现实，调整就业期望值

就业市场化、自主择业给大学生带来了机遇与实惠，但许多大学生对市场"残酷"的一面认识不足，对就业市场的客观实际了解不够。经过对就业市场、就业形势的客观了解与深刻体验后，大学生必须明白，与其怨天尤人，浪费时间，影响自己的心情，还不如勇敢地接受当前所面临的现实，打破以往的美好想象，脚踏实地地寻求解决问题的办法。正如党的二十大报告中所强调的："广大青年要坚定不移听党话、跟党走，怀抱梦想又脚踏实地，敢想敢为又善作善成，立志做有理想、敢担当、能吃苦、肯奋斗的新时代好青年，让青春在全面建设社会主义现代化国家的火热实践中绽放绚丽之花。"

在就业市场上用人单位找不到人、大量的毕业生无处去的错位现象普遍存在，这是因为大学生的就业期望普遍较高。因此，要顺利就业就必须首先根据自己的实际情

况和就业形势，调整自己的就业期望值。调整就业期望值不是对单位没有选择，只要有单位就去，而是要在职业生涯规划和职业发展观念的基础上重新确定自己的人生轨迹。这就是说大学生要树立长远的职业发展观念，摆脱过去那种择业就是"一次到位"，要求绝对安稳的观念，在择业时要看得长远一些，学会规划自己整个人生的职业生涯。在当前获得一个理想职业的时机还不成熟时，大学生应采取"先就业，后择业"的办法，在择业时不要期望太高，可以先选择一个职业，不断提高自己的社会生存能力，增加工作经验，然后凭借自己的努力，通过正当的职业流动，来逐步实现自我价值。

二、充分认识职业价值，树立合理的职业价值观

传统观念认为人们工作就是为了满足生存需要，但是对于现代社会的人来说，职业对个体的意义已经远不是如此简单，职业可以满足人们从低层次到高层次的多方面需要。例如，有人对职业价值结构进行初步研究，发现了交往、义利、挑战、环境、权力、成就、创造、求新、归属、责任、自认 11 个类别的因子。因此，职业的价值是丰富的，我们要充分认识到职业对个体发展、社会进步所起到的重要作用。

大学毕业生在择业时不能只考虑经济收入、工作条件、地点等因素，更要考虑职业对自我一生发展的影响与作用，应看重职业能否帮助自己实现自我价值。因此，要在考察社会需要的基础上，树立重自我职业发展、才能发挥、事业成功的职业价值观。对于那些虽然现在工作条件不太好，但发展空间大，能让自己充分发挥作用的单位要优先考虑；对于那些现在经济发展水平不太高，但发展潜力大，创业机会多的工作地点也要重视。总之，盲目到一些表面上看来不错，但不适合自己，自己的才能不能得到有效发挥的单位去工作，是不会让自己满意的。与其将来后悔，不如现在就改变自己，树立适应我国当前市场经济发展、人才需求规律的合理的职业价值观，以指导自己正确择业。

三、认识与接受职业自我，主动捕捉机遇

大学生就业中的许多心理困扰都与大学生不能正确认识和接受职业自我有关，因此正确地认识自我的职业心理特点并接受自我，是调节就业心理的重要途径，并可以帮助自己找到合适的职业方向。要知道自己喜欢什么样的职业，需要什么样的职业，自己的择业标准，以及依自己目前的能力能干什么样的工作，这样才能知道什么样的工作更适合自己。许多大学生通过参加求职活动就会发现，自己的能力与水平并不像自己想象的那么高，并容易出现各种失望、悲观、不满情绪。因此，在认识自我特点后还要接受自我，对自我当前存在的问题不能一味抱怨，也没有必要自卑，因为自己当前的特点是客观现实，在毕业期间要有大的改变是不可能的，因此要承认自己的现

状，学会扬长避短。另外，要用发展的观点来看待自己，要知道有些缺点并不可怕，可以先就业，然后在工作岗位上不断发展自己。

大学生就业中的机遇因素也是非常重要的，因此了解并接受了自我特点以后，还要学会抓住属于自己的机遇，这样才能保证以后的求职顺利进行。要抓住机遇首先必须要多搜集有关的职业信息，多参加一些招聘会，并根据已制定的择业标准进行选择。需要注意的是，机遇并不是对任何人都适用的。一份工作的好与不好是相对的，对别人合适的，对自己不一定合适，因此一定不能盲从；要时时记住，只有适合自己的才是最好的。同时要注意机遇的时效性，在发现就业机会时要主动出击，不能犹豫，也不要害怕失败，应有敢试敢闯的精神。

四、坦然面对就业挫折，提高心理承受力

面对市场竞争、就业压力，大学生在求职中总会遇到许多困难、挫折甚至委屈。面对这些问题，抱怨是没有用的，更重要的是调整自我心态，提高自己对各种突发事件的心理承受能力。其实，就业的过程也是大学生重新认识自我、认识社会，并主动调整自我适应社会的过程。如果能通过求职而增强自我心理调节与承受能力，对大学生今后的职业生涯都是非常有用的。

在求职中遇到挫折时，要用冷静和坦然的态度面对，客观地分析自己失败的原因，进行正确的归因。首先，在就业市场化、需求形势不佳、就业竞争激烈的情况下，出现求职失败是在所难免的，不能期望自己每次求职都能成功。要对可能出现的求职挫折有充分的心理准备。同时，应把就业看作一个很好的认识社会、认识职业生活、适应社会的机会，应通过求职活动来发展自己，促进自我成熟。其次，自己求职失败并不一定就是因为自己的能力不行。出现求职失败有许多原因，可能是因为你选择求职单位的方向不对，也可能是因为你的想法与单位的需求不符合，还有可能是其他一些偶然因素。总之，要正确地分析自己失败的原因，调整自己的求职策略，学会安慰自己，以便在下次求职中获得成功。

五、调整就业心态，促进人格完善

在求职时，自己或身边的同学出现一些不健康的心态是正常的，没有必要过度担心自己有心理障碍。当然对于这些不良心态也要学会主动调适，必要时还可以寻求心理专家的帮助。进行自我心理调适的方法有很多。首先，可以进行积极的自我心理暗示，鼓励自己、相信自己，帮助自己渡过难关。其次，可以向朋友、老师倾诉，寻求他们的安慰与支持。最后，还可以通过体育锻炼、听音乐、郊游等方式转移自己的注意力，排解心中的烦闷，放松自己的心情。

通过对自己在就业时出现的种种不良心态的分析，可以发现自己平时不容易察觉

的一些人格缺点。应该说这些人格缺点是产生这种就业心理问题的根本原因，如果现在没有很好地完善自己的人格，那么这些问题还会在今后的工作、生活中继续带来困扰。因此，有关问题其实暴露得越早越好，同时也不必为自己所存在的缺点而懊恼，关键是要在发现自己问题的基础上，积极地改变自己、发展自己，使自己的人格更加成熟，使自己将来的发展更顺利。

六、开拓进取，勇于创业

大学生有理想、有抱负、有创新精神、敢作敢为，自主创业也是一种重要的选择，这既可以在毕业后马上实行，也可以经过一定的社会积累后再实行。大学生一定要有开拓自己事业的信心与勇气。大学生创业肯定是值得鼓励的，关键是创业要有准确的观念与思路，要对自己有一个合理的规划与定位，要与有市场经验的人合作，要摆脱学生意识，要进行科学化、职业化的管理。

案例精选 ▶▶▶▶

李某、谭某某是住在同一个宿舍的同学，他们所学的专业都是市场营销。毕业时，他们在学校的食堂前看到了一家外企的招聘启事，两人都邮寄去了自己的求职材料。后来他们都顺利地通过了笔试，并同时收到了面试通知。

面试时，他们被分在两个会议室。

主考官问了李某一系列关于市场营销的问题。李某对答如流，并不时提出自己的新见解，受到了主考官的赞赏。在另一个会议室，谭某某的面试也进行得很顺利，主考官对他的回答也表示十分满意。

在面试就要结束时，主考官向李某和谭某某提出了同样的问题："对不起，我们公司的电脑出了故障，参加面试的名单里没有你，非常抱歉！"

胜利在望的李某听到主考官的话后，马上就变得没有了风度。他生气了，质问考官为什么会出现这样的事，他这么优秀的一个人，在学校里每次考试都是第一名，为什么居然不能进入面试？他说，这是公司成心在耍他。

而在另一间会议室里，谭某某在听完了同样的问题之后，面带微笑，十分镇定地说："我对贵公司发生的这个错误十分遗憾，但是我今天既然来了，就说明我和贵公司有缘分。我想请您给我一次机会。这个计算机的失误对于我来说，或许是人生的一个难得的机遇，对于公司来说，或许意外地选择了一个优秀的员工。"

最终，面对两人的不同反应，主考官选择了谭某某。

主考官为什么会选择谭某某，而没有选择李某呢？

>>> **练习与思考**

1. 大学生在就业之前，应该做好哪些心理准备？

2. 如何理解健康的就业心理素质？

3. 大学生在就业过程中，常见的心理问题有哪些？

4. 简要说说大学生在就业中如何进行自我心理调适。

5. 结合自己的求职经历或者兼职经历，谈谈你在就业过程中遇到的心理问题及解决方法。

第十二章 笔试技巧

学习目标

1. 了解笔试的类型。
2. 掌握笔试的方法与技巧。

第一节　笔试概述

在招聘过程中，很多用人单位会设置笔试环节。如果笔试不能通过，可能就没有机会参加面试，这往往是考查大学生基本能力的第一关。

一、笔试的含义

笔试是一种常用的考核办法，主要是用于考核应聘者特定的知识、专业技术能力或文字运用能力，以及考查录用人员素质的一种书面考试形式。它是用人单位对求职者所掌握的基本知识、专业知识、文化素养和心理健康等综合素质进行的考查和评估。

笔试在员工招聘中有相当大的作用，尤其是在大规模的员工招聘中，它可以把员工的基本活动了解清楚，然后划分出一个基本符合需要的界限，适用面广，费用较少，可以大规模地运用。但是分析结果需要较多的人力，有时被试者会投其所好，尤其是在个性测试中显得更加明显。

笔试的优点表现在：一是经济性。笔试可对大批应试人员在不同空间、不同时间内实施，测评效率高。二是广博性。笔试的试卷内容涵盖面广、容量大，一份笔试试卷常常可以出几十道乃至上百道不同类型的试题，因而通过笔试可以测试出应聘者的基本知识、技能和能力的深度及广度，测试的信度和效度都比较高。三是客观性。这是它最显著的优点。考卷可以密封，主考人与被测者不必直接接触，评卷又有可记录的客观的尺度，考试材料可以保存备查，这较好地体现了客观、公平、公正的原则。采用笔试的方法，机会均等且相对客观，这是其他方法难以替代的。

笔试的缺点在于不易发现个人的创造性和推理能力，不能全面地考查应聘者的工作态度、品德修养、组织管理能力、口头表达能力、操作技能等。因此，笔试虽然有效，但还必须采用其他测评方法，如行为模拟法、心理测验法等，以补其短。一般来说，在企业组织的招聘中，笔试是应聘者的初次竞争，成绩合格者才能继续参加面试或下一轮测试。

二、笔试的分类

笔试的分类有很多标准，不同的标准可以划分出不同的笔试类型。按考试的侧重点分类，目前求职过程中的笔试形式一般有以下几种。

（一）专业考试

专业考试主要是检验应聘者担任某一职务时是否能达到所要求的专业知识水平和相关的实际能力。专业知识考试的题目专业性很强，如外资企业、外贸企业对应聘者要考外语，公检法机关录用干部要考法律知识等。值得注意的是，这种考试方式已被越来越多的用人单位所采用。

（二）文化素质考试

文化素质考试是为了检验毕业生的实际文化素质，由用人单位给出范围或特定要求，让应聘者通过作文来考查其知识、思维、文字表达能力的一种笔试方式。考试的题目以活题类型居多，如要求文科学生运用某一原理，或某一历史知识，分析某一问题；要求理工科学生运用某一专业知识，解决某一实际问题。

（三）技能测试

技能测试是为了检验应聘者的实际工作能力或专业技术能力，这种考试往往针对特定的工作岗位来设计。例如，用人单位要招聘一名秘书，为了考查应聘者是否具有这方面的技能，会通过下面的题目来测试：阅读一篇文章，写读后感；自编一份请示报告和会议通知；听取五个人的发言，写一份评议报告；单位领导计划在5月赴外地考察，写出需做哪些准备工作；等等。

（四）论文笔试

论文笔试是检验求职者分析、综合、比较、归纳、推理等思维能力的方法，其形式采用论述题或自由应答型试题。该笔试的最大长处，是有利于考查求职者的思考能力，从而能够检查求职者思想认识的深刻程度。这种测试往往会导致种种不同的答案，易于发现人才，远比简单的测验题更能有效判断一个人的水平。论文笔试要求毕业生讨论问题深刻、有见地。

（五）心理测试

心理测试是用事先编制好的用于测试被试者心理素质的标准化量表或问卷，要求被试者在一定时间内完成，根据完成的数量和质量来判断其心理水平或个性差异的测试方法。一些特殊的用人单位常常以此来测试求职者的态度、兴趣、动机、个性等心理素质。

三、笔试的主要题型

笔试的题型最为常用的是选择题、填空题、匹配题、是非题、简答题、问答题和小论文，每一种形式都有它的优缺点。为了提高笔试的全面性，用人单位往往会结合以上七种形式综合出题。

四、笔试考试的侧重点分析

要想应对好求职过程中遇到的笔试，首先需要了解用人单位在笔试考查过程中的主要侧重点。一般而言，用人单位在进行笔试时考查的侧重点会集中在以下几个方面。

（一）考查分析、解决问题的能力

分析、解决问题的能力是用人单位考查的一个重点。这一侧重点主要考查应试者在分析问题、解决问题的过程中是否具有逻辑性，逻辑关系是否清晰，内容是否完整。此外，这一侧重点还能考查应试者是否具有不同角度分析问题的能力，是否具有拓展、发散思维的能力，在解决问题的过程中是否能够与实践相结合，不仅仅是为了解决问题而解决问题，还要能考虑到是否具有实践意义。

（二）考查书面表达能力

书面表达是应试者思路的表现，它是测试表达分析、解决问题的能力的手段和工具。用人单位会通过诸如词汇量、写作的思维方式和文字的驾驭能力来判断应试者分析和解决问题的能力。

（三）考查与岗位相关的专业知识能力

这一类型能力的考查主要集中于一些专业化程度比较高的岗位，如考查简单的数理分析能力，包括数列的规律、速算、平面几何和立体几何的一些简单应用；考查日常生活中的一些常识性问题和时政问题，通过这些问题能反映出应聘者平时对生活、社会、经济、政治知识的积累；考查文字分析、图形推理的能力。出这种考题主要是招聘单位想从中发现应聘者是否具有相应的形象思维和抽象思维能力。还有一些单位会用判断对错等题目来测试应试者的语言理解和判断能力。

第二节　笔试的方法与技巧

就业实践过程中的笔试和其他考试一样，重视基础知识、专业知识的掌握。要良好地应对笔试，大学生除了夯实自己的专业知识外，还有一些小技巧可以运用。

一、认真准备

从某种角度上来说，笔试能更深入地检验毕业生的综合素质。毕业生平时的知识积累程度，对知识是否真正理解和掌握等，通过笔试能得到较好的体现。用人单位的出题方式远比学校灵活多样，更侧重于能力，而不是单纯的知识。因此，在笔试之前，毕业生应对它进行深入的了解，做到知己知彼，不打"无准备之仗"。

(一)保持良好的身心状态

求职过程中的笔试毕竟不同于学校平时的考试，临考前要注意以下几点：(1)适当减轻思想负担，不可给自己施加过大的压力；(2)笔试的前一天要注意休息，保证充足的睡眠，避免考试时精神不振，影响正常思维；(3)适当参加一些文体活动，从而使高度紧张的大脑得到放松，以充沛的精力参加考试。

(二)了解笔试类型，做到有的放矢

不同的笔试类型，有不同的考试内容，大学生在考前应进行详细了解，针对不同情况做出相应的准备。例如，公务员考试有明确的考试范围，并有指定的参考书，考生复习相对有针对性。而一些用人单位的笔试则相对灵活，范围也比较大，没有明确相关的参考书。毕业生可围绕用人单位划定的大致范围翻阅一些有关的图书资料。笔试成绩与毕业生平时的努力也有很大的关系，如果毕业生兴趣广泛，平时注意收集各种信息，考试时就能得心应手。

(三)笔试的知识准备

1. 学以致用，理论联系实际

现在的求职考试越来越强调用学过的知识来解决实际问题，具有很强的实用性。换句话说，现在的应聘考试主要是考核应聘者对知识的运用能力。因此，在准备过程中必须始终突出一个"用"字，大学生应通过各种实践，把学到的知识运用到工作实际

中去解决各种具体的问题。

2. 提纲挈领，系统掌握

在知识与能力这两者中，知识无疑是基础，没有扎实的基础知识，也就无从谈能力的培养和提高。掌握知识的一个有效方法就是把零散的知识系统化。但是应聘笔试往往范围大、内容广，存在着一定的随意性和盲目性，因此，凡是与求职有关的知识如文史知识、科技知识、经济知识、法律知识、一般的计算机知识等，大学生均要注意准备。

3. 多读多练，提高阅读能力

提高阅读能力，对扩展知识面和回答应聘考试的各类问题很有益处。要提高阅读能力，首先要坚持进行阅读实践。知识的获得，主要依靠传授；能力的提高，则必须通过实践。大学生复习时经常做些阅读训练，有助于阅读能力的提高。在做阅读训练时，一定要做到"眼到""心到"，特别是"心到"，即对每个问题都仔细揣摩，认真思考，分析比较，综合归纳，努力提高自己的阅读能力。

4. 敏锐思考，提高快速答题能力

为了适应招聘考试中的题量，还应该培养自己快速阅读、快速思维和快速答题的能力。因为现代阅读观念不仅着眼于信息的获取，而且还特别重视速度。所以大学生在准备笔试的时候一定要提高做题速度。

二、笔试中的细节

（一）听从安排

求职者应当在监考人员的安排下就座，而不要选择座位，更不要抢座位。如果因特殊情况，确实需要调整座位时，一定要有礼貌地向监考人员讲清楚并求得其谅解，若实在不能调换，也应理解其工作上的难处。

（二）遵守规则

在落笔之前，一定要听清楚监考人员对试卷的说明，不要仓促作答，不要跑题、漏题或文不对题；更不能有不顾考场纪律、我行我素的行为，如未经许可携带手机等通信工具，擅自翻阅字典、使用电子词典等。

（三）写好姓名

做题前一定要先将自己的姓名等要求填写的个人情况写清楚。

（四）卷面整洁

答卷时应注意卷面整洁、字迹清晰、行距有序、段落齐整、版面适度（即从对方阅卷装订方便出发，试卷上下左右边缘应该留出些空隙而不要"顶天立地"）。因为求职过

程中的笔试不同于在校时的考试，有时用人单位并不特别在意应聘者的考分，而更注重从中观察考生是否具有认真的态度、细致的作风，从而决定录用意向。

（五）光明磊落

防止一些可能被视作舞弊的行为或干扰考试的现象出现，如偷瞄别人的试卷、藏匿被考试单位禁止的参考材料、与旁人小声说话等。另外，口中念念有词，把试卷来回翻得哗哗作响，用笔击打桌面，唉声叹气，抓耳挠腮，经常移动身体或椅子显得烦躁不安等举动也会影响考试效果。

三、精细答题

（一）掌握题型

填空题是一般试卷中不可缺少的基础题型，用于检查考生知识掌握的情况。这类试题题干中隐含着一定的逻辑关系，要严格遵循试题内容的内在逻辑联系，所填写的答案不仅要与题目本身相协调，而且彼此间也不能前后冲突。答题时必须看清题目的要求。

选择题一般有单选和多选两种，是考试中选用较多的一种题型。解答这类题时，可采用以下几种方法。

淘汰法。这种方法最适合单选题。当确定一个选项不符合题意时，便将自己的注意力迅速转移到下一个选项，依次加以否定。假如第一个选项是正确答案。那么后面几个选项就可以忽略不看。

去同求异法。考生在阅读完试题内容和所有选项后，根据题意确定一个选项为参照项，该选项同其他选项存在明显的特征和差异；然后将其他选项与其进行对比，把内容或特征大致相同的项去掉，而保留差别较大的选项；再将剩下的选项进行比较，最后确定符合题意的答案。

比较法。在解单选题时，考生可以将各选项同题意要求进行纵向比较，根据各自同题意要求差异的大小来确定最符合题意要求的答案。在解答多选题时，考生可以将选项同题意要求做纵向比较，再将保留下来的选项进行横向对比，最后确定符合要求的正确答案。

印象确定法。这是指考生根据自己对知识的印象深刻的程度来选择答案。考生读完题后，那些熟悉的内容必然会出现在头脑中，这时做出判断，命中率比较高。

在做问答题时，对已有的科学事实和观点做出肯定的，在回答这类试题时，只要说明"是怎样"即可；突出实践性的、强调具体做法的题，回答"应当怎样"即可；要求阐明原因的题，关键是要把道理讲清楚，回答"为什么"就行；对于两个容易混淆的概念或观点，要求界定、加以区别的题，回答时必须简洁，直接点出差异所在。有时最好的办法和策略就是叙述概念；记忆性问题要整体把握，往往一个问题需要回答的要点多。总之，答此类题时要开门见山、简明扼要。

对于论述题，解答时首要的策略是开阔视野，从多角度看问题，抓住问题本质，要在理论的指导下去阐发。判断题要求对所给的问题做出明确的是或非的回答，一般只有一个错误点，最多两个，较多出现在基础知识中容易混淆、误解的常识性知识部分。作文题需要认真审题，果断、正确、迅速地扣住作文题目的关键词，确定写作中心。写作提纲应简略，不要太浪费时间，只要能反映出文章的基本思路、段落层次即可。

(二)书写答案

在书写答案前，应试者要事先对每一道题理顺思路，然后落笔写到答题纸上。千万不要在没有写出答案之前，在答题纸上涂抹，要字迹工整清晰、书写规范，答完试题后要认真仔细检查。

总之，笔试是用人单位对求职者的专业知识及文字表达能力和书写态度等综合能力的一次有据可查的测试，是求职中的一个重要环节。大学毕业生要高度重视求职笔试，平时加强各方面知识的学习，以便在求职中取得更大的收获。

>>>**练习与思考**

1. 简述笔试的类型。

2. 在求职过程中，笔试的作用是什么？

3. 假如你是用人单位的招聘人员，你会如何设计笔试考试呢？

第十三章 面试技巧

学习目标

1. 了解面试的种类及基本内容。
2. 掌握面试中"说"的技巧。
3. 掌握面试中"答"的技巧。
4. 了解面试中常见问题的回答方式。
5. 掌握面试中"问"的技巧。
6. 了解面试中常见的问法。
7. 了解面试的基本礼仪。

第一节 面试概述

面试是求职过程中很重要的一个环节，用人单位在招聘新员工时，可以通过面试对应聘者做出直观的判断。

一、面试的含义

面试是用人单位挑选员工的一种重要方法，为用人单位和应聘者提供了进行双向交流的机会，能使用人单位和应聘者之间相互了解，从而双方都可更准确地做出聘用与否、受聘与否的决定。

面试是用人单位招聘时最重要的考核方式，是供需双方相互了解的过程，是一种经过精心设计，以交谈和观察为主要手段，以了解求职者素质相关信息为目的的测评方式。与笔试相比，面试具有更大的灵活性和综合性，它不仅考核一个人的业务水平，而且能够考查求职者的口才和应变能力等，所以用人单位对这种方式更感兴趣。

面试的具体内容包括应聘者的仪表风度、求职动机与工作期望、专业知识与特长、工作经验、工作态度、语言和文字表达能力、综合分析能力、反应能力、自我控制能力、人际交往能力、兴趣爱好等。

二、面试的种类

一般来说，面试的种类主要有以下几种。

（一）按照求职者的行为反应来划分

1. 言谈面试

言谈面试是通过主试与求职者的口头交谈，由主试提出问题，由求职者口头回答，考查求职者的知识水平、业务能力、头脑机敏性的一种测试方法。

2. 模拟操作面试

模拟操作面试是让求职者模拟在实际工作岗位上的工作情况，由主试给予求职者特定的工作任务，考查求职者行为反应的一种方法。这是一种简单的功能模拟测试法。例如，企业在招聘财务人员时，可以采用模拟操作方式，让求职者统计数据、做财务分析表等；在招聘计算机人员时，可以通过计算机装配、网络检修、打字等方式测试求职者的能力。

（二）按照操作方式来划分

1. 结构化面试

结构化面试是指面试的内容、形式、程序、评分标准及结果的合成与分析等构成要素，按统一制定的标准和要求进行的面试。

根据对职位的分析，招聘人员确定面试的测评要素，在每一个测评的维度上预先编制好面试题目并制定相应的评分标准，面试过程遵照一种客观的评价程序，对被试者的表现进行量化的分析，给出客观的评价标准，对于不同的被试者使用相同的评价尺度，以保证判断的公平合理性。结构化面试能帮助面试官发现应聘者与招聘职位职业行为相关的各种具体表现，在这个过程中面试官可以获得更多有关候选人的职业背景、岗位能力等信息，并且通过这些信息来判断该候选人是否能胜任这个职位。因此，进行科学有效的结构化面试，将帮助企业对应聘者进行更为准确的个人能力评估，降低企业招聘成本，提升员工绩效。

2. 非结构化面试

非结构化面试即没有既定的模式、框架和程序，考官可以"随意"向被测者提出问题，而对被测者来说也无固定答题标准的面试形式。考官提出问题的内容和顺序都取决于其本身的兴趣和现场应试者的回答。这种方法为谈话双方提供了充分的自由，考官可以针对被测者的特点进行有区别的提问。虽然非结构化面试形式给予面试考官以自由发挥的空间，但这种形式也有一些缺点：它易受考官主观因素的影响，面试结果无法量化以及无法同其他被测者的评价结果进行横向比较等。

（三）按照主试人员的组成来划分

1. 个人面试

个人面试又称单独面试，指考官与应聘者单独面谈，是面试中最常见的一种形式。

（1）一对一的面试。

（2）主试团的面试（多对一）。

2. 集体面试

集体面试主要用于考查应试者的人际沟通能力、洞察与把握环境的能力、组织领导能力等。在集体面试中，通常要求应试者进行小组讨论，相互协作解决某一问题，或者让应试者轮流担任领导主持会议、发表演说等。

三、面试的基本内容

在人才招聘中，面试并不能测评求职者的所有素质，而只能有选择地测评与岗位需求最直接的或者相关的素质。

（一）仪表风度

测试求职者的外貌、穿着、行为举止、精神状态等。仪表端庄、衣着整洁、举止文明的人，会给面试官留下做事认真、自我约束力强、责任心强的印象。

（二）专业知识

测试求职者掌握专业知识的深度和广度，考查其专业知识掌握的程度是否符合岗位要求。作为对专业知识笔试的补充，面试对专业知识的考查更具有灵活性和深度，所提问题一般更接近岗位的实际要求。

（三）工作实践经验

一般根据求职者的简历或求职登记表进行相关的提问，查询求职者相关的实践背景和工作情况，用于证实其工作经历。通过各方面的了解还可以考查求职者的责任感、主动性、思维能力、口头表达能力以及对岗位和行业的领悟力。

（四）口头表达能力

测试求职者能否将自己的思想、观点、意见或建议顺畅地用语言表达出来。

（五）综合分析能力

测试求职者能否对考官所提出的问题通过分析抓住本质，并且说理透彻、分析全面、条理清晰。

（六）反应能力与应变能力

主要测试求职者对考官提出的问题理解是否准确，回答是否迅速、贴切等，对突发问题的反应是否机智敏捷、回应恰当，能否应对意外问题。

（七）人际交往能力

通过询问求职者参加的社团活动或者业余爱好，了解他们乐意与哪些人打交道，通过他们在社交场合所扮演的角色，了解其人际交往倾向和与人相处的技巧等。

（八）自控能力

测试求职者在遇到上级批评、工作有压力或者个人利益受到损害时是否能够保持克制、容忍，理智地对待，不致因情绪失控。

（九）工作态度

测试求职者对学习、工作的态度，了解其对报考岗位的态度。求职者过去学习、工作中的态度在考官心中决定着其对待新岗位的态度。

（十）求职动机

测试求职者为何希望来本单位工作，对哪类工作更感兴趣，在工作中追求什么价值，判断其是否符合工作岗位的需求。

此外，考官还会向求职者介绍单位和拟招聘职位的情况和要求，说明有关的薪资、福利等问题，以及回答求职者可能要问到的其他问题。

第二节　面试中"说"的技巧

既然是面试就意味着有很多对话，因此个人的语言表达能力就显得非常重要。一般面试中给面试官留下好印象的往往是那些语言表达通顺、流利的应试者。所以作为应试者，掌握语言表达的技巧无疑是重要的。那么，我们在面试中应当怎样恰当地运用谈话的技巧呢？

在面试中，"说"主要体现在两个方面，一方面是求职者的自我介绍，另一方面是求职者与招聘人员之间的交流对话。这两个方面都需要求职者具备相当的说话技巧和语言技巧。

一、自我介绍的技巧

自我介绍是向别人展示自己的一个重要手段，自我介绍做得好不好，甚至直接关系到给别人的第一印象的好坏及之后人际关系发展的顺利与否。心理学的"首因效应"就是第一印象效应，面试官极有可能根据面试开始的几分钟得到的印象，以决定面试的结果。所以，把握面试最开始 3—5 分钟的自我介绍，绝对是面试成功的必要手段。那么初出校园的大学毕业生该如何介绍自己呢？

(一)要围绕岗位胜任要求展开

面试自我介绍时，80％的内容要围绕与应聘岗位所需要的专业胜任能力模型展开，20％的内容要围绕与应聘岗位所需的行为风格模型来介绍。这样的要求或许有些"粗暴"，但能清楚地告诉我们做自我介绍时应介绍哪些内容。面试官只关注你与岗位匹配度有关的事情，尤其是你最近 3—5 年的经历，早期干的事情若与岗位匹配度相关，即在同一专业领域里，也可以介绍。如果五年前干的另外一件事与岗位专业度无关，不要介绍或是简单描述当时专业转换的背景和动机即可。

案例精选 ▶▶▶

大学生小张很健谈，口才甚佳。对于面试时要做自我介绍，他自认为很简单，所以没有做准备。毕业后，小张结合自己的兴趣，应聘了一家大型网络游戏公司的策划一职。在做自我介绍时，他从自己的网游经历谈起，一直说到国内网游行业的走向。但由于跑题太远，面试官不得不数次把主题拉回来，最终导致自我介绍只能半途而废，面试也落得草草收场。

(二)有理有据

自我介绍要有论点和论据，不能只有论点而没有论据支撑。例如，要说明自己有很强的意志力，可以表述为"我每天坚持晨跑 3000 米，冬天坚持用冷水洗澡，既节约了生活费用，又锻炼了意志"。介绍社会实践和实习情况，可以说"一天最多销售 20 台电视机，我大学期间的学杂费和生活费有一半是自己挣来的"等。除此之外，进行自我介绍要实事求是，不要言过其实。应试者特别要注意自我介绍与个人简历、报名材料上的有关内容一致，不要有出入，更不要有意夸大或制造事实上并不存在的优点。

(三)发音标准，吐字清晰

自我介绍时普通话应力求标准，不可讲错字或念错字音，最好不用方言。同时，声音要沉稳、自然、洪亮，语速要适中，吐字要清晰，声调要开朗响亮，这样才能给考官以愉悦的听觉感受。应使用灵活的口头语言，切忌以背诵或朗读的口吻介绍自己。

二、交流对话的技巧

(一)语言清晰流利，语速适中

求职者在面试时，应该做到口齿清晰、语言流利，说话轻松大方。此外还应该注意控制自己说话的速度，以免磕磕绊绊，影响语言的流畅。同样，说得太快了，对方反应慢，自然也会对你产生反感。在日常生活中我们应该注意自己的语速，尽量做到适中。为了增添自己语言的魅力，应注意修辞，优雅地与人交谈，千万不能用口头禅，更不能有不文明的语言。

(二)幽默生动

在面试的时候，求职者的语言应该含蓄而有内容，机智而又朴实无华。如果能够做到幽默生动，则是非常加分的。求职者在说话时除了表达清晰以外，适当的时候可以加进几句幽默的话，这可以说是锦上添花，给谈话增添轻松愉快的气氛，也能展示自己的气质和风度。在面试中遇到难以回答的问题时，机智幽默的语言会显示自己的聪明智慧，表现自己的反应速度，有助于缓解紧张的局面，让自己有时间进行思考并给人留下良好的印象。

(三)说话时要注意听者的反应，及时调整

求职者面试不同于演讲，而是更接近一般的交谈。交谈中，应随时注意听者的反应。例如，听者心不在焉，可能表示他对你的这段话没有兴趣，你得设法转移话题；侧耳倾听，可能说明由于你的音量过小使对方难以听清；皱眉、摇头可能表示你的评议有不当之处。根据对方的这些反应，就要适时地调整你的语言、语调、语气、音量、修辞、陈述内容等，这样才能取得良好的面试效果。

三、提升面试语言的逻辑性

求职者的发言需简洁、精练，谈吐流利、清楚，以中心内容为线索，展开发挥。求职者不要东拉西扯，将主题漫无边际地向外延伸。为了突出自己的中心论点，求职者可采用结构化的语言。回答问题时，开宗明义，先得出结论，然后进行叙述和论证，条理清晰地展开主要内容。当然也要避免议论冗长。

(一)避免表达含糊和有歧义

求职者在与面试官交流时，对于没有把握的事情尽量少说或者不说。求职者要做到思路清晰、表达明确，不要说模棱两可的话。

(二)指代清楚

口语不同于书面语，后者可以大量使用代词，而读者有足够的视觉空间容纳上下

文，因此，代词使用得多没关系。而口语速度快，如果代词得太多，面试官就难以分清指代关系。尤其是"他""她""它"在口语中是分不清的，因此求职者在考场上为了避免指代不清造成的误解，可以少用代词。

(三)情节叙述需提供确切信息

有些求职者回答问题不紧扣题意，泛泛而谈，这种情况会让面试官对求职者的印象大打折扣，或者怀疑事情的真实性。因此，求职者在面试过程中要详细地提供自我经历的情节，避免一语带过。

(四)避免使用语义含糊的词语或句式

有些词语本身就语义含糊，一些句式也是这样，如"可能""也许"等，应尽量避免使用。

(五)不要随意省略主语

日常生活中我们的口语可能很随便，经常在谈话的双方都互相理解时省略主语，但考场上即使在双方都能理解的情况下，也最好不要随意省略主语，尤其是必须注意对面试官的称呼不能省略。

(六)不用方言

除非面试官同意，否则求职者在面试时应尽量使用普通话。有些特殊的职位要求求职者会某种方言，则另当别论。

(七)可以在话题末尾做一个小结

对于一些时间、空间、逻辑结构不明显的叙述或较长的一段话，求职者可以在结尾言简意赅地做一个小结，给面试官一个清晰、完整的感觉。

(八)增强谈话的逻辑结构

求职者可以多使用一些连接词，加强句与句之间的承接，并突出逻辑关系。

四、面试用语的禁忌

(一)自己和自己抢话也不让别人插话

有些应试者前一句话刚说完马上又抢着说下一句话，并在话题连接的部分插入无意义的"所……而……"等连接词，难以让考官插话以做出适当的响应。

(二)语言的反复追加

当应试者说话时不断重复某一句话或经常补充前面的话，就会令考官烦躁。

(三)确定性的两个极端

语义的确定性应适时而定，有些应试者形成一种语言习惯，经常使用绝对肯定或很不确定的词语。例如，一些应试者总是说"肯定""绝对""当然"，另一些应试者常把"也许""可能""大概""差不多""还可以吧"等挂在嘴边。这两种情况都应该避免。

(四)语言呆板，重复使用某种句式或词语

应试者应尽可能地变换句式，使用同义词或近义词等。例如"因为"就可以在不同的地方换用为"由于""由于这个原因""之……是由……"等，以免让考官觉得乏味。

(五)不要随便扩大指代范围

有的应试者经常使用"众所周知……""正如每一个人了解的那样……"等话语，似乎面试考场应该加入更多人。这样说话易造成考官产生逆反心理。

(六)口头禅

一个人的"语言形象"也可能带着一些反复使用的口头禅如"那个""然后"等，这是应该避免的。

第三节　面试中"答"的技巧

面试中应聘者对面试官问题的回答无疑会产生很重要的结果，在这个过程中大学毕业生要学会展现自己的优势，适当避免一些对自己有弊无利的问题。

一、回答技巧

(一)把握重点，简洁明了，条理清楚，有理有据

一般情况下回答问题要结论在先、议论在后，即先将自己的中心意思表达清晰，然后做叙述和论证，否则，长篇大论会让人感觉不得要领。面试时间有限，多余的话太多，容易离题，反倒会将主题冲淡或漏掉。

(二)讲清原委，避免抽象

考官提问总是想了解一些求职者的具体情况，切不可简单地以"是""否"作答。针对所提问题的不同，面试者进行细节回答，有的需要解释原因，有的需要说明程度。不讲原委、过于抽象的回答，往往不会给考官留下具体的印象。

（三）确认提问内容，切忌答非所问

面试中，求职者如果对考官提出的问题一时摸不着边际，以至于不知从何答起或难以理解对方问题的含义时，可将问题复述一遍，并先就自己对这一问题的理解，请教对方以确认内容；对不太明确的问题，一定要搞清楚，这样才能有的放矢，不至于答非所问。

（四）有个人见解和个人特色

考官接待求职者若干名，相同的问题问若干遍，类似的回答也要听若干遍。因此，考官不免会有乏味、枯燥之感。只有具体独到的个人见解和有个人特色的回答，才能引起对方的兴趣和注意。

（五）知之为知之，不知为不知

面试中求职者遇到自己不懂或不会的问题时，回避闪烁、默不作声、牵强附会、不懂装懂的做法不可取。诚恳坦率地承认自己的不足之处，反倒会赢得考官的信任和好感。

（六）回答问题要准确适度

在面试过程中准确回答考官所提出的问题，是走向成功的保证。首先应该认真听清题目及要求，不要急于回答问题，应该在头脑中做出准确判断，找出回答问题的思路及所用到的知识，抓住重点，用词准确。如果是专业知识方面的问题，回答时要使用专业术语。注意回答问题时不要含糊其词，应付了事。适度就是要选择得体的语言。求职者应该针对不同身份的人，选择不同的话语来进行回答。同时，在表达过程中，要语调平和、发音清晰、表达准确流畅、言辞有韵律。遇到不会回答的问题，要以诚恳的态度回应，不可拖泥带水。

二、面试中常见问题的回答技巧

面试中的问答环节，对于求职者来说是至关重要的。那么，在面试官和应聘者的交谈中，除了自我介绍外，还有哪些问题是面试官常问的呢？面试官问这些问题又有什么目的呢？应聘者又该如何应对呢？

（一）说说你的兴趣爱好

兴趣爱好类的问题在面试中是常见问题，那么在回答这类问题时，大学生需要注意什么呢？

1. 什么样的兴趣爱好适合在面试中谈及

在面试中谈论个人的兴趣爱好时，也要选择与职位要求密切相关、能说明自己具

备某种工作能力的方面。另外，在面试中，面试官也会通过应聘者的兴趣爱好判断其价值观是否与单位文化契合。所以，应聘者在面试之前要通过各种渠道了解该单位的文化，并详细解读应聘职位的各项要求，在面试中突出一些符合单位文化的内容。

2. 没有兴趣爱好怎么办

(1)发掘"非主流"兴趣爱好中的积极面。很多时候应聘者不是没有兴趣爱好，而是觉得自己的某些兴趣爱好"非主流"，不适合在面试中提及，便说自己"没有兴趣爱好"。其实，一些所谓的"非主流"兴趣爱好在某些岗位上会有其积极的一面。例如，你爱好网络游戏，但会给人留下沉溺于游戏、虚度光阴的不良印象，在其他面试中你可能就不适合提及它；但如果你是应聘网络游戏运营专员类的职位，这个兴趣爱好就会给你加分。因为很多网络游戏公司本身就要求其运营人员是一个"网游迷"。只是在谈论兴趣爱好时要格外注意，不要一时忘形，进而滔滔不绝地说一些自己应聘职位毫不相关的内容。

(2)若没有兴趣爱好，说说自己常做的事。如果你真的没有兴趣爱好，在面试中也不宜"坦白"，因为这会让面试官产生各种对你不利的猜测。这时，你可以说一些自己平时经常做的事，哪怕是做家务也是好的。不过，你得保证自己真做过这些事，至少要能应对面试官的追问。

(二)说说自己的优缺点

在面试中遇到这类问题时，大学毕业生切忌随意展示自己的优缺点，而是要根据职业所需，适当向面试官袒露自己的优缺点。

1. 优点

面试官询问优点一般有两个目的：第一，判断你是否真实地阐述了自己的优点。第二，你所阐述的优点是否是这个职位所需要的素质。所以，哪怕是谈论自身的优点，你也得做一些准备工作。

(1)在面试之前就找出自己的3—5个优点。

(2)为每个优点找出几个例子，最好来自学习、工作和生活三个方面。

(3)在这3—5个优点之中，精选一两个和所申请职位最契合的优点。

2. 缺点

在面试时谈到个人缺点的时候，可以参照以下三个原则。

(1)坦然承认，博得认同。如果是自己的缺点，最好的办法还是坦然地承认它。为自己的缺点辩驳也无济于事，重要的是如何使别人在感情上认同你谈及自身缺点的态度。

(2)消除误会，缩小隔阂。有的"缺点"并不是缺点，而是由一般意义上的误会造成的，这时你应及时澄清，缩小与面试官的心理隔阂。

(3)明谈缺点，实论优点。既不掩饰回避，也非直截了当，而是结合职场新人的共同弱点(如缺乏实践经验、社会阅历较浅等),联系本专业的发展趋势(如知识结构不甚合理、专业知识尚不足以应对新的挑战等)及自身个性中的缺憾(如过分追求完美,或过于追求工作效率、小心谨慎不足等),说一些自己正在克服和能够改正的弱点,谈理想与现实的差距,讲那些表面是缺点实则对某项工作有益的个性,既能体现出谦逊好学的美德,又正面回答了难题。

(三)为什么来应聘这个职位

面试官之所以要问应聘该职位的原因,是为了考查求职者的专业度、忠诚度、对所应聘职位的熟悉和认知程度;同时,借此来衡量应聘者是否能胜任这个职位。

1. 你为什么来应聘这份工作

这个问题测试你的工作动机,所以你的回答重点应该放在表达高度的工作热忱及自己对这份工作的胜任度上。别忘了要强调内在动机(如成就感、自我实现等),而在回答时若能阐述得越明确,则说服力越佳。用人单位的发展前景、自我的生涯规划,乃至单位负责人的传记故事等都会是极佳的回答素材。

2. 你对这个岗位怎么理解

应对这一问题,倘若你能够预先掌握一些资料,将会令面试官另眼相看,并让面试官认为你很有加入该单位的诚意。如果你对所应聘的职位的性质、工作内容、所需专业知识了如指掌,面试官会更相信你比较适合所应聘的职位。

(四)说说你对未来的规划

很多面试官会在面试中问"你对自己的未来有哪些规划",同类型的问题还有"关于你以后的工作打算,有什么想法""你如何规划自己未来的事业"等。这些问题都属于个人发展规划范畴,用人单位期望借此了解应聘者的求职动机和中长期职业发展方向。回答这个问题,应聘者需要注意以下三个方面。

1. 确定自己的职业发展目标

目标的确定需要与自己的专业或兴趣爱好相关,也要与应聘的职位有关系。例如,你应聘的是市场类职位,市场类职位的晋升线一般是市场助理——市场专员——产品经理(或品牌经理)——区域负责人,你可以结合自身的情况说说自己的长远目标以及为这个目标所做的努力。对目标的清晰描述可以让你显得更加专业,使面试官认同你的学习和适应能力。

2. 把个人发展目标分解成阶段性目标

以时间为节点,把个人发展目标分解成几个阶段性的小目标,如短期(一年)目标是什么,中期(三年)目标是什么,长远(五年以上)目标是什么。做好这个"切割"工作的前提是,你对自己有一个全面的认识和了解。在描述每个阶段目标的达成过程中,你要说明达成目标与应聘的职位之间是一个双赢关系:一方面你能为单位做出贡献,另一方面你自身能得到提高。

3. 提出个人在达成目标的过程中希望单位提供的支持

借此你可以从侧面了解用人单位的管理制度和培训福利等情况。如果面试官没有明确表示，不宜过多打听。

（五）谈谈你的社会实践经验

如果应聘者能将自己的社会实践经验描述得当，则会获得加分；如果描述欠妥，不仅会得不到工作机会，还会给面试官留下一个"不稳定"的坏印象。那么，应聘者该如何回答此类面试问题呢？

第一，只要没有过于"跳跃性"的实践经历，简要如实地回答该问题即可。

第二，如果有过多"跳跃性"的实践经历，你应摘取其中与本次应聘职位相关的经历来谈，淡化乃至隐去无关的经历。

第三，当你有多份有关本次应聘职位的实践经历，在向用人单位描述实践经验时，你应该告诉面试官，这些经历是为了确定自己的职业目标，之所以会选择贵单位，是因为自己通过之前的经历已经明确了职业方向，找到了适合自己的职业定位。

第四，实践经历切忌"注水"。面试官阅人无数，纵使你有再多的理论知识，也很难完整描述出具体操作中遇到的各种状况及解决方式。所以"注水"的经历一旦被面试官揭穿，对你的印象便会大打折扣。

（六）你的薪资要求是什么样的

薪资是反映个人工作能力最直观的标尺之一，同时，也是用人单位给付人力成本的主要组成部分。薪资也是面试中非常敏感且重要的问题，那么大学毕业生该如何巧妙地回答这一问题呢？

（1）"我的期望薪资……"这种方式是直接说出自己的薪资要求，切忌难以说出口。在了解市场行情的基础上，不妨大胆说出你的想法，遮掩或是委曲求全，将来"哑巴吃黄连"的只会是自己。入职后你很难在短时间内获得大幅度的涨薪，等发现工资低了再开口，会让用人单位觉得你是一个不会估算自己价值的人。

（2）"我相信贵单位有成熟的薪资制度。"如果你来面试之前，已经对用人单位的薪资制度有比较详细的了解，你不妨直接这样说，这是一种礼貌的赞美。只有在发展健康而正规的单位中才会建立起相应的严谨成熟的薪酬体制。

（3）"我十分愿意接受贵单位相应岗位的薪资水平。"这种回答可以赢得未来雇主的心，表现出你的意愿度，先让他们喜欢上你。如果你心仪的公司无法满足你的薪资要求，你可以采取以下几种"迂回"手段：要求试用期满如表现超出预期，即予以调薪；为自己争取一些福利，如房屋、交通、通信等方面的津贴；要求增加非现金报酬，如培训、转岗机会等。

（4）"我相信，通过我的努力和表现，我会在短时期内（或许试用期结束后）得到我的期望薪资。"表现出你的自信以及你对自身能力的肯定，可以让招聘人员觉得你就是他们想要得到的人才。

第四节　面试中"问"的技巧

每到面试结束时，面试官都会习以为常地向应聘者说："您有什么想向我了解的吗?"每到这个时刻，很多应聘者一想到面试马上就要结束了，整个人就松懈了，甚至对面试官说自己没有想了解的。这样回答其实并不好，面试官向应聘者这样提问，一方面是想从应聘者反问自己中进一步考查应聘者，另一方面是想检测应聘者是否对这份工作感兴趣。基于面试官的这两个目的，应聘者就应大胆地向面试官提问，但是应聘者向面试官提问不是盲目的，而是有技巧的。那么，应聘者应该如何提问呢?

一、应聘者提问时的注意事项

第一，面试之前，一定要做准备，多了解用人单位的情况。

第二，你提出的问题，应该围绕"这份工作是否适合我"这个中心点，其他与应聘关系不大的问题不宜多问。

第三，提问的时候要自然放松，不要害羞，把它当作普通的聊天。你要表现出对用人单位的兴趣。

第四，提问要直截了当，提出问题之后，你要保持安静，让面试官多说话。

第五，面试官回答的时候，你可以做笔记，或者事先询问能不能做。笔记必须简短，你的大部分时间，要用来全神贯注倾听面试官的回答，并与其有眼神交流。

第六，面试结束后一周内，最好打一个电话或发一封邮件，了解公司对你的反馈意见。即使面试失败，你也不妨问一下原因，这会有助于你以后的面试。

二、应聘者的经典提问

面试是一个双向互动的过程，面试官向应聘者提问，以求了解应聘者;应聘者也可向面试官提问，来更多地了解用人单位。应聘者提出有价值的问题，可以在面试中加分。那么，什么才是有价值的提问呢? 哪些问题可以给应聘者加分呢? 应聘者所提问题背后的含义又是什么呢?

问题一：我所应聘的这个职位为什么会出现空缺?

弄清楚为什么你应聘的职位会出现空缺，以及这个职位空缺了多长时间，是非常重要的。绝大部分职位空缺的产生是单位内部升职或是前任员工离职造成的，而且通常会在一个合理的时间段内被填补上。所以，如果这个职位已经空缺了几个月，那么你就得知道其中的原因。是因为前一个应聘者拒绝了这份工作? 如果是这样，你也得在从事这个职位之前弄清对方拒绝的原因。是因为管理层对这份工作的期望不够现实？还是薪水太低？如果这个职位是新近才增加的，或许你就拥有了一个理想的、开辟属于自己的道路的机会。

问题二：请问贵单位最成功的员工为单位做出了什么样的贡献？

提出这个问题的主要目的在于了解该单位的优秀员工主要具备哪些优秀品质。对于面试官来说，他会认为能够提出这样的问题的人是志在成为单位里的优秀员工的。你也可以通过这个问题强调自己身上相关的专业技能和曾经做出的成绩。针对这个问题的答案还会让你对该公司的企业文化有所了解，并对这个职位是否适合自己做出一定的判断。

问题三：如何评估自己在试用期内的工作表现？何种标准为成功？

有上进心的求职者一定会非常渴望能够马上开展工作，而这个问题会让面试官将你归类为这样的员工。同样，这个问题也会帮你揭示你所应聘的单位做事的风格。所以，请务必弄清这个问题的答案，并谨慎对待该单位。

问题四：在试用期期间，该职位遇到的最大挑战是什么？

在最初几个月的工作中，潜在的难题和挑战也许会让你无法完成既定的目标，所以你得对这些挑战有所了解并提前做好准备。与此同时，面试官也会认为能够提出这个问题的应聘者一定对接受挑战有充分准备。而且面试官也许会利用这个机会让你对工作的具体运转有更进一步的了解。

问题五：目前公司所面对的最大挑战有哪些？

该公司现在能够盈利吗？在过去五年内该公司是否有过大规模的裁员？面对当前的经济形势，公司是如何应对的？公司如何调整自身的模式以适应各种技术上的变化？作为一名潜在的新员工，这些问题对你来说都是非常重要的。

问题六：公司如何保证人才不流失？

一般来说，优秀的企业会执行一系列职业发展计划，从而为员工提供一条清晰的职业发展道路。提出这个问题，不仅说明你是以严肃、认真的态度对待这份工作的，同时显示你也愿意长期为这家公司工作——当然前提是公司能够为员工提供很好的发展机会。

以上问题是可供应聘者参考的提问问题，在具体的面试中，应聘者应当根据实际职位来选择具有针对性的提问，不必死记硬背、生搬硬套。

三、应聘者可参考的其他提问

(1)我知道该职位的首要职责，但单位有没有其他的要求？

(2)我的专长是××，请问××部门在贵单位占有什么样的位置？

(3)在未来一年内，该部门的工作目标是什么？

(4)我打算考取××方向的××资格证书，这个证书对该职位有什么实质性的帮助吗？

(5)从员工和公众的角度看，您觉得贵公司与竞争对手的区别在哪里？

(6)我从招聘信息上看到，贵公司似乎更偏向有经验的人，那么会对没有经验的人在录用上做什么考虑？

(7)面试之后的安排都是什么？您会在什么时候做出决定？

(8)这个职位在贵单位的具体职责是什么？

(9)目前这个职位最紧要的任务是什么？如果我有幸加入贵单位，您希望我在三个月内完成哪些工作？

(10)贵单位希望通过这个职位实现的长期目标是什么？

(11)这一职位将面临的最大挑战是什么？

(12)这一职位会得到哪些支持，如从人力上和财务上？

(13)我在制订自己的工作目标、工作期限以及工作方式上有多大的自由度？

(14)在这个职位做出出色业绩的员工将有什么发展机会？大约多长时间能实现？

(15)贵公司最近有什么重大规划？

(16)贵公司在产品和服务上的成功之处是什么？

(17)这个职位的工作业绩如何评估？

此外，有些问题问了不但不会为应聘者加分，甚至会影响到应聘者在面试官心中的形象。以下问题应聘者尽量少问。

(1)贵公司能给我多少薪水？

(2)贵公司的福利有哪些？

(3)公司有没有对员工的计算机进行网络监控以及网络限制？

(4)我进入贵单位多长时间才会有晋升的机会？

(5)如果我对职位不够满意，可以申请内部调岗吗？

(6)你们要对我进行背景调查吗？

(7)贵单位之前有过××危机事件，已经解决了吗？

案例精选 ▶▶▶

每次面试，应届生小王都能做到有问必答，可轮到她提问时，她就手足无措了。

当面试官问她："今天的面试就到这里了，不知你还有没有其他问题要问？"小王或是发现自己事先准备的问题在面试中已经被面试官——解答了，或是因为自感面试成功无望而直接以"没问题"收场。事后，她常常安慰自己："没事，这说明我要求不高。"可是，每次她都没能等到复试通知。大多数应聘者在面试过后是介于录用或不录用的考核中的，而答好"最后一问"可以为应聘者加分。回答"没问题"，不仅等于主动放弃了最后的机会，还可能会让面试官给你贴上"对公司和职位漠不关心，或者思维不够灵活"的标签。所以"最后一问"切不可说"没问题"。

第五节　面试的基本礼仪

对于即将走上工作岗位的大学生来说，面试是不可或缺的一道必过门槛。有时候在拥有同等条件的前提下，能否在面试中脱颖而出就是能否成为受聘者的决定因素。因此，面试中的出色表现是非常重要的，而面试中的礼仪则是考官考查你的重要方面之一。

一、守时

守时是职业道德的一项基本要求，提前 10—15 分钟到达面试地点效果最佳，可熟悉一下环境，稳定一下心神。提前 30 分钟以上到达会被视为没有时间观念，但在面试时迟到或是匆匆忙忙赶到却是致命的。如果面试迟到，那么不管你有什么理由，也会被视为缺乏自我管理和约束能力，即缺乏职业能力，给考官留下非常不好的印象。不管什么理由，迟到都会影响自身的形象。

如果路程较远，宁可早到一些时间。因为交通情况不好说，对于不熟悉的地方你难免会迷路。但早到后不宜提早进入办公室，最好不要提前 10 分钟以上出现在面谈地点，否则招聘者很可能因为手头的事情没有处理完而觉得很不方便。如果用人单位事先通知了许多人来面试，早到者可提早面试或是在空闲的会议室等候，那就另当别论。面试地点比较远，地理位置比较复杂的，不妨先跑一趟，熟悉交通线路、地形，这样你就知道了面试的具体地点，同时也了解了路上所需的时间。

但招聘人员是允许迟到的，这一点一定要清楚，对招聘人员迟到千万不要太介意，也不要太介意招聘人员的礼仪。如果他们有不妥之处，你应尽量表现得大度开朗一些。招聘人员一迟到，你的不满情绪就溢于言表，面露愠色，招聘人员对你的第一印象就会大打折扣，甚至可能导致失败。因为面试也包含对应聘者人际磨合能力的考查，得体、周到的表现，自然是有百利而无一害的。

二、进入面试单位的礼仪

到了办公区，最好径直走到面试单位，而不要四处张望；走进面试单位之前，口香糖和香烟都要收起来；手机不要发出铃声，避免面试时造成尴尬局面，同时也分散你的注意力，影响你的成绩。进入面试单位，若有前台，则说明来意，经指导到指定区域落座；若无前台，则向工作人员求助。这时要注意用语文明，开始的"你好"和被指导后的"谢谢"是必说的，这代表你的教养；一些小单位没有等候室，就在面试办公室的门外等候；当办公室门打开时应有礼貌地说一声"打扰了"，然后向室内考官表明自己是来面试的，绝不可贸然闯入；假如有工作人员告诉你面试地点及时间，应当表示感谢；不要询问单位情况或向其索要材料，且不要对单位进行品评；不要观看其他工作人员的工作，或在落座后对工作人员所讨论的事情或接听的电话发表意见或评论，以免给人留下不好的印象。

三、等待面试时的礼仪

到达单位前台，要说出访问的主题、有无约定、访问者的名字和自己的名字。到达面试地点后应在等候室耐心等候，并保持安静及正确的坐姿。有的单位为使面试能尽可能略过单位情况介绍步骤，尽快进入实质性阶段，会准备公司的介绍材料，你应该仔细阅读以预先了解其情况。不要来回走动显得浮躁不安，也不要与其他面试者聊天，你的谈话对周围的影响是你难以把握的，这也许会导致你的应聘失败。

四、与面试官的相处礼仪

（一）把握进屋时机

如果没有人通知，即使前面一个人已经面试结束，也应该在门外耐心等待，不要擅自走进面试房间。自己的名字被喊到，就有力地答一声"是"，然后敲门进入，敲两三下是较为标准的。敲门时千万不可敲得太用劲，以里面听得见的力度敲即可。听到里面说"请进"后，要回答"打扰了"再进入房间。开门、关门尽量要轻，进门后应转过身正对着门，用手轻轻将门合上。回过身来将上半身前倾30°左右，向面试官鞠躬行礼，面带微笑道一声"您好"，彬彬有礼且大方得体，不要过分殷勤、拘谨或谦让。

（二）得体的握手

面试时，握手是最重要的一种身体语言。得体的握手能创造出平等、彼此信任的和谐氛围。你的自信也会使人感到你你能够胜任而且愿意做这项工作。这是创造好的第一印象的最佳途径。怎样握手，握多长时间，这些都非常关键。因为这是你与面试官的初次见面，这种手与手的礼貌接触是建立第一印象的重要开始，不少单位把握手作为考查应聘者是否专业、自信的依据。所以，在面试官的手朝你伸过来之后就握住它，要保证你的整个手臂呈"L"形（90°），有力地摇两下，然后把手自然地放下。握手应该坚实有力，有"感染力"。双眼要直视对方，自信地说出你的名字，要表示出坚定的态度，但不要太使劲，更不要使劲摇晃；不要用两只手。

长时间地握住面试官的手，偶尔用力或快速捏一下手掌，这些动作说明你过于紧张；轻触式握手显出你很害怕而且缺乏信心；在对方还没有伸手之前，就伸长手臂去够面试官的手，表示你太紧张和害怕，面试官会认为你不喜欢或者不信任他们。

（三）恰当使用形体语言

在面试中，恰当使用非语言交流的技巧，将为你带来事半功倍的效果。除了讲话以外，手势语、目光语、身势语、面部语、服饰语等也很重要，通过仪表、姿态、神情、动作来传递信息，在交谈中往往起着有声语言无法比拟的效果。形体语言对面试非常关键，有时一个眼神或者手势都会影响到整体评分。例如，适当微笑，就显现出一个人的乐观、豁达、自信；服饰的大方得体，能反映出大学生有知识、有修养的风貌，增强你的求职竞争能力。

1. 如钟坐姿显精神

进入面试室后，在没有听到"请坐"之前，不可以坐下，等考官告诉你"请坐"时才可坐下，坐下时应道一声"谢谢"。坐姿也有讲究，"站如松，坐如钟"，面试时也应如此，良好的坐姿是给面试官留下好印象的关键要素之一。坐椅子时最好坐满三分之二，上身挺直，这样显得精神抖擞；保持轻松自如的姿势，身体要略向前倾。不要弓着腰，也不要把腰挺得很直，这样反倒会给人留下死板的印象。应该很自然地将腰伸直，并拢双膝，把手自然地放在上面。有两种坐姿不可取：一是紧贴着椅背坐，显得太放松；二是只坐在椅边，显得太紧张。这两种坐法都不利于面试的进行。要表现出精力和热忱，松懈的姿势会让人感到你疲惫不堪或漫不经心。切忌跷"二郎腿"并不停抖动，两臂不要交叉在胸前，更不能把手放在邻座椅背上，或加些玩笔、摸头、伸舌头等小动作，这容易给别人一种轻浮傲慢、有失庄重的印象。

2. 眼睛是心灵的窗户

面试一开始就要留心自己的身体语言，特别是自己的眼神，对面试官应全神贯注，目光始终聚焦在面试官身上，展现出自信及对对方的尊重。眼睛是心灵的窗户，恰当的眼神能体现出智慧、自信及对公司的向往和热情。注意眼神的交流，这不仅是相互尊重的表示，也可以更好地获取一些信息，与面试官的动作达成默契。正确的眼神表达应该是礼貌地正视对方，注视的部位最好是考官的鼻眼三角区（社交区）；目光平和而有神，专注而不呆板；如果同时有几个面试官在场，说话的时候要适当地用目光扫视其他人，以示尊重；回答问题前，可以把视线投在对方背面墙上，约两三秒钟做思考，不宜过长，开口回答问题时，应该把视线收回来。

3. 微笑的表情有亲和力

微笑是自信的第一步，也能为你消除紧张心理。面试时要面带微笑，亲切和蔼、谦虚礼貌、有问必答。面带微笑会增进与面试官的沟通，提高你的外部形象，改善你与面试官的关系。保持微笑，会使你应聘的成功率远高于表情冷漠的人。听对方说话时，要时常点头，表示自己听明白了，或正在注意听。同时也要不时面带微笑，当然也不宜笑得太僵硬，一切都要自然得体。

4. 适度恰当的手势

说话时做些手势，加大对某个问题的形容力度，是很自然的，可手势太多也会分散人的注意力，需要适度配合表达。交谈很投机时，可适当地配合一些手势讲解，但不要频繁耸肩、手舞足蹈。有些求职者由于紧张，双手不知道该放哪儿，而有些人过于兴奋，在侃侃而谈时晃动双手，这些都不可取。不要有太多小动作，更不要抓耳挠腮、用手捂嘴说话，这样显得紧张，不专心交谈。不要为表示亲切而拍对方的肩膀，这对面试官很失礼。

五、服饰礼仪

（一）女士服饰礼仪

女士着装以整洁美观、稳重大方、协调高雅为原则，服饰色彩、款式、大小应与自身的年龄、气质、肤色、体态、发型和拟聘职业相协调、相一致。

1. 服装要得体

女士求职服装一般以西装、套裙为宜，这是最通用、最稳妥的着装。切忌穿太紧、太透和太露的衣服。不要穿超短裙（裤），不要穿领口过低的衣服；夏天，内衣（裤）颜色应与外套协调一致，避免透出颜色和轮廓，否则，会让人感到不庄重、不雅致，也给人轻佻之感。

2. 鞋子要便利

女士如何穿鞋也有学问，总的原则是应和整体相协调，在颜色和款式上与服装相配。面试时，不要穿长而尖的高跟鞋，中跟鞋是最佳选择，既舒适又能体现职业女性的庄重。

3. 饰物要少而精

公文包或手提小包带一个即可。首饰尽量少戴，耳环不要过长，以免发出声响或者触碰脖颈，甚至挂到衣服上。项链要淡雅朴实，切忌华丽。总之，戴首饰的重要原则是少则美。应避免佩戴过多、过于夸张或有碍工作的饰物，让饰品真正有画龙点睛之妙。否则，容易分散考官的注意力，有时也会给考官留下不成熟的印象。

4. 妆容要淡雅

女士可以适当地化点淡妆。用薄而透明的粉底营造健康的肤色，用浅色口红增加自然美感，用眉笔调整眉形，用眼影让眼睛更加有神。但不能浓妆艳抹，过于妖娆；不能香气扑鼻，过分夸张。越淡雅自然、不露痕迹越好。

5. 发型要整洁

不管是长发还是短发，一定要洗得干净、梳得整齐。发型可根据衣服进行搭配，根据应聘的不同职业，发型也应有所差异。

（二）男士服饰礼仪

1. 西装要笔挺

男性应聘者最好穿深色的西服，灰色和深蓝色都是不错的选择，它们给人以稳重、可靠、忠诚、朴实、干练的印象。身材较瘦的人，如果穿深蓝色或中粗竖条的西装，会显得纤细、瘦弱；而穿米色、鼠灰色等色调，图案选用格子或人字斜纹的西装，就会显得较为丰满、强壮。身材瘦高的人，宜穿双排扣或三件套西装，不要选用廓形细窄而锐利的套装。

2. 衬衫要选好

衬衫必须是长袖的。有些衬衣的袖口，上有简单的链扣，给人以格外注重细节的感觉。衬衫应当是白色或淡蓝色，不带图案或条纹。应尽量避开印有交织字母的衬衫。与西服一样，衬衫的理想布料也是天然织物。

3. 领带要合适

领带的面料选用纯丝的即可。领带应当为西服增色，且不能与西服的图案有任何冲突。领带的宽度随衣服款式的不同而不同，穿西服时，安全的着装规则就是领带宽度接近西服翻领的宽度。

4. 鞋子要干净

在面试前要把鞋子擦干净并且上些鞋油，确保鞋子是完好的。光亮整洁的鞋子能够表现出你专业的做事风格和良好的职业素养。要注意鞋子的颜色和套装相配，黑色是一个很好的选择。

5. 发型要精神

头发保持合适的长度。如果你不是面试广告创意、艺术设计等强调创意性的工作，长发不是一个好的选择。

六、其他要注意的面试礼仪

第一，应聘时不要邀约伙伴。无论求职者应聘什么职位，独立性、自信心都是招聘单位对求职者的基本素质要求。

第二，保持恰当的距离。面试时，要做到愉快地交谈，求职者和面试官要保持恰当的距离，不适当的距离会使面试官感到不舒服。如果应聘的人多，招聘单位一般会预先布置好面试室，把应聘人的位置固定好。当求职者进入面试室后，不要随意挪动椅子。有的人喜欢表现得亲密，总是把椅子向前挪，殊不知，这是失礼的行为。

第三，不卑不亢。求职面试的过程实际上是一种人际交往过程，也是相互了解的过程，双方都应用平和的态度去交流。

第四，举止大方。这是指求职者举手投足要自然从容，不拘束，显示出良好的风度。

第五，忌不拘小节。有的求职者自恃学历高，或者有经验、有能力，在求职时傲慢不羁，不拘小节，表现出高高在上的样子，这是不可取的。

第六，勿犹豫不决。一般来说，求职者应聘时举棋不定的态度是不明智的，会让面试官感到你信心不足，难免怀疑你的工作作风和实际能力，这样有可能导致自己丧失机遇。

第七，礼貌离开。面试结束后，要礼貌起身。起身的动作要稳重、安静、自然，尽量不发出声音。

案 例 精 选 ▶▶▶

刘同学在简历的著作栏里写下了曾发表过的一篇关于汇率稳定方面的文章，以期望在面试时会起作用。在某银行面试时，当考官问起他对汇率稳定的观点时，他却结结巴巴，说不出来。事实上刘同学虽然学的是会计专业，但是对金融问题并没有研究，只是托金融专业的同学在发表文章时附带了自己的名字。因此，他的面试失败了。

沈同学一心想进国际性的咨询公司，在遭到拒绝之后，转而将目标锁定在国际会计师事务所。某知名公司给了她面试机会。当考官问她还向哪些单位投递过简历时，王同学将她投递过的单位如数家珍般地说了出来，并表现出浓厚的兴趣。但是，她并未对给她面试机会的单位流露出兴趣。在此情况下，考官也只能将她拒之门外。

张同学在面试某知名公司时，一直向考官强调他特别想进入该公司。在解释原因时，他说该公司的良好工作背景有利于他以后再次跳槽。最后，张同学的面试结果可想而知。

根据以上案例分析一下，三位同学分别因为什么而面试失败？

▶▶▶练习与思考

1. 在面试中，如何巧妙地"说"？
2. 在面试中如何巧妙地提问题？
3. 举办一次模拟面试，熟悉面试流程，改进面试效果，提高面试技巧。

第十四章 就业法律常识

1. 了解就业协议书的基本内容及使用要求。
2. 了解就业协议书和劳动合同的异同点。
3. 了解劳动合同的基本内容及使用要求。
4. 熟悉"五险一金"的基本内容及缴费比例。
5. 学习应对就业过程中遇到的法律问题。

第一节　就业协议书

大学生将走出校园步入社会。在找工作的过程中，学校会给大学生下发就业协议书，等到大学生落实工作后，有意愿录用的公司会主动要求签订就业协议，那么，这份就业协议书到底是什么？有什么作用呢？

一、就业协议书的含义

就业协议书是全国普通高等学校毕业生就业协议书的简称，又称为三方协议，是普通高等学校毕业生和用人单位在正式确立劳动人事关系前，经双向选择，在规定期限内确立就业关系、明确双方权利和义务而达成的书面协议，是用人单位确认毕业生相关信息真实可靠以及接收毕业生的重要凭据，也是高校进行毕业生就业管理、编制就业方案及毕业生办理就业落户手续等有关事项的重要依据。该协议在毕业生到单位报到、用人单位正式接收后自行终止。就业协议一般由教育部或各省、自治区、直辖市就业主管部门统一制表。

就业协议书一旦签署，就意味着大学毕业生的第一份工作基本确定。因此，应届毕业生要特别注意签约事项。大学生签就业协议书前，须认真查看用人单位的隶属，国家机关、事业单位、国有企业一般有人事接收权。民营企业、外资企业则需要经过人事局或人才交流中心的审批才能招收职工，协议书上要签署他们的意见方能有效。应届毕业生还要对不同地方人事主管部门的特殊规定有所了解。

二、就业协议书的内容和协议条款

（一）就业协议书的主要内容

（1）高校毕业生基本情况，应包括姓名、性别、身份证号、专业、学制、毕业时间、学历、联系方式等。

（2）用人单位基本情况，应包括单位名称、组织机构代码、单位性质、联系人及联系方式、档案接收地等。

（3）高校毕业生和用人单位约定的有关内容，可包括工作地点及工作岗位，户口迁入地，违约责任，协议自动失效条款，协议终止条款，双方约定的其他事宜等。

（4）各方应严格履行协议，任何一方若违反协议，应承担违约责任。

（5）其他补充协议。

（二）就业协议书的协议条款

由甲方（用人单位）和乙方（高校毕业生）同意签订如下协议。

（1）甲方应如实向乙方介绍情况，经了解，同意接收乙方，并负责有关接收手续。

（2）乙方应如实向甲方介绍情况，同意到甲方工作，服从甲方的工作安排。

（3）甲乙双方如有其他约定，应在备注栏明确，并视为本协议书的一部分。

（4）双方中有一方要变动协议，须提前一个月征得对方的同意，否则按违约处理。

（5）本协议一式三份，分别由甲方、乙方和学校就业工作部门留存，复印件无效。

三、就业协议中各方的权利与义务

就业协议书即毕业生、用人单位和学校三方对于大学生就业问题的相关协议。因此，在就业协议书中，三方各有自己的权利与义务。尤其是大学毕业生在签订就业协议书之前，一定要了解三方的权利与义务，以保障自己的合法权益。

(一)毕业生的权利与义务

1. 大学毕业生享有平等就业和自主择业的权利

《中华人民共和国劳动法》规定："劳动者享有平等就业和自主选择职业的权利。"对大学毕业生而言，在求职择业的过程中具有自主性，其选择某一职业或不选择某一职业，都是毕业生自己享有的权利，任何单位和个人无权干涉，即使毕业生的家长和亲属也不能对毕业生选择职业进行干涉和强迫。当然，毕业生在做出职业选择前，应与家长和亲属进行沟通，在听取他们意见的基础上，做出符合自己意愿和实际情况的选择。

2. 毕业生有全面了解用人单位情况的权利

选择职业、确定用人单位，关系到毕业生未来的工作、生活状况和事业前途。毕业生在与用人单位签约前，有必要也有权利对用人单位的情况进行全面细致的了解，包括用人单位的用人意图、工作环境、生活待遇、服务时间等。用人单位有义务向毕业生和学校如实介绍本单位的情况，并尽可能地提供能够证明这些情况的有关资料。

3. 毕业生有如实向用人单位介绍自己情况的义务

毕业生应如实介绍自己的情况，包括培养方式、学习成绩、健康情况、在校表现、社会实践经历以及各方面能力，并如实提供可以证明自己情况的相关材料，这是用人单位准确了解毕业生的重要基础。

4. 毕业生有接受用人单位组织的测试或考核的义务

用人单位为了招聘到符合要求的毕业生，一般要通过一些测试或考核手段来掌握毕业生的情况，以进行比较，从而做出是否录用的决定。毕业生应予以积极配合，接受测试和考核，充分展现自己的能力，以获得期望的工作。

(二)用人单位的权利与义务

用人单位是与毕业生签订就业协议的另一主体，其主要权利和义务包括以下内容。

第一，用人单位拥有全面了解毕业生情况的权利。用人单位根据本单位对所需人员综合素质、知识水平和专业能力等方面的要求，通过学校有关部门或毕业生所在院(系)以及毕业生个人，了解毕业生的各方面情况，并对毕业生进行测试、考核，最终决定是否录用。

第二，用人单位在招聘活动中，有如实向毕业生和学校介绍本单位情况的义务，包括对毕业生的使用意图、工作环境、生活待遇、服务时间及本单位的具体情况等。

(三)学校的权利与义务

学校作为毕业生的培养单位，在毕业生就业中具有重要的作用，其权利与义务对毕业生和用人单位都有直接的意义。学校的权利与义务如下。

第一，学校有义务对毕业生进行就业指导，向用人单位推荐毕业生。

第二，学校有义务向毕业生和用人单位介绍学校情况和提供有关介绍材料。

第三，学校对毕业生、用人单位双方当事人的资格和学生相关材料的真实性、合法性进行鉴证，根据国家的有关政策和规定对就业协议签署是否同意出示意见。

第四，根据毕业生和用人单位的需要，学校向他们提供有关政策和就业信息指导、咨询等方面的服务。

四、大学毕业生签订就业协议书需要注意的问题

第一，正确区分协议期、试用期和见习期。这三个时期，直接关系到毕业生的权益维护。

协议期：从毕业生与用人单位签订就业协议书开始，一直持续到签订劳动合同之后或者双方终止协议为止。在协议期内，双方已经确定了工作意向，但未建立正式的劳动关系。

试用期：毕业生与用人单位签订劳动合同的时间应在试用前，而不是试用合格后。一些单位为了逃避责任，在试用期内，往往不与毕业生签订劳动合同。一旦试用期满，就找种种借口辞退毕业生。

合同中约定了见习期的，不再另行约定试用期，毕业生见习期为 6—12 个月，自报到之日起计算。

第二，就业协议在毕业生到单位报到、用人单位正式接收后自行终止。

第三，填写用人单位名称时，务必注意与单位的有效印章上的名称是否一致，如不一致，则协议无效。学生填写自己的专业名称时，要与学校教务处的专业名称一致，不能简写。

第四，试用期与见习期的时间。外企、合资企业、私企一般采用试用期制，根据合同期的长度，可以有 1 个月到 3 个月不等，通常试用期为 3 个月，不得超过 6 个月。国家机关、高校、研究所一般采用见习期制，通常为 1 年。试用期和见习期只取其中之一，将另一项划去。

第五，违约金由学生和用人单位双方协商确定。不少单位为了"留住"学生，制定高额违约金，以此约束学生。学生可在协商中力争将违约金降到合理范围，通常违约金不得超过 5000 元。

第六，关于备注部分要注意。现行的毕业生就业协议属于"格式合同"，但"备注"部分允许三方另行约定各自的权利和义务。毕业生可将签约前达成的休假、住房、保险等福利待遇在备注栏中说明，如发生纠纷，可以及时向法庭举证，维护自己的合法权益。

第七，对于违约现象，协议中写明为"甲乙双方必须全面履行协议，一方解除协议不当或违反本协议条款规定的，应承担相应的违约责任，并向对方支付违约金人民币

____元"。大学生要明白，不能把违约当儿戏，一旦给用人单位造成损失必要承担相应责任，并会影响自己的诚信记录。用人单位对手持多份协议的大学生是相当忌讳的。

第八，毕业生协议书通常备注事宜。

录用条件：双证（毕业证和学位证）、职业资格证和身体健康状况。

违约金：3000—5000元。

五、就业协议书的违约问题

就业协议书一经毕业生、用人单位签署即具有法律效力，任何一方不得擅自解除，否则违约方应向权利受损方支付协议条款所规定的违约金。那么大学毕业生该了解哪些违约知识呢？

（一）对违约毕业生的处理规定

毕业生一旦违约必须承担违约责任，在征得用人单位同意并交纳违约金后才可重新签约。毕业生违约时，必须办理完毕与原签约单位的解约手续（有原签约单位的书面退函，交纳完毕违约金）。

（二）毕业生违约的不良后果

第一，用人单位花人力、物力、财力，参加人才交流会等，做了大量工作，录用人员的后期工作已考虑、安排，一旦违约，一切工作付之东流，须重新招聘，造成工作被动。

第二，用人单位往往将毕业生违约当成学校管理不严的结果，影响学校和用人单位的长期合作关系。现在人才市场竞争激烈，没有需求，也就没有毕业生的就业。随着高校扩招，毕业生人数将持续增加，学校作为协议签字方之一不会为极个别人的利益影响到今后就业工作的整体利益。

第三，对其他毕业生有影响。一旦违约，当初想去该单位的其他毕业生也不一定能补缺，造成信息浪费。大学生应是诚信、法制的践行者，因此学校强调毕业生在签约过程中要做到慎重选择，认真履约。

第二节　劳动合同

《中华人民共和国劳动合同法》明确规定，建立劳动关系，应当订立书面劳动合同。那么关于劳动合同，大学毕业生应当了解哪些相关知识呢？

一、劳动合同的含义

劳动合同，是指劳动者与用人单位之间确立劳动关系，明确双方权利和义务的协议。订立和变更劳动合同，应当遵循平等自愿、协商一致的原则，不得违反法律、行政法规的规定。劳动合同依法订立即具有法律约束力，当事人必须履行劳动合同规定的义务。

根据《中华人民共和国劳动法》第十六条的规定，劳动合同是劳动者与用人单位确立劳动关系，明确双方权利和义务的协议。根据这个协议，劳动者加入企业、个体经济组织、事业组织、国家机关、社会团体等用人单位，成为该单位的一员，承担一定的工种、岗位或职务工作，并遵守所在单位的内部劳动规则和其他规章制度；用人单位应及时安排被录用的劳动者工作，按照劳动者提供劳动的数量和质量支付劳动报酬，并且根据劳动法律、法规和劳动合同的约定提供必要的劳动条件，保证劳动者享有劳动保护及社会保险、福利等权利和待遇。

二、劳动合同与就业协议书的相同点与不同点

就业协议是高校毕业生与用人单位确立劳动关系，明确双方在毕业生就业工作中权利和义务的协议。劳动合同是劳动者与用人单位确立劳动关系，明确双方权利和义务关系的协议。《中华人民共和国劳动法》规定，建立劳动关系应当订立劳动合同。

（一）两者的共同点

就业协议是高校毕业生与用人单位确立劳动关系的法律依据。就确立劳动关系这一点来说，就业协议与劳动合同是相通的，可以这样认为，就业协议的实质就是准劳动合同，是劳动合同的一种特殊表现形式。它们的相同点表现在以下几个方面。

第一，性质一致。用人单位对大学毕业生这类劳动者，与面向社会公开招聘的劳动者，在培养、使用、待遇等方面可能有所不同，但从确立劳动关系这一点来说，就业协议与劳动合同是一致的。

第二，主体的意思表达一致。签订就业协议的双方在表达主观愿望，意思表示真实、无强制胁迫这一点上，与劳动者和用人单位之间签订劳动合同时，双方的主观意思表达所处的状态完全一致。

第三，法律依据一致。由于就业协议是确立劳动关系的一种协议，用人单位对毕业生录用、接收之后，要有见习期（或试用期）、最低劳动年限的规定，这与劳动合同的要求相一致，因此就业协议应当遵循《中华人民共和国劳动法》中的有关规定，发生争议纠纷时，应依法解决。

（二）两者的不同点

第一，适用的法律、法规不同。劳动合同适用《中华人民共和国劳动法》及劳动人事部门颁布的有关劳动从事方面的规章。而就业协议因目前无就业法，也无国务院颁布的有关毕业生就业方面的法规，因此只适用教育部颁发的《普通高等学校毕业生就业工作暂行规定》和有关政策。

第二，适用主体不同。劳动合同是劳动者与用人单位之间确立劳动关系的协议，只要双方当事人协商一致，符合国家的法律、行政法规，无欺诈、胁迫等行为，经双方签字盖章，合同即生效。目前的就业协议除毕业生与用人单位双方签字、盖章外，尚需学校和签证机关（人事部门）介入。

第三，内容不同。依据《中华人民共和国劳动法》的规定，劳动合同的内容比较详细，而就业协议的条款比较简单，主要是毕业生如实向用人单位介绍自己的情况，愿意在规定期限内到用人单位报到，用人单位如实向毕业生介绍本单位情况，同意录用该毕业生等，另外还有一些简单条款。

第四，适用的人员不同。劳动合同可以适用于各类人员。凡是中华人民共和国公民，只要有劳动能力并符合法律规定的条件，经过供需见面，双向选择，一经录用都可以与用人单位签订劳动合同，而就业协议适用的人群相对单一，只适用于高校毕业生。

第五，签订的时间不同。一般来说，就业协议签订在前，劳动合同订立在后。就业协议是毕业生在找工作的过程中，落实用人单位后签订的，就业协议的签订在学生离校前。劳动合同是毕业生到用人单位报到后订立的。如果毕业生与用人单位在工资待遇、住房等方面有事先约定，可在就业协议的约定条款中注明，附后补充，日后订立劳动合同时对此内容应予认可。

三、劳动合同的具体内容

劳动合同的内容可分为两个方面，一方面是必备条款，另一方面是协商条款。

（一）必备条款

《中华人民共和国劳动法》第十九条规定了劳动合同的法定形式是书面形式，其必备条款有以下七项。

1. 劳动合同期限

法律规定合同期限分为三种：固定期限，如一年期限、三年期限等均属于这种；无固定期限，合同期限没有具体时间约定，只约定终止合同的条件，无特殊情况，这种期限的合同应存续至劳动者到达退休年龄；以完成一定的工作为期限，例如，劳务公司外派一名员工去另外一家公司工作，两家公司签订了劳务合同，劳务公司与外派员工签订的劳动合同期限根据劳务合同的解除或终止而终止，这种合同期限就属于以完成一定工作为期限的种类。用人单位与劳动者在协商选择合同期限时，应根据双方的实际情况和需要约定。

2. 工作内容

在这一必备条款中，双方可以约定工作数量、质量，劳动者的工作岗位等内容。在约定工作岗位时可以约定较宽泛的岗位概念，也可以另外签一个短期的岗位协议作为劳动合同的附件，还可以约定在何种条件下可以变更岗位等。

3. 劳动保护和劳动条件

在这方面可以约定工作时间和休息休假的规定，各项劳动安全与卫生的措施，对女工的劳动保护措施与制度，以及用人单位为不同岗位劳动者提供的劳动、工作的必要条件等。

4. 劳动报酬

此必备条款可以约定劳动者的标准工资、加班工资、奖金、津贴、补贴的数额及支付时间、支付方式等。

5. 劳动纪律

此必备条款应当将用人单位制定的规章制度约定进来，可采取将内部规章制度印制成册，以合同附件的形式加以简要约定。

6. 劳动合同终止的条件

这一必备条款一般在无固定期限的劳动合同中约定，因这类合同没有终止的时限。但其他期限种类的合同也可以约定。要注意的是，双方当事人不得将法律规定的可以解除合同的条件约定为终止合同的条件，以避免出现用人单位应当在解除合同时支付经济补偿金而改为终止合同不予支付经济补偿的情况。

7. 违反劳动合同的责任

一般约定两种违约责任形式，一是一方违约赔偿给对方造成的经济损失，即赔偿损失的方式；二是约定违约金的计算方法，采用违约金方式应当注意根据职工一方的承受能力来约定具体金额，避免出现显失公平的情形。违约，不是指一般性的违约，而是指严重违约，致使劳动合同无法继续履行，如职工违约离职，单位违法解除劳动合同等。

（二）协商条款

按照法律规定，用人单位与劳动者订立的劳动合同除上述七项必须具备的条款内容外，还可以协商约定其他的内容，一般简称为协商条款或约定条款。其实将之称为随机条款似乎更准确，因为必备条款的内容也是需要双方当事人协商、约定的。

这类约定条款的内容，是在国家法律规定不明确，或者国家尚无法律规定的情况下，用人单位与劳动者根据双方的实际情况协商约定的一些随机性的条款。劳动行政部门印制的劳动合同样本，一般将必备条款写得很具体，同时留出一定的空白由双方随机约定一些内容。例如，可以约定试用期、保守用人单位商业秘密的事项、用人单位内部的一些福利待遇、房屋分配或购置等内容。

随着劳动合同制的实施，人们的法律意识、合同观念越来越强，劳动合同中的约定条款的内容也越来越多。这是改变劳动合同千篇一律的状况，提高劳动合同质量的一个重要体现。

四、劳动合同的解除与终止

（一）劳动合同的解除

合同解除包括双方解除和单方解除。双方解除是当事人双方为了消灭原有的合同而订立的新合同，即解除合同。单方解除是指当事人一方通过行使法定解除权或者约定解除权而使合同的效力消失。

1. 劳动者与用人单位双方协商一致解除劳动合同

《中华人民共和国劳动法》第二十四条规定，经劳动合同当事人协商一致，劳动合同可以解除。

2. 劳动者单方解除劳动合同

根据《中华人民共和国劳动合同法实施条例》第十八条规定，有下列情形之一的，依照劳动合同法规定的条件、程序，劳动者可以与用人单位解除固定期限劳动合同、无固定期限劳动合同或者以完成一定工作任务为期限的劳动合同：

（1）劳动者与用人单位协商一致的；

（2）劳动者提前 30 日以书面形式通知用人单位的；

（3）劳动者在试用期内提前 3 日通知用人单位的；

（4）用人单位未按照劳动合同约定提供劳动保护或者劳动条件的；

（5）用人单位未及时足额支付劳动报酬的；

（6）用人单位未依法为劳动者缴纳社会保险费的；

（7）用人单位的规章制度违反法律、法规的规定，损害劳动者权益的；

（8）用人单位以欺诈、胁迫的手段或者乘人之危，使劳动者在违背真实意思的情况下订立或者变更劳动合同的；

（9）用人单位在劳动合同中免除自己的法定责任、排除劳动者权利的；

（10）用人单位违反法律、行政法规强制性规定的；

（11）用人单位以暴力、威胁或者非法限制人身自由的手段强迫劳动者劳动的；

（12）用人单位违章指挥、强令冒险作业危及劳动者人身安全的；

（13）法律、行政法规规定劳动者可以解除劳动合同的其他情形。

3. 用人单位可以单方解除劳动合同的情形

根据《中华人民共和国劳动合同法实施条例》第十九条规定，有下列情形之一的，依照劳动合同法规定的条件、程序，用人单位可以与劳动者解除固定期限劳动合同、无固定期限劳动合同或者以完成一定工作任务为期限的劳动合同。

(1)用人单位与劳动者协商一致的；

(2)劳动者在试用期间被证明不符合录用条件的；

(3)劳动者严重违反用人单位的规章制度的；

(4)劳动者严重失职，营私舞弊，给用人单位造成重大损害的；

(5)劳动者同时与其他用人单位建立劳动关系，给完成本单位的工作任务造成严重影响，或者经用人单位提出，拒不改正的；

(6)劳动者以欺诈、胁迫的手段或者乘人之危，使用人单位在违背真实意思的情况下订立或者变更劳动合同的；

(7)劳动者被依法追究刑事责任的；

(8)劳动者患病或者非因工负伤，在规定的医疗期满后不能从事原工作，也不能从事由用人单位另行安排的工作的；

(9)劳动者不能胜任工作，经过培训或者调整工作岗位，仍不能胜任工作的；

(10)劳动合同订立时所依据的客观情况发生重大变化，致使劳动合同无法履行，经用人单位与劳动者协商，未能就变更劳动合同内容达成协议的；

(11)用人单位依照企业破产法规定进行重整的；

(12)用人单位生产经营发生严重困难的；

(13)企业转产、重大技术革新或者经营方式调整，经变更劳动合同后，仍需裁减人员的；

(14)其他因劳动合同订立时所依据的客观经济情况发生重大变化，致使劳动合同无法履行的。

4. 不得解除劳动合同的情况

为了充分保障劳动者的合法权益，根据《中华人民共和国劳动合同法》第二十九条规定，劳动者有下列情形之一的，用人单位不得依据本法第二十六条、第二十七条的规定解除劳动合同。

(1)患职业病或者因工负伤并被确认丧失或者部分丧失劳动能力的；

(2)患病或者负伤，在规定的医疗期内的；

(3)女职工在孕期、产期、哺乳期内的；

(4)法律、行政法规规定的其他情形。

(二)劳动合同的终止

《中华人民共和国劳动法》第二十三条规定，劳动合同期满或者当事人约定的劳动合同终止条件出现，劳动合同即行终止。

《中华人民共和国劳动合同法实施条例》第二十一条规定，劳动者达到法定退休年龄的，劳动合同终止。

第三节　大学生就业过程中遇到的法律问题

随着毕业生人数的增加，大学生就业过程中的法律问题也越发突出。由于许多毕业生对就业相关法律和政策缺乏了解，加上国家在大学生就业方面也没有系统的、专门的法律法规，大学生在就业过程中出现的一些法律问题给毕业生、学校以及招聘单位带来了种种困扰。那么在就业过程中，大学毕业生常见的法律问题有哪些呢？面对这些问题，大学毕业生该如何以法律为武器维护自身权益呢？

一、用人单位不签劳动合同如何处理

用人单位如果不与劳动者签订劳动合同，可以采取以下处理方式：第一，劳动者与用人单位协商解决；第二，劳动者向当地劳动局内设机构劳动仲裁委员会申请仲裁；第三，如对仲裁结果不服，劳动者可以向法院起诉；第四，劳动者可以向劳动监察机构投诉，由其责令用人单位改正。

二、用人单位能不能收费

有些公司在招聘时常常不查看任何学历证明，甚至不安排任何面试，而只是要求求职者支付诸如信息费、报名费、登记费、资料费、推荐费、注册费、押金等名目繁多的费用，而当用人单位和中介公司填满了自己的"钱袋"之后，就会找各种理由将应聘者"辞掉"。其实，这是黑心单位常用的欺骗手段。《中华人民共和国劳动合同法》第九条规定，用人单位招用劳动者，不得要求劳动者提供担保或者以其他名义向劳动者收取财物。劳动部《关于贯彻执行〈中华人民共和国劳动法〉若干问题的意见》第二十四条也规定，用人单位在与劳动者订立劳动合同时，不得以任何形式向劳动者收取定金(物)、保证金(物)和抵押金(物)。

三、试用期到底多长时间

《中华人民共和国劳动合同法》第十九条规定，劳动合同期限三个月以上不满一年的，试用期不得超过一个月；劳动合同期限一年以上不满三年的，试用期不得超过二个月；三年以上固定期限和无固定期限的劳动合同，试用期不得超过六个月。同一用人单位与同一劳动者只能约定一次试用期。以完成一定工作任务为期限的劳动合

同或者劳动合同期限不满三个月的，不得约定试用期。试用期包含在劳动合同期限内。劳动合同仅约定试用期的，试用期不成立，该期限为劳动合同期限。

案例精选 ▶▶▶

小张被连锁超市录用为收银员，签订了为期一年的劳动合同，其中约定试用期为3个月。该劳动合同履行完毕后，单位同意再与他续订一年的劳动合同，但是单位强调必须再约定3个月的试用期。小张的工作岗位未发生变化，还是继续做收银员。小张不解：怎么还有试用期？不能老试用啊。

四、可以不加班吗

关于可不可以加班的问题，一方面要根据单位的具体情况而定，另一方面要参考相应的法律条文。《中华人民共和国劳动法》第四十一条规定："用人单位由于生产经营需要，经与工会和劳动者协商后可以延长工作时间，一般每日不得超过一小时；因特殊原因需要延长工作时间的，在保障劳动者身体健康的条件下延长工作时间每日不得超过三小时，但是每月不得超过三十六小时。"第四十四条规定："有下列情形之一的，用人单位应当按照下列标准支付高于劳动者正常工作时间工资的工资报酬：（一）安排劳动者延长工作时间的，支付不低于工资的百分之一百五十的工资报酬；（二）休息日安排劳动者工作又不能安排补休的，支付不低于工资的百分之二百的工资报酬；（三）法定休假日安排劳动者工作的，支付不低于工资的百分之三百的工资报酬。"

五、能在女职工孕期解除合同吗

《中华人民共和国妇女权益保障法》）第二十三条规定："各单位在录用女职工时，应当依法与其签订劳动（聘用）合同或者服务协议，劳动（聘用）合同或者服务协议中不得规定限制女职工结婚、生育的内容。"第二十七条规定："任何单位不得因结婚、怀孕、产假、哺乳等情形，降低女职工的工资，辞退女职工，单方解除劳动（聘用）合同或者服务协议。但是，女职工要求终止劳动（聘用）合同或者服务协议的除外。"

六、可以在员工患病期间辞退员工吗

劳动合同履行期间，只有符合法定的条件和程序，即符合《中华人民共和国劳动合同法》第三十九条、第四十条、第四十一条和第四十二条的规定，公司才可以辞退员工。但对于生病正在治疗期间的劳动者，在法定医疗期内，非本人具有第三十九条规定的法定过错，不得辞退；医疗期满，不能从事原工作，也不能从事用人单位另行安排的工作的，用人单位提前三十日书面通知或者额外支付一个月工资后可以辞退。

《企业职工患病或非因工负伤医疗期规定》第二条规定："医疗期是指企业职工因患病或非因工负伤停止工作治病休息不得解除劳动合同的时限。"第三条规定："企业职工因患病或非因工负伤，需要停止工作医疗时，根据本人实际参加工作年限和在本单位工作年限，给予三个月到二十四个月的医疗期：

（一）实际工作年限十年以下的，在本单位工作年限五年以下的为三个月；五年以上的为六个月。

（二）实际工作年限十年以上的，在本单位工作年限五年以下的为六个月；五年以上十年以下的为九个月；十年以上十五年以下的为十二个月；十五年以上二十年以下的为十八个月；二十年以上的为二十四个月。"

七、用人单位拖欠工资怎么办

《中华人民共和国劳动法》第三条规定："劳动者享有平等就业和选择职业的权利、取得劳动报酬的权利、休息休假的权利、获得劳动安全卫生保护的权利、接受职业技能培训的权利、享受社会保险和福利的权利、提请劳动争议处理的权利以及法律规定的其他劳动权利。"第五十条规定："工资应当以货币形式按月支付给劳动者本人。不得克扣或者无故拖欠劳动者的工资。"根据第九十一条规定，用人单位克扣或者无故拖欠劳动者工资，由劳动行政部门责令支付劳动者工资报酬、经济补偿，并可以责令支付赔偿金。《中华人民共和国劳动合同法》第三十条规定："用人单位应当按照劳动合同约定和国家规定，向劳动者及时足额支付劳动报酬。用人单位拖欠或者未足额支付劳动报酬的，劳动者可以依法向当地人民法院申请支付令，人民法院应当依法发出支付令。"

对拖欠工资处罚最为严厉的法律是《中华人民共和国刑法》。《中华人民共和国刑法》第二百七十六条之一规定："以转移财产、逃匿等方法逃避支付劳动者的劳动报酬或者有能力支付而不支付劳动者的劳动报酬，数额较大，经政府有关部门责令支付仍不支付的，处三年以下有期徒刑或者拘役，并处或者单处罚金；造成严重后果的，处三年以上七年以下有期徒刑，并处罚金。"

八、员工是否可以在合同期内辞职

《中华人民共和国劳动合同法》第三十六条规定："用人单位与劳动者协商一致，可以解除劳动合同。"第三十七条规定："劳动者提前三十日以书面形式通知用人单位，可以解除劳动合同。劳动者在试用期内提前三日通知用人单位，可以解除劳动合同。"第三十八条规定："用人单位有下列情形之一的，劳动者可以解除劳动合同：（一）未按照劳动合同约定提供劳动保护或者劳动条件的；（二）未及时足额支付劳动报酬的；（三）未依法为劳动者缴纳社会保险费的；（四）用人单位的规章制度违反法律、法规的规定，损害劳动者权益的；（五）因本法第二十六条第一款规定的情形致使劳动合同无效的；（六）法律、行政法规规定劳动者可以解除劳动合同的其他情形。用人单位以暴力、威胁或者非法限制人身自由的手段强迫劳动者劳动的，或者用人单位违章指挥、强令冒险作业危及劳动者人身安全的，劳动者可以立即解除劳动合同，不需事先告知用人单位。"如果符合以上情况，员工不需要向用人单位赔偿。

案 例 精 选 ▶▶▶

即将大学毕业的赵某与学校及甲公司签订了一份《毕业生就业协议书》，协议约定：赵某毕业后必须在甲公司服务5年，否则要赔偿公司1万元。2016年8月赵某到公司工作后又与该公司签订了3年期限的劳动合同，约定试用期为4个月，在试用期内可以提前书面通知甲公司解除本合同并在工作交接完毕后离开公司。3个月后，赵某认为自己不适应这份工作，按劳动合同要求向公司提出书面辞职，而甲公司以未缴纳违约金为由不予办理解除劳动合同的有关手续。赵某向所在市劳动争议仲裁委员会申请仲裁，要求解除与被告签订的劳动合同被驳回。赵某遂向法院提起诉讼。

法院经审理认为，《中华人民共和国劳动法》第十六条规定："劳动合同是劳动者与用人单位确立劳动关系、明确双方权利和义务的协议。建立劳动关系应当订立劳动合同。"根据上述规定，毕业生与用人单位在签订就业协议时，双方尚未形成劳动关系，所签订的就业协议，不是劳动合同。就业协议的功能在于确保协议一方当事人按照协议到约定地点工作，工作后应该签订劳动合同。就业协议条款没有得到劳动合同的确认，与劳动合同相冲突时，应以劳动合同为准。劳动合同中已对试用期内双方的权利义务做出了明确的约定，该试用期条款合法有效。赵某的诉讼请求，应予以支持。甲公司应该为赵某办理解除劳动合同的各项手续，赵某不必交付违约金。

九、用人单位是否可以在合同期内辞退员工

《中华人民共和国劳动合同法》第三十九条规定："劳动者有下列情形之一的，用人单位可以解除劳动合同：

（一）在试用期间被证明不符合录用条件的；

（二）严重违反用人单位的规章制度的；

（三）严重失职，营私舞弊，给用人单位造成重大损害的；

（四）劳动者同时与其他用人单位建立劳动关系，对完成本单位的工作任务造成严重影响，或者经用人单位提出，拒不改正的；

（五）因本法第二十六条第一款第一项规定的情形致使劳动合同无效的；

（六）被依法追究刑事责任的。"

案例精选 ▶▶▶

2016年3月，张某凭借河南某大学企业管理专业毕业生的身份，到上海某催化剂公司应聘行政助理职务，经面试考核等程序，张某成功被招聘为该公司员工。同月，张某被公司通知到生产技术部操作岗位锻炼。公司对张某在公司的表现基本满意。到了这个阶段，张某认为自己已经达到了成为该公司员工的目的。

张某所提供的《个人简历·受教育情况》内注明自己2012年至2016年在"河南某大学"读企业管理专业，获本科毕业证、学位证。但是，公司根据该简历在教育部指定的网站上查询，却没有找到张某所称的"河南某大学"。公司马上和张某联系，张某辩称其简历写错了，应该是另一所院校。根据查询，张某重新提供的毕业院校是存在的，但是公司去该校查询张某情况时，却发现该校并没有张某所称的企业管理专业，核对该校毕业生查无此人。至此，张某以假学历进行应聘被证明是事实。尽管张某声称可以胜任现在的工作岗位，但是张某的行为违反了公司的规章制度，其不够诚信的行为导致公司毫不犹豫地解除了和张某之间的劳动关系。

《中华人民共和国劳动合同法》第四十条规定："有下列情形之一的，用人单位提前三十日以书面形式通知劳动者本人或者额外支付劳动者一个月工资后，可以解除劳动合同：

（一）劳动者患病或者非因工负伤，在规定的医疗期满后不能从事原工作，也不能从事由用人单位另行安排的工作的；

（二）劳动者不能胜任工作，经过培训或者调整工作岗位，仍不能胜任工作的；

（三）劳动合同订立时所依据的客观情况发生重大变化，致使劳动合同无法履行，经用人单位与劳动者协商，未能就变更劳动合同内容达成协议的。"

第四十六条规定："有下列情形之一的，用人单位应当向劳动者支付经济补偿：

（一）劳动者依照本法第三十八条规定解除劳动合同的；

（二）用人单位依照本法第三十六条规定向劳动者提出解除劳动合同并与劳动者协商一致解除劳动合同的；

（三）用人单位依照本法第四十条规定解除劳动合同的；

（四）用人单位依照本法第四十一条第一款规定解除劳动合同的；

（五）除用人单位维持或者提高劳动合同约定条件续订劳动合同，劳动者不同意续订的情形外，依照本法第四十四条第一项规定终止固定期限劳动合同的；

（六）依照本法第四十四条第四项、第五项规定终止劳动合同的；

（七）法律、行政法规规定的其他情形。"

第四十七条第一款规定："经济补偿按劳动者在本单位工作的年限，每满一年支付一个月工资的标准向劳动者支付。六个月以上不满一年的，按一年计算；不满六个月的，向劳动者支付半个月工资的经济补偿。"

　　大学毕业生初入职场，会遇到各种各样的劳动纠纷问题，面对这些劳动纠纷，大学毕业生应该以法律为武器，保护自己的合法权益。遇到问题，可以到用人单位所在地的劳动监察部门投诉或直接向用人单位所在地的劳动争议仲裁委员会申请劳动仲裁。如果问题依然不能解决，大学毕业生可以走法律程序，提起诉讼。

案 例 精 选 ▶▶▶▶

　　1984 年出生的刘某某一直是家人的骄傲。2012 年，她从某大学外语专业硕士研究生毕业，成了一名大学教师。

　　2014 年 6 月 1 日，刘某某突感腰部剧烈疼痛。她去医院检查，被诊断为（双侧卵巢）增生性（交界性）浆液性肿瘤，高级别。之后，刘某某向学校请假，并在父母陪伴下到北京治疗。2015 年 1 月 12 日，一家人从北京返回老家，刘某某接到了学院的电话。她母亲说："人事处的一位工作人员问她能不能来上班，让她 14 日去学校，女儿回复她身体不好，要和家人商量一下。"

　　拿着病历，带着医生补开的请假条，1 月 14 日，刘某某的母亲来到学院为女儿请假。"学校以为孩子得的是子宫肌瘤，病历上写得清清楚楚，学校才知道孩子得了癌症。"当时，考虑到女儿不能上班，刘某某的母亲请求这位领导，希望单位能继续给孩子缴纳医疗保险。

　　对方没有应允，刘某某的母亲当场哭了。人事处处长则告诉她："不要在我面前哭，我见这样的事情挺多的，学校有规章制度，我也没有办法。"

　　让刘某某的母亲万万没想到的是，仅仅 5 天之后，女儿的工作境遇就发生了变化。

　　"过了一周，学校让我女儿去一趟。事后，女儿确认自己被开除了。"刘某某的母亲说。

　　辛勤工作 3 年，刘某某收到学校的开除文件时难以接受。她向朋友抱怨："开始他们不知道我的病情，我请了一个学期假，期末还打电话问我下学期能不能去上班，我妈妈去学院告诉他们我具体的病情，他们一知道我的真实病情就把我开除了。"

　　面对学校突如其来的开除通知，刘某某和家人都感到无法接受，他们选择了诉诸法律。

　　根据你所掌握的法律知识进行分析，学校的做法违反了哪些规定？

▶▶▶ 练习与思考

　　1. 简述就业协议书的使用要求。

　　2. 简述就业协议书与劳动合同的异同点。

　　3. 劳动合同应该具备哪些必备条款？

　　4. 大学生如何在就业过程中维护自己的合法权益？